走句学习中心，落实学生发展

习中心教学的

校行动研究

／主编

Learning-centered

Teaching：

Action Researches in Schools

教育科学出版社
·北京·

出版人　李　东
责任编辑　方檀香
版式设计　杨玲玲
责任校对　贾静芳
责任印制　叶小峰

图书在版编目(CIP)数据

学习中心教学的学校行动研究／陈佑清主编. —北
京：教育科学出版社，2019.9(2024.11重印)
ISBN 978-7-5191-1974-4

Ⅰ.①学… Ⅱ.①陈… Ⅲ.①课堂教学—教学研究—
中小学 Ⅳ.①G632.421

中国版本图书馆 CIP 数据核字(2019)第 196098 号

学习中心教学的学校行动研究
XUEXI ZHONGXIN JIAOXUE DE XUEXIAO XINGDONG YANJIU

出版发行	教育科学出版社				
社　　址	北京·朝阳区安慧北里安园甲 9 号	市场部电话	010-64989009		
邮　　编	100101	编辑部电话	010-64981252		
传　　真	010-64891796	网　　址	http://www.esph.com.cn		
经　　销	各地新华书店				
制　　作	北京金奥都图文制作中心				
印　　刷	唐山玺诚印务有限公司				
开　　本	720 毫米×1020 毫米　1/16	版　　次	2019 年 9 月第 1 版		
印　　张	21	印　　次	2024 年 11 月第 9 次印刷		
字　　数	305 千	定　　价	68.00 元		

如有印装质量问题，请到所购图书销售部门联系调换。

本书系国家社会科学基金教育学一般项目"以课堂教学转型为旨趣的中小学学习中心课堂建设的理论与行动研究"（课题批准号：BHA120054）研究成果

编 委 会

前　　言

　　《学习中心教学论》与《学习中心教学的学校行动研究》两书，是我主持的国家社会科学基金项目"以课堂教学转型为旨趣的中小学学习中心课堂建设的理论与行动研究"的最终成果。前者呈现的是我对学习中心教学相关理论问题的思考，后者则介绍了四所中小学参与学习中心教学行动研究的过程及取得的成效。

　　何谓"学习中心教学"？学习中心教学强调要将学生能动、独立的学习当作课堂教学全过程中的目的性或本体性活动，而将教师的教导当作引起和促进学生能动、独立学习的手段性或条件性活动。也就是说，在学习中心教学看来，教学过程的中心（目的、本体）是学生能动、独立的学习，而不是教师的教导；教导只是为学生能动、独立学习服务的手段或条件。因此，学习中心教学实际上是对传统的以教师及其讲授为中心的教学的一种转型性的变革，它试图将"以教为本的教学"转变为"以学为本的教学"（可简称为"学本教学"），以建立一种新的教学活动结构或教学活动形态。

　　提出学习中心教学首先源于我对教学基本问题的一些新的理解。在对"教学"概念的理解上，国内教学论界普遍接受这样的看法：教学是由教师的教和学生的学两种活动构成的统一活动。但对于教与学以何种关系或方式结合在一起，以构成具有某种功能的统一的教学活动，国内教学论界并未形成一致的看法。之所以如此，主要是因为对"教学"概念的把握涉及对教学的价值取向或目标追求、学生学习与教师教导的机制、学习与教导的关系等诸多基础性问题的理解，而国内对这些基础性问题缺少深入的研究，也远未达成共识。经过多年的研究，我们认为，在当今时代，我国学校教学的价值取向应从"以学生掌握知识为本"调整为"以学生的发展为本"（即以学生素养的形成与完善为本）。而学生素养发展具有特定的机制：学生素养不能以接受的方式从教师那里直接获得，而是要基于自身能动的学习活动过程才能形成。对应地，教师教导学生的机制不是直接传递，而是通过对学生能动学习活动的引导和促进，间接地影响学生的素养发展。因此，教导与学习在教学过程中显然不是平行或等价的关系，两者之间也不是通过简单的相加而构成完整的教学活动；相反，从在教学过程中所应发挥的功能和占据的教学时空来看，教导与学习之间存在着明显的差异和联系。这种差异和联系集中表现在，它们之间的关系是一种手段与目的的关系，或者说，是条件与本体的关系。由此可见，在完整的教学活动中，作为目的性或本体性活动的学习自然要成为教学的中心，而教导只是为学生能动、独立学习服务的一种手段性或条件性的活动。简言之，以发展为本的教学必然要求教学以学习为中心，或者反过来说，学习中心是实现以发展为本的必要条件。

学习中心教学观念的形成不仅仅是理论思辨的结果，它同时也是对近年来国内外课堂教学改革经验的借鉴和提升。从改革开放至今，国内对课堂教学结构进行了很多改革探索，并形成了一些典型经验，其中以洋思中学和杜郎口中学的课堂教学改革最为典型。这些课堂教学改革经验创造的"以学为本""少教多学""先学后教""以学论教"等观念和做法，对我国传统课堂教学以教为中心的基本结构进行了大力度甚至是根本性的调整，使课堂显现出明显的以学习为中心的特征。另外，国外近年来以信息技术为支撑的课堂教学模式，如翻转课堂、混合式教学等，也鲜明地体现了对学习中心教学的追求。因此，提出学习中心教学也是因应新的时期国内外课堂教学结构改革大势的结果。

在对学习中心教学的探索中，我秉持"注重教学理论和教学实践之间的结合与转换"的研究思路，从理论探究和行动研究两个层面开展研究。首先，在对国内外已有理论与实践研究的反思和借鉴的基础上，形成我们对于学习中心教学的基本理解。然后，以这种基本理解作为假设，在中小学进行学习中心教学的行动研究，在行动研究中检验、修正和发展这种假设，进而完善我们对于学习中心教学的理解。《学习中心教学论》和《学习中心教学的学校行动研究》分别呈现了我们在理论和实践两个层面对于学习中心教学探索的成果。

《学习中心教学论》由四个部分共计八章内容组成。其中，第一部分"课堂教学的当代转型与建构学习中心教学"，主要从对传统教学存在的弊端及其历史改进的反思、当代社会发展对课堂教学变革提出的要求等问题的分析入手，提出建构学习中心教学是我国课堂教学转型的基本取向。第二部分"学习中心教学思想与实践的历史回顾"，对西方和我国学习中心教学思想和实践的发展过程进行了回顾和反思。第三部分"学习中心教学的特质及其教学过程组织"，在对学习中心教学的基本特质、存在理由进行分析的基础上，对学习中心教学过程组织的逻辑、实施策略、教学设计以及评价标准等问题进行了比较全面的探讨。第四部分"学习中心教学实践推进中的问题及其应对"，基于对国内学习中心教学改革经验的反思，对我国学校推进学习中心教学所遭遇的困难、挑战及如何突破等进行了分析讨论。

《学习中心教学的学校行动研究》也分为四个部分。第一部分"学习中心教学行动研究推进的过程"，对四所学校行动研究的总过程，包括行动研究的指南、推进方式、具体的过程安排等进行了介绍。第二部分"实验学校行动研究报告"，对四所学校行动研究的过程及取得的成效分别进行全面的介绍和分析。第三部分"学习中心课堂建构·教师感悟"，选择和汇编了参与学习中心教学行动研究的部分教师所撰写的感悟性小论文。这些小论文以教师的语言，生动地介绍了学习中心教学过程的组织、教师参与学习中心教学行动研究的心路历程及发生的改变。第四部分"学习中心课堂建构·典型课例"，汇编了部分教师以学习中心教学理念执教的一些典型课例。从这些课例中，可以直观地了解学习中心教学的具体操作过程。

陈佑清

目　　录

第一部分

学习中心教学行动
研究推进的过程

学习中心教学，也称学习中心课堂，是指以学生独立、能动的学习作为整个课堂教学过程的中心（本体、目的）的课堂教学。学习中心教学的学校行动研究，拟通过行动研究的方式，探讨如何将学习中心教学的理念落实到中小学的课堂教学实践之中，以建构一种以学习为中心的课堂。此处所说的行动研究，不是由中小学教师单独进行的行动研究，而是由陈佑清教授领导的大学研究团队与中小学教师密切合作（U–S合作）开展的行动研究。该行动研究主要在湖北省武汉市的四所中小学进行。本部分拟对四所学校推进学习中心课堂建设行动研究的总体设想及过程进行介绍，内容包括学习中心课堂建设的行动指南、四所学校行动研究推进的方式、学校行动研究推进的具体过程。

一、学习中心课堂建设的行动指南

我们所采用的行动研究是 U-S 密切合作的行动研究，因此，区别于纯粹由中小学教师独立开展的行动研究，本行动研究之中的"行动"，更加强调是在一定理论思考基础上进行的理性的行动，而不是盲目尝试的行动。在前期对国内外大量的学习中心教学思想和经验进行分析的基础上，我们形成了对于学习中心教学的基本特质的理解和看法①。在此基础上，我们提出指导学习中心课堂建设的行动指南（行动方案），旨在帮助教师在认识和理解学习中心课堂基本特质的基础上，思考、筹划学习中心课堂应该如何具体组织和落实。

这个指南可以看作是我们进行行动研究的假设。这些假设，一方面吸收、借鉴了国内外已有的研究成果和实践经验，另一方面也融合了我们对于学习中心课堂的一些新的理解。理论研究者所提出的这个行动指南对于参与行动研究的中小学教师而言，更是一种理论假设，教师需要在这种假设指导下展开行动探究，并形成自己的感受和领悟，然后通过反思进行修正或充实，以形成教师自己的假设，之后再开展新的行动研究。以这些假设为基础所展开的行动研究，遵循教育行动研究的一般逻辑，即"假设—行动—反思—修改假设—新的行动—新的反思"，如此反复。经过这个过程，一方面参与研究的学校实现对教学实践的改进，逐渐建构起学习中心课堂；另一方面，行动研究中了解的信息和获得的经验，又反过来促进我们不断丰富和完善对于学习中心课堂建构的理论观念。因此，这个指南虽然最初形成于 2012 年 8 月下旬，但在后来的行动研究中，又经过几次大的修改才逐步定型。这几次大的修改分别是在如下时间完成的：2012 年10 月、2013 年 2 月、2013 年 3 月、2014 年 11 月。这个指南是直接用于对教师进行培训并要求教师遵照执行的基本文件，对学习中心课堂的行动研

---

① 更详细介绍见《学习中心教学论》，陈佑清著，教育科学出版社 2019 年出版。

究产生了深刻影响。

本行动指南的内容包括认识和理解学习中心课堂、学习中心课堂的教学过程组织、学习中心课堂教学的设计、学习中心课堂的评价标准等。因为这个行动指南是基于学习中心课堂建设的系统理论研究成果之上的，所以在行动指南中我们主要呈现做的策略（如何做），而不再具体讨论做的理由（为何这样做）。

（一）认识和理解学习中心课堂

如前所述，学习中心课堂是指以学生独立、能动的学习作为整个课堂教学过程的中心（本体、目的）的课堂。相比于讲授中心课堂，在学习中心课堂中，课堂教学过程的组织要尽可能让学生能动、独立（自主）地学习成为学生学习的基本状态，并让学生能动、独立（自主）的学习占据主要的教学时空。在学习中心课堂中，教学的中心（本体、目的）是学生的学习，而不是教师的教导；教师的教导是作为引起和促进学生能动、独立学习的条件或手段而存在的。"学为本体，教为条件"，或者说，"学为目的，教为手段"，是学习中心课堂的总的特征。

把握学习中心课堂应从理解教师的教导与学生的学习在教学过程中的功能差异入手。虽然从静态的构成要素来看，教学是由教与学两种活动构成的，并且，在有效的教学过程中，教师和学生均要以主体的身份存在并发挥各自的主体作用，但是从教学的动态展开过程来看，教师的教导与学生的学习在教学过程中发挥的主体作用的功能并不是对等的。相反，它们之间存在着明显的差异。在以学生发展为本，或者说，在强调内化学习和建构性学习的教学过程中，学生独立、能动地学习应成为学生学习的基本状态，并且，学生独立、能动的学习活动是教学过程的中心。因为，只有以学习为中心，才能实现"以发展为本"的教学目标。

学习中心课堂的"学为本体（或目的），教为条件（或手段）"这一总的特征具体表现在如下几个方面。第一，从教与学占用的教学时空大小来看，学习中心课堂要求学生能动、独立（自主）的学习活动占据主要或大部分的教学时间和空间（即少教多学）。第二，从选择教的内容、重点、难度、速度、方式等教学问题的决策来看，学习中心课堂要求以学生在学习过程中产生的问题作为教什么和如何教的依据（即以学定教）。第三，从教与学的先后顺序来看，学习中心课堂要求根据实际需要采用"先学后教""先教后学""教学同时"等不同的教和学顺序。第四，从教学评价标准来看，学习中心课堂主张"以学论教（以学评教）"，即以教师教导之下学生所表现出来的学习过程及其实现的学习效果，来评价教师教导行为的好坏。

由此可见，从教学时空占用、教学决策依据、教与学的先后顺序以及教学评价标准等方面来看，学习中心课堂将学习作为了教学的中心。

（二）学习中心课堂的教学过程组织

1. 学习中心课堂教学过程组织的基本逻辑及其实现策略

学习中心课堂的教学过程组织具有自身的基本逻辑或规律。在以教师及其讲授为中心的课堂中，教学过程组织的基本逻辑是：以教师的问题为导向，并以教师的活动（尤其是教师的讲授）作为教学过程的本体，即"教师问题导向—教师活动为本"。与此不同，学习中心课堂教学过程组织的基本逻辑是：以学生的问题作为教学过程组织的基本导向，并以学生自身能动的学习活动作为教学过程的本体，即"学生问题导向—学生活动为本"。也就是说，在学习中心课堂中，教师要以解决学生在学习中遇到的问题为导向，并以学生能动的学习活动为本，去选择、设计教学活动和安排教学过程[1]。

学习中心课堂教学过程组织的这种逻辑，在我国现行的大班教学中应该如何落实或体现呢？我国现行的中小学课堂教学大多是大班教学，不同的学生在学习同样的内容时所产生的问题是多样的，且差异很大。因此，我们有必要探讨在大班教学的条件下，如何落实"学生问题导向—学生活动为本"的教学过程的组织逻辑。通过深入观察和对比分析国内近年来形成的一些典型的以学习为中心的课堂教学改革经验，我们发现，虽然这些教学改革形成的具体教学流程不完全一样，但有一个共同做法，就是将学生个体学习、小组学习与全班学习三种教学组织形式结合起来，并且按照

"个体自学—小组互学—全班共学"的顺序推进教学过程。这实际上是落实学习中心课堂教学过程组织的"以学生的问题为导向并以学生的活动为本"的逻辑的一种策略。

在吸收上述经验的基础上，我们将学习中心课堂教学过程的基本结构设计为"两段三环节"。第一阶段是"个体自学阶段"，包含第一环节"个体自学"。此阶段的基本特征是，学生以个体自学的形式，尽力自主把握知识总体状况、解决个体能独立解决的问题，并暴露和发现个体不能独立解决的问题。这个阶段是学习中心课堂整个教学流程的基础性阶段。第二阶段是"群体研学阶段"。此阶段的基本特征是，在学生个体自学的基础上，教师组织学生进行互动研学，以帮助学生解决个体自学时不能解决的问题。此阶段包括两个环节：第二环节"小组互学"，即主要针对个体问题的小组互学环节；第三环节"全班共学"，即主要针对小组问题开展全班共学。

值得强调的是，上述两个阶段和三个环节在发现或暴露学生的问题，以及组织学生的活动以解决学生的问题方面具有不同的功能；并且，它们之间的关系不仅仅是时间上的先后关系，更为重要的是，它们具有明显的层次依赖或深化递进的关系。具体表现如下。

（1）个体自学是学习中心课堂教学过程最基础的阶段和环节

个体自学阶段最重要的任务和功能是，学生在教师的指导下（如学案导学），基于自身的学情（现有的经验、知识、技能、思维等基础），通过主动、独立地作用于学习内容，一方面理解、吸收那些基于现有学情能够掌握的内容，另一方面发现基于现有学情不能独立理解和把握的内容，即暴露相对于现有学情而言不能完全掌握的学习问题，以明确后续群体研学阶段的学习对象及要完成的任务。

将个体自学作为学习中心课堂中学生学习进程的第一个环节和基础性环节，具有特别重要的意义。首先，这样不仅可以在小组互学和全班共学之前，优先保证学生独立、自主学习的时空，也有利于培养学生独立、主动学习的意识和能力。其次，学生参与小组互学和全班共学，均要以个体首先完成自学为基础，也需要以个体能动参与和独立完成内化过程为前提。没有个体独立、主动的学习，学生进入小组互学和全班共学环节就容易滥竽充数或搭顺风车。最后，学生经过独立自学的过程，自主掌握那些凭借自身现有基础能够掌握的内容，并发现或暴露自己不能完全掌握的学习内容及对应的学习问题以后，就会带着自己的问题和渴求解决问题的心态，主动进入小组互学和全班共学环节。如此，学生就能聚焦于后续的学习任务并主动寻求他人的帮助，因此后续学习就具有很强的主动性和针对性。

（2）小组互学利用学生之间充分的互动促进学生个体学习的深入推进

小组互学一般采用4—6人组成的异质性的并能体现合作特质的学习小组的形式。当然，要使学习小组成为一个真正的合作性的学习组织（学习共同体），一般要经历一个小组建设的过程。其中要解决一些比较复杂的问题，比如小组成员的多维度的异质搭配（依据性格、性别、成绩等）、组长的选择与轮换、组员之间的角色分工、小组运行规则及文化的形成等。

当学习小组被建设成一个学习的共同体以后，它会在学生的学习中发挥重要的功能。在学生个体自学的基础上，小组互学特别有助于（有利于）完成如下工作。

一是检查和评价个体自学的情况，如检查学生是否完成自学的过程，评估自学过程完成的质量，特别是学生是否发现和明确自己不能解决的学习问题。由于中小学生对同龄人及集体评价的敏感和看重，小组对学生学习的评价会成为促进个体高质量完成自学过程很有效的督促机制。

二是学生互相解答自学中遇到的疑难问题，分享学习经验。学生在个体自学中不能独立解答的问题，很多可以通过小组成员间的互帮互学得到解答；同时，小组成员还可以通过交流，分享组员精彩的观点、独特的思维方法和学习方法等。

小组成员近距离和高频度的对话、交流和互动，具有独特的教学功能，如能有效训练学生听、说、读等语言技能以及倾听、回应、尊重、包容等交往合作技能，并促进小组成员在情感态度与价值观方面相互感染和借鉴。

三是通过小组分工协作，学生完成个体不能完成的较大的学习任务。如通过分工协作，小组成员一起把握一篇难度较大的课文的内容结构，完成一个实验操作，制作一个产品，等等。

四是整理和汇集本组不能解答的问题及学习心得，为全班的交流、研讨做好准备。

（3）全班共学利用多样化、差异性的资源，解决个体自学和小组互学不能解决的一些共性和关键问题

全班共学的对象主要是，通过学生个体自学和小组互学仍然不能解决的且是多数学生遇到的共性问题。这些问题通常是教学中的重点或难点。经过了个体自学和小组互学，这样的问题一般会变得很少，教师可以集中时间和精力面向全班学生，以组织全班研讨、讲解、示范等方式，解决这些问题。

具体而言，全班共学主要有利于完成如下工作。

其一，全班共性问题的集体研讨和典型学习经验的分享。教师组织全班集中研讨大多数小组存在的共性问题和分享小组学习中形成的典型经验（思想观点、情绪体验、态度情感、学习方法等）。集中研讨可以通过挑选具有代表性的小组在全班展示，并组织其他小组补充、教师点拨、师评或生评的方式进行。全班展示能够驱动学生个体努力自学并积极参与小组合作，以及促进小组有效完成合作过程——对于表现欲望强烈的中小学生而言更是如此。

其二，重点问题的深入理解和突破。对于重点的知识性问题，教师可提供大的背景资料（文字的、视频的）辅助学生深化理解，或者就重点的知识性问题或内容进行讲解；对于情感、态度和价值观方面的问题，教师可通过创设情境（如语文学科中的齐读、学生讲述感人的故事、学生小组的表演、教师情绪的感染及对全体学生情绪的调动等），利用集体活动形成的氛围和全班同学情绪的共鸣来辅助解决。

其三，提示并研讨学生未能注意的问题。在以学生为主体完成个体自学和小组互学之后，学生仍有可能没有注意到某些非常重要的问题，这时教师应对这些问题进行直接提示，并组织学生进行研讨。

其四，总结所学知识的结构，反思学习的过程，评价学习的状况。在教学过程的最后环节，教师引导学生对本节课的知识结构进行整理、对自身的学习过程进行反思、对各组学习的状况进行评价。这个环节可以先让

学生独立完成，然后再进行小组交流，根据需要还可以在全班进行互动和强化。

上述三个环节虽然是以学生学习为中心，但并不意味着教师的作用不重要。相反，正是由于教师的激发、调动和提供时空条件，学生才成为教学过程的本体或中心。在每个环节，教师都发挥着关键性的组织、调控等作用。当然，在不同的环节，教师作用的内容及方式均不相同。

第一，在个体自学环节，教师工作的主要内容是对学生自学进行指导和督促。目前国内最有代表性的做法是：在自学之前，教师通过编制导学案以引导学生自学；在自学过程中，教师通过巡视、观察，发现和捕捉学生的问题。如果是个别学生的问题，教师就同个别学生直接进行互动，以解决个别学生的问题（个别学生的问题个别解决）。

第二，在小组互学环节，教师的主要工作是对小组活动进行组织和监控，并发现多数小组存在的共性问题。如果是某个小组在互动中出现的问题且只有这个小组才有，教师就与这个小组进行交流以解决问题（个别小组的问题个别解决）。只有真正是全班所有小组或大多数小组面临的共性问题，才需要组织全班学生集体研讨解决（多数小组的问题集体解决）。

第三，在全班共学环节，前述四个方面的工作一般由教师直接出面组织。在个体自学和小组互学这两个环节，教师主要是在学生中巡视，以督促学生完成自学和小组合作的学习过程、发现学生的问题等，教师的作用主要是一种"旁观式"的。而在全班共学环节，教师要直接出面进行教学过程的组织，教师的作用是一种"参与式"的。在这个环节，教师除了要组织和调动学生之间、小组之间的互动以外，还可进行直接的教导，如面向全体学生进行讲解、点拨、总结、评价等。

总之，学习中心课堂采用的最核心的学习过程是个体自学—小组互学—全班共学。值得说明的是，个体自学、小组互学、全班共学是三种不同的教学组织形式，而不是三种具体的教学活动。在这三种教学组织形式中，教师可以依据不同的年段、学科乃至具体的教学内容，灵活地选用和设计不同的教学活动。因此，"个体自学—小组互学—全班共学"不同于一般的教学模式。当然，在这个最基本的流程之前和之后，教师也可以灵活设计其他的教学环节。如在个体自学之前，安排学生学习情绪调动或动机激发活动，以促进学生主动参与学习过程；在全班共学之后，可以安排课后练习或拓展学习等环节。

2. 学习中心课堂中学生能动学习状态的激发、调动

学习中心课堂强调要以学生能动、独立的学习作为教学过程的中心。因此，在学习中心课堂教学的全过程中，教师应尽可能使学生处于能动积极的学习状态。为此，要特别关注如下工作。

（1）内在学习动机的激发

学生学习动机尤其是内在动机（如学习兴趣、好奇心、探究欲等）的激发和调动，是学生学习的能动性、高涨的情绪、专注的状态等产生的最重要的源泉，对于内化的学习过程至关重要。

（2）内化理解过程的诱导

引导学生主动对知识信息进行加工、建构，并生成自己的感受、体验和领悟，这是知识内化或转化为素质的基础。为此，教师要突出新学知识与学生已有知识、经验的联系（若无相关的知识、经验基础，则需要补充），理解知识发生发展的过程，关注知识的实际应用，注重具体现象与抽象知识之间的转换与互动。

（3）知识的类化或结构化处理及对应学习方法的指导

教师要对每门学科的知识进行类化或结构化处理，将知识点组合成知识块（平面型的知识）、知识体（立体型的知识），即引导学生以立体状学习、块状学习代替点状学习，并尽力掌握每类知识的获取和思维加工的方法。掌握有关知识获取和思维的方法，是学生主动参与学习活动并自主建构知识意义的重要条件。如在数学中，教师可按照如下两个维度组成块状教学：①概念学习、原理（规则、公式）学习、应用学习；②数与代数、图形与几何、统计与概率等。语文可按字词教学、阅读教学、作文教学划分知识块，其中阅读教学内容还可划分出古诗词、散文、记叙文、说明文、小说等知识块。

3. 学习中心课堂教学过程调控的辅助手段

在学习中心课堂中，为方便教师及时、迅速了解全班学生的学习状态，节约教学活动调控所用的时间，教师可选用如下辅助手段。

一是个体学习过程显示卡。个体学习过程显示卡用于对外显示学生

学习的状态，让教师和小组其他同学一眼看出某个学生的学习状态。个体学习过程显示卡可使用含"学习完成""需要求助"两种信息的双面卡片。

二是小组学习交流板。小组学习交流板在小组讨论或合作中，用于记录小组学习的主要心得和存在的问题。在全班展示中，小组学习交流板可方便小组迅速呈现本组学习经验或问题，以节约临时到黑板书写的时间。

三是小组学习表现记录、评价系统。教师可利用小程序，将智能手机与教室电脑系统关联，对学生小组学习或展示的表现进行打分并呈现在教室电脑屏幕上，以激发小组成员更加积极主动地参与小组和全班活动。

（三）学习中心课堂教学的设计

学习中心课堂教学的过程是由个体自学和群体研学两个阶段构成的。由于这两个阶段的功能和展开的具体过程不同，对应的教学设计也有较大的差异。所以，在学习中心课堂中，教师的教学设计分为两个部分：一是对学生个体自学活动和过程的设计，二是对学生小组学习和全班学习的设计。

1. 对学生自主学习过程的设计

如何对学生的个体自学进行指导？目前国内普遍采用的策略是设计引导学生自学的指导方案（如导学案、导学单、自学指南等）。为避免导学案变成习题汇编，需要对导学案的结构及其设计要求进行重新规划。在本课题的行动研究中，我们将导学案理解为对学生学习过程进行引导的方案。导学案的基本内容是，将学生应该完成的学习内容分层设计成若干学习任务及对应的学习活动，以任务及对应的活动引导学生完成自学过程。因此，导学案设计的核心是对学生学习活动的选择和组织，学习活动可能包含完成一些习题或作业，但不仅仅是做习题或作业。

学习活动设计的基本逻辑是"因境设学"，即依据教学情境的具体状况，选择和设计与之相匹配或对应的学习活动。教学是高度情境化的活动，影响教学活动的基本情境因素有教学目标、教学内容、学生学情、教学条件。选择和设计一种学习活动，既要考虑教学目标实现的需要，也要考虑是否符合教学内容的特性，还要考虑是否与学生的学情相适应，以及与教学条件所提供的可能性相符合。因此，学习活动的设计要综合、统筹考虑这些因素而确定。

教师可参照如下模板设计导学案。此模板提供了学生自学过程设计的基本框架及每个环节设计的要求提示，可以看作是思考如何进行导学设计的一个思维工具。

课题名称：＿＿＿＿＿＿＿＿＿＿＿

上课班级：＿＿＿＿　　执教教师：＿＿＿＿

一、教学活动背景分析

教学活动的选择和设计，要通过分析教学内容的特性及其发展功能、学生学情及其决定的学习可能性、教学目标的定位及其实现的需要、教学活动进行的时空及物质条件等因素，进行综合权衡和取舍。

1. 教材解读。

教材解读的重点是解读本讲内容在本学科所属的板块（如数学学科中的数与代数、图形与几何、统计与概率等，语文学科中的古诗词、散文、童话、记叙文、说明文、小说等），依据该板块的一般特点分析此内容的结构特性、所具有的发展价值、教学特性（常用的教学策略、教学活动或方式等）。

2. 学情分析。

学情分析主要分析相对于本讲内容，学生是否已经具备相应的生活经验基础、学科经验基础（过去是否学习过类似的内容）、知识与技能基础、思维能力基础以及学习的兴趣和需求等。

3. 目标定位。

目标要根据学情分析和教材解读来确定。教师可以参看教学参考资料，但应对照学情分析和教材解读结果来最终确定目标。所选定的教学目标应既是学生学习和身心发展所需要的，又是教材内容可以实现的，是两个方面的统一。

教师要突出最有针对性或最有价值的目标，并以具体、可检测的语言表述目标，要尽可能追求全面的教学目标。

4. 条件评估。

条件评估主要分析、评估完成本讲内容所需要的及现有的条件（如时间、空间、设备等），这些条件决定了可能使用的教学活动的类型和方式。

二、学生个体自学过程设计

在个体自学环节，教师将学生应该完成的学习内容分层设计成若干学习任务及对应的学习活动，以任务及对应的活动引导学生完成自学过程。学生个体自学过程的基本结构如下。

学习准备：略。

任务一：略。

活动 1. 略。

活动 2. 略。

……

任务二：略。

活动 1. 略。

活动 2. 略。

……

学生问题（疑难）反馈：略。

说明：

1. 学习准备指引导学生熟悉本节课学习内容所要具备的基础，包括基础知识复习、背景知识了解、学习所需直接经验获得等。此环节是每节课都可以安排的，当然也可根据实际情况取舍。

2. 在设计导学案时，对教材的解读应包括对知识类型及其特征的分析。教师应对知识进行归类处理，以帮助学生形成每类知识的大的知识结构（知识体、知识块），并以大的知识结构为基础、背景，去学习具体的知识（知识点）。

（1）对知识的归类处理。对知识的类型有多种观察维度，如不同学科的知识，同一学科中不同主题或板块的知识（如数学中的"数与代数""图形与几何""统计与概率"就是不同类型的知识，语文中按文体可将阅读课文分为古诗词、散文、小说、说明文等），不同课型的知识，不同发展功能的知识，等等。

（2）揭示每类知识的结构特征和学习方法特征。每一类型的知识均有其基本结构。如散文的知识结构不同于小说，数学中的代数的知识结构与图形的知识结构、统计的知识结构也不相同。另外，每类知识都有其学习的方法特征。每一类知识的学习所要求运用的活动类型、方式，以及对信息进行加工的方式都有其自身的特点，如图形学习和思考的方法与代数的不一样，散文学习的方法不同于记叙文，等等。在自学指导时，教师要告诉学生适宜的学习方法（获取知识的方法），如阅读、查资料、动手做、讨论、请教教师等；同时还要指导学生运用合适的信息加工的方法（思维方法），如形式逻辑思维、类比思维、发散思维、聚合思维等。

3.导学案设计的最直接的工作是将教学内容"任务化"和"活动化"。一堂课的教学内容往往要通过多个教学任务完成。一个任务是以教学内容的一个部分或一个片段为对象的活动，而一个任务的完成往往需要通过多种具体的学习活动。因此，学习任务（活动）设计的程序如下。

（1）将一节课或一个单元的内容划分为若干个任务。这些任务之间一般具有从低层次到高层次（先简单后复杂）的递进关系，或者具有并列关系。

（2）针对每个任务，选择和设计相应的多种学习活动。这些学习活动之间往往也有递进或并列的关系。所以，学生个体自学阶段的教学过程是由一系列的任务和对应的多个系列的学习活动构成的。

（3）依据设计的学习活动的类型、实施频率及时长的不同，区分学习的重点与非重点，并落实学习的重点和难点。

4. 学习中心课堂学习活动的设计应达到的要求是，使学生的学习活动具有针对性、能动性、多样性和选择性。

（1）针对性，即所设计的学习活动要同时反映和针对学习目标、学习内容、学生学情、教学条件的实际情况。

（2）能动性，即所设计的学习活动能引起学生主动参与和积极思考（自主建构并形成感受或体验）。

（3）多样性，即根据一节课的学习目标、学习内容、学生学情、教学条件的多样性，并从激发和调动学生学习热情的角度考虑，设计多样化的学习活动。活动的具体形式也要多样化，如以个体、小组或全班形式进行的听、看、读、写、做、说、演、画、评、解题等。

（4）选择性，即尽可能允许不同的学生选用自己喜欢的不同的学习活动进行学习。

2. 对学生小组学习和全班学习的设计

在学习中心课堂中，对学生小组学习活动和全班学习活动的设计，在课前是很难完成的。这两种形式的学习过程设计主要是一种生成性的设计，即要在清晰了解学生完成个体自学过程的实际情况以后，才能决定何时及如何运用小组学习和全班学习。从这个角度来看，学习中心课堂既强调预设性设计，更突出生成性设计。

由于学习中心课堂中的小组学习活动和全班学习活动无法在课前设计，因此，我们只能给教师提供设计小组学习活动和全班学习活动的思考原则。这个思考原则就是，根据学生完成某一学习任务或学习活动的需要，以及个体自学、小组互学及全班共学三种教学组织形式本身所具有的独特功能，来综合决定何时和怎样选用个体自学、小组学习及全班学习。这个总的思考原则具体来看包括两个方面：一是根据学生自主学习完成的实际情况和小组学习本身具有的功能，来综合决定是否需要运用小组学习及选用哪种合适的小组活动形式。比如，针对某一任务或活动，若在学生个体自学以后，大部分学生还有疑问，就需要运用小组学习以解决这些问题；反之，若学生个体自学以后大部分学生已经没有问题，而只是少数学生有问题，就可由教师直接帮助解决，而不需要安排全班学生都进行小组学习。二是根据小组学习的实际情况和全班学习本身具有的功能，来综合决定是否运用全班学习及选用哪种适宜的全班学习形式。比如，假定对某一学习任务或活动，全班大多数小组经过小组学习之后仍然有问题，此时就需要组织全班性学习；假定对某一学习任务或活动，经过小组学习之后，只有很少的小组仍有解决不好的问题，则可由教师直接到这些小组帮助解决问题，而没有必要组织全班学习。

在遵循这个一般原则的前提下，对于小组学习及全班学习的时机及具体采用的活动形式，教师应根据实际情况灵活地选择和决定。

（四）学习中心课堂的评价标准

课堂教学评价标准的选择与制定，与课堂教学的价值取向及课堂教学的基本形态是相适应的。传统课堂教学的评价标准与传统课堂教学主要追求让学生掌握知识的价值取向，以及以教师讲授为中心的课堂形态是高度契合的。在我国当下课堂教学形态由讲授中心向学习中心调整的过程中，研制以学习中心为取向的课堂教学评价标准，对于学习中心课堂建设的有效推进具有重要的意义。以学习中心为取向的课堂教学评价标准最核心的特征是"以学评教"。

1. "以学评教"的教学评价指标体系设计的基本思路

"以学评教"的教学评价指标体系设计的基本思路是：以教导所引起和促成的学习行为的表现、状态，来评价教师教导的效果和质量。因为学习行为与学习的效果或质量之间存在直接的相关性和对应性。学生学习行为的表现或状态是决定学生学习与发展效果的直接控制变量，教师的教导行为只有通过作用于学习行为才能影响学生学习和发展的质量或效果，即"教导行为→学习行为→学习与发展的效果"。

那么，什么样的学习行为才能真正实现教学的有效性呢？我们认为，实现有效教学的学习行为具有如下特征（表1-1-1）。

表 1-1-1　实现有效教学的学习行为的主要特征

学习行为特征	学习行为特征的内涵
学习行为的针对性	学习行为与教学的目标、内容、条件及学情是相匹配的
学习行为的能动性	学生主动参与学习活动并积极完成内部信息加工的过程
学习行为的多样性	采用与多种教学目标、内容、条件相适应的多样的行为
学习行为的选择性	学生可根据自己的学情进行学习行为的选择

2. "以学评教"的教学评价指标体系设计

基于上述理解，我们提出如下"以学评教"的教学评价指标体系（表 1-1-2）[2]。此评价指标体系包含 4 个一级指标、11 个二级指标和 26 个具体可观察的三级指标。表中最右一栏用于记录 26 个观察指标的实际表现状况。应用这个评价指标体系，基本上能全面评价教师的教导行为的总体表现和课堂教学的实际效果。

表 1-1-2　"以学评教"的教学评价指标体系

一级指标	二级指标	三级指标（课堂观察点）	学习行为表现评价
学习行为的针对性	满足学习目标实现的需要	1. 学习目标定位准确、全面 2. 学习行为与目标的匹配程度高	
	符合学习内容的特性	1. 把握学科特性 2. 内容解读准确（合理确定教学的重难点） 3. 学习行为符合学科特性及对具体内容的解读	
	切合学生的学情	1. 学习行为与学生的经验基础相适应 2. 学习行为与学生的知识基础相匹配 3. 学习行为与学生的思维能力相适应 4. 学习行为符合学生的学习需求	
	基于教学条件的可能	1. 学习行为与教学的时间相适应 2. 学习行为与教学的空间相适应 3. 学习行为与教学的设备条件相适应	

一级指标	二级指标	三级指标（课堂观察点）	学习行为表现评价
学习行为的能动性	参与学习活动的积极性	1. 学生参与学习活动主动热情 2. 学生在学习过程中专注投入	
	内部思维的能动性	1. 学生在学习过程中积极思考 2. 学生在学习过程中主动质疑 3. 学生在学习过程中内化理解 4. 学生在学习过程中主动建构	
	能动参与学习的学生面	能动参与学习的学生比例高	
学习行为的多样性	满足多种学习目标实现的需要	1. 准确把握本堂课应实现的多种目标 2. 设计与多种目标相对应的多种学习行为	
	符合多种学习内容的特性	1. 全面把握本堂课内容所属的类型或板块 2. 设计与不同内容相匹配的多种学习行为	
	适应教学条件的可能	本堂课设计的多种学习行为有相应的时间、空间及物质条件保障	
学习行为的选择性	学习行为切合不同学生的学情	1. 有分层设计的目标、内容、进度、作业的要求 2. 不同层次或特点的学生可以选择不同的学习行为	

关于上述评价指标体系的使用，还有一些技术性的问题需要在行动研究的过程中进一步思考和解决。首先，如何在课堂中进行学习行为的观察和记录，以便在此基础上对上述指标进行评价？这里存在的问题是，对学习行为的针对性、能动性、多样性和选择性的分析和评判，是建立在对课堂中学生学习行为的准确观察和记录之上的。但在课堂教学中，教导行为与学习行为不是单一的，而是由多种教、学行为构成的，且教、学

行为是连续的，构成"教学活动流"。因此，区分出一个个教导行为和学习行为单位，是课堂观察和记录的基础。而这，无疑是难点。其次，如何对这些指标赋值并确定各自的权重，以量化计算评价的总体结果？这是课堂教学评价实现量化面临的一个技术性难题。这些问题需要各个学校在行动研究过程中逐步解决。

二、参与学校的选择及行动研究推进方式

（一）选择参与行动研究的学校的思路

我们选择了四所学校作为行动研究的合作单位。它们是武汉市硚口区崇仁路小学、武汉市江岸区长春街小学、武汉市东西湖区吴家山第五小学、武汉市武昌区杨园学校①。

我们选择参与行动研究的学校的主要标准是：校长有比较强烈的课堂教学变革的意愿；学校对建构学习中心课堂有浓厚的兴趣；学校在科研兴师、科研兴校方面有比较高的热情和追求。至于学校的办学条件、已经取得的社会声誉等，我们认为不是影响本课题推进的最重要因素。事实上，我们选择的这四所学校，除崇仁路小学是湖北省示范学校以外，其他三所学校在所在地区均属普通学校，有的学校从生源基础等方面来看还是薄弱学校（如吴家山第五小学）。

参与行动研究的学校之所以以小学为主，有如下特别的考虑。国内目前关于学习中心课堂的研究主要集中在初中学段，高中段进行类似研究的学校也有不少，但是小学学习中心课堂的建设在国内尚无深入的研究和成功的样本（除了蔡林森在河南永威学校小学部移植洋思中学的"先学后教、当堂训练"的研究以外）。很多进行学习中心课堂建设的初中教师反映，若能在小学就开始训练学生进行自主学习，那么到了初中，学习中心

---

① 杨园学校是一所九年一贯制学校，我们的实验研究主要在该校初中部进行。

课堂建设就要顺利得多。另外，国内很多人基于常态思维形成了这样的看法：学习中心课堂需要以学生自主学习为基础，而小学生年龄小，不能进行自主学习，小学不宜也不能采用学习中心教学。因此，我们有意选择以小学为重点，试图通过系统的行动研究来了解在小学能否开展学习中心教学。如果研究证明，小学生也可以进行自主学习，小学也可以采用学习中心课堂，那么对于年龄大的学生和初中、高中学段，自主学习和学习中心课堂的运用就更没有问题。因此，小学学习中心课堂建设的研究具有特殊的理论和实践价值。

（二）四所学校基本情况

这四所学校分布在武汉市的四个城区，它们的办学历史、现有地位、学校规模和办学条件等方面各不相同。

1. 崇仁路小学

武汉市硚口区崇仁路小学位于汉口闹市区一条狭窄的小巷深处。20年前，它是一所典型的薄弱学校，学校条件差，质量低，教师留不住，学生招不来。20世纪90年代以来，学校坚定不移地走改革与创新之路，确立"以德立校""科研兴校"的办学策略，使小巷深处这所默默无闻的学校从低谷中崛起。崇仁路小学为湖北省首批示范学校、全国文明单位、湖北省现代教育技术实验学校、湖北省教育科研五十强学校、武汉市校园文化建设十佳学校。

学校现有62个教学班，近3100名学生，拥有一流的设施和完善的教育教学环境。学校先后培养了特级教师9名，"全国五一劳动奖章"获得者及各级劳模10名，省、市、区骨干教师100多人，还为市、区培养输送了一大批优秀的学校管理干部。

2. 长春街小学

武汉市江岸区长春街小学创建于1946年，是一所有着70余年办学历史和丰厚文化底蕴的市级示范学校。长春街小学有永清、天地两个校区，现有52个教学班，2367名在校学生，153名教职工，教师队伍整体素质较好。

从 2011 年开始，在校长杨红的引领下，长春街小学整体办学水平得到很大提升，教育教学取得了丰硕的成果。新建的天地校区硬件条件整体达到一流水平，学校拥有先进的信息化教学系统，设有小剧场、多功能戏曲排练厅、学生剧团陈列室、小小科技馆、创童空间、校史馆以及各种功能教室。丰富、优质的教育资源为学生的全面发展奠定了坚实的基础。

通过不断的努力，学校先后获得多项荣誉，如全国中小学思想道德建设优秀学校、湖北省少先队工作示范学校、武汉市首届中小学班主任队伍建设工程先进单位、武汉市教育科研实验基地学校、武汉市信息技术实验学校、武汉市首批经典诵读特色学校、武汉市小学标准化建设合格学校等。

3. 吴家山第五小学

武汉市东西湖区吴家山第五小学，前身为建于 20 世纪 50 年代末的武汉市东西湖吴家山农场桥头中心小学。排球、中长跑曾经是学校的传统体育项目，并在市、区占有一席之地。在当时的农场学校中，学校办学质量较高。随着东西湖区教育管理体制的理顺，根据学校布局调整的需要，2007 年 2 月学校更名为武汉市东西湖区吴家山第五小学。2009 年 8 月，根据区委、区政府的决定，学校整体搬迁至原武汉中太学校小学部校区，学校办学条件得到了根本的改善，学校发展空间进一步拓展。

学校现有教师 65 名，教学班 25 个，学生 1130 多名。学生 80% 以上来源于附近从事物流服务的外来务工人员家庭。教师队伍整体素质和教育教学质量近年来逐步提高。

4. 杨园学校

武汉市杨园学校的前身是创建于 1966 年的武汉市第四十七中学，2001 年与武汉市第二棉纺织厂子弟学校合并后更名为武汉市杨园学校。学校地处武昌、洪山、青山三区交界处，是一所普通的九年一贯制学校。

学校现有 28 个教学班，在校学生 1200 多名，教职工 123 名。学校生源中流动人口家庭子女占到一半以上。学校整体办学水平在武昌区处于中等偏上行列。

（三）四所学校的研究分工

为了落实课题研究任务，同时基于每所学校的研究基础和研究意愿，我们确定了四所学校的研究分工：首先由两所学校对学习中心课堂建设中的关键问题进行突破，在此基础上，再集中精力在一所小学和一所初中进行学习中心课堂建设的全过程探讨。在研究重点的安排上，四所学校虽然同时起步开展研究，但从指导力量的安排上，前期重点放在对学习中心课堂建设的关键问题的突破上，后期则集中精力进行学习中心课堂建设的全过程探讨。

1. 对关键问题的突破

通过对国内学习中心课堂建构的已有经验的深入分析，我们发现，在学习中心课堂的建设中，有几个问题是比较关键的，包括小学生自主学习意识与能力培养问题、小学生合作学习的意识与能力培养问题、学生学习活动的设计问题等。为对这些问题进行突破，进而为学习中心课堂的全过程实践探索做准备，我们对课题研究做了如下安排。

首先，由吴家山第五小学承担小学生自主学习意识与能力培养问题的专题研究。该校为了争取市、区教育行政部门的支持，以"小学生自主学习意识与能力分段培养研究"为主题，申报了武汉市教育科学"十二五"规划重点课题。

为何在该校进行小学生自主学习意识与能力培养研究？主要是因为，该校生源特殊，80%以上的学生来自附近从事物流工作的务工人员家庭，大部分家长文化水平较低、忙于生计而无暇也无力顾及子女教育。这部分学生的学习几乎完全靠自己努力。因此，培养他们自主学习的意识与能力对于他们的学习与发展就非常关键，具有特别的意义。

经过近四年的研究，该校于2015年12月完成该子课题研究工作。具体研究的情况见后面该校的研究报告。

其次，由崇仁路小学承担小学学习中心课堂建构中的学习活动设计与教学策略研究和小学生合作学习问题研究。

崇仁路小学作为省级示范小学，有重视教科研的传统。并且，该校长期重视对小学生主体性和学习自主意识及能力的培养。比如，该校自"九五"时期开始，就对小学生的主体意识与主体能力培育、小学教师自主选择和创造教育模式等问题进行了深入的研究。因此，选择该校进行小学生自主学习活动设计与教学策略研究也是利用了它已有的研究基础和优势。

值得说明的是，在研究小学生学习活动的同时，崇仁路小学也开展了对学习中心课堂教学过程的初步探索，尤其是对小组合作学习（该校称为"伙伴学习"）进行了很多的尝试，形成了自己的认识和做法。我们以该校汪亭老师的课堂教学为个案，呈现相关的研究过程与成果。

经过四年多的研究，该校于 2015 年 12 月完成此课题的研究工作。具体研究情况见后面该校的研究报告。

2. 学习中心课堂建构的全过程探讨

在上述两所学校开展子课题研究的后期，在吸收两校对小学生自主学习、小学生合作学习、小学生学习活动设计等问题研究获得的经验及初步认识的基础上，我们集中精力在长春街小学和杨园学校初中部开展学习中心课堂整体建构的行动研究。

之所以选择这两所学校进行学习中心课堂建构全过程的研究，主要是因为这两所学校的校长对课堂教学变革及建构学习中心课堂非常认可，也有浓厚的兴趣。杨园学校在进行本课题研究之前，进行了五年的"Fs 五步快乐高效课堂教学模式"研究，具体教学流程有五步：引学、自学、互学、求学、展学。可见，该模式已将学生学习置于教学过程的中心，实际上是在追求建构学习中心课堂。

长春街小学和杨园学校初中部的研究内容基本相似，均围绕着学习中心课堂建构的全部问题开展行动研究。具体研究内容包括：综合运用学生个体自学、小组合作学习、全班共同研讨三种教学组织形式的学习中心课堂教学过程的组织；教师对引导学生自主学习的导学案（导学单）的设计；教师对学生小组学习及全班学习过程的调控和指导；在学习中心课堂建构的过程中，教师的教学观念、习惯及能力的改变；等等。

有关学习中心课堂建构行动研究的过程及成果，详见后面两所学校的研究报告。

（四）行动研究推进的方式

整个课题研究我们采取的推进方式具有如下特点。

1. 将重点问题突破与学习中心课堂的整体建构相对分开

前期聚焦于重点问题的突破，以取得对问题的初步认识和局部经验；后期开展学习中心课堂建构全过程的实践探索。实践证明，这样的安排对于分散研究的难度、集中指导者的精力，产生了较好的效果。

2. 全程采取由大学研究者与中小学教师密切互动的行动研究的方式

在本课题研究中，我们组建了由华中师范大学、湖北大学、中南民族大学的 4 名教师组成的研究指导小组，成员中有 1 名教授、2 名副教授、1 名讲师。另外由参与研究的大学教师指导的研究生开展全程跟踪听课、进行课堂观察等辅助研究的工作。各实验学校都组建了学校核心研究团队，长期跟踪并参与研究。

由大学教师与中小学教师共同参与、密切互动的行动研究，是我们采取的主要研究方式。研究过程遵循行动研究的逻辑，即确认问题—形成假设—开展行动—反思重构—展开新一轮行动，如此反复。在行动研究的每个环节，大学研究者都特别重视与中小学领导及教师的协商与互动。

3. 以课例为载体开展行动研究

我们的行动研究主要是结合课例开展的，即将研究的问题放到课例中进行思考、观察、反思和讨论。对于导学案的设计、学生自主学习、小组合作学习、全班共同研讨、教师控制单向讲授、教师对学生学习的指导等问题的研究，全都如此。

大学研究者每周安排两个半天时间分别到小学和初中，先与课题组教师一起听 2 节研究课，然后再花 1—2 节课的时间对所听的课进行分析研讨。小学由于参加行动研究的教师较多，共 35 人，所以每次听课和参与研讨的教师以学科为单位进行组织；初中参与行动研究的教师共 15 人，每次听课和课后研讨全体教师一起参与。

三、行动研究的过程

本课题研究整体经历了如下几个阶段。四所参与行动研究的学校经历的研究过程及阶段略有差异。

（一）研究方案的准备及开题

这一阶段的主要工作是课题研究方案的准备、课题申报及开题。

2012 年 3 月，课题组成员陈佑清、毛齐明率长春街小学、吴家山第五小学的校长及部分教师，到山东省杜郎口中学、昌乐二中、即墨市第二十八中学，进行课堂教学现场观摩和调研，为课题研究做准备。

2012 年 6 月—9 月，在相关文献调查的基础上，基于课题主持人已有的研究基础和研究兴趣，课题组成员反复研讨，完成课题申报书的填写，并向全国教育科学规划管理办公室提出立项申请。2012 年 12 月，课题获全国教育科学规划管理办公室批准立项。

2012 年 8 月—2013 年 3 月，在课题申报书的基础上，课题组对中小学学习中心课堂建设行动研究的操作方案进行设计、修改、完善，形成学习中心课堂建设的操作方案（行动指南）。

2013 年 3 月，课题在武汉市崇仁路小学开题，课题研究成员学校领导及骨干教师参加了开题会议。课题研究成员学校包括崇仁路小学、长春街小学、吴家山第五小学、武汉经济技术开发区第一初级中学（该校后退出，由武汉市杨园学校接替）。

（二）理论研究、教师培训及焦点问题研究

此阶段的主要工作是对与学习中心课堂相关的问题进行理论研究，对参与课题研究的学校教师进行培训，并启动行动研究。

2013 年 3 月—2014 年 6 月，课题组对学习中心课堂建构的主要理论问题进行研究。本课题的理论研究工作主要在这一阶段完成。当然，理论研究和论文整理的工作在后期的行动研究过程中一直在进行。此阶段重点研究的问题包括以下几个方面。

1. 对国内著名课堂教学改革经验的调研和反思

我们重点研究的样本有 20 世纪 80 年代的教学模式改革、江苏省洋思中学的教学改革、山东省杜郎口中学的教学改革、叶澜主持的"新基础教育"、郭思乐主持的生本教育、裴娣娜和杨小微主持的主体教育。另外，我们还对国内众多的课堂教学改革经验，包括模仿、借鉴洋思中学和杜郎口中学经验进行的课堂教学改革进行跟踪了解，如韩立福的学本课堂研究、湖北省荆州市北门中学的课堂教学改革、湖北省浠水县实验高中的课堂教学改革、武汉市二桥中学的课堂教学改革、武汉市第六十四中学的教学改革、武汉市洪山区全区推进的课堂教学改革等。

2. 对学习中心课堂建构的一些基础问题开展专题研究

这些问题包括我国中小学课堂教学转型的取向及其必要性、学习中心课堂的基本特征、学习中心课堂中的教与学的关系、学习中心课堂教学过程的基本结构、学习中心课堂中的学习活动的设计、学习中心课堂教学的评价等。当然，理论研究后期一直在进行。

2013 年 3 月—6 月，大学研究者对参与实验研究的学校的课堂教学问题进行了调研，并对教师进行了集中培训。在崇仁路小学、吴家山第五小学、杨园学校，大学研究者通过听课、问卷调查等方式，对教师的课堂教学现状进行摸底调查，把握传统以讲授为中心的课堂的主要表现、存在的问题。同时，在四所学校开展学习中心课堂建设的专题培训，指导教师系统学习以学生发展为本和以学习为中心的教学理论。在此过程中，陈佑清教授、毛齐明副教授同时进行《教学论新编》学习辅导、国内著名课堂教学改革经验分析、学习中心课堂的特征及其建构必要性、建构学习中心课堂行动研究方案的解读等内容的专题培训。

在集中培训以外，在行动研究过程中，结合具体问题的分散性问题研讨和培训贯穿于行动研究的全过程。

2013 年 3 月—2015 年 12 月，所有学校启动课题研究，重点在崇仁路小学和吴家山第五小学先期开展学习中心课堂建构的重点问题突破的行动研究。崇仁路小学侧重研究小学生学习活动设计及以学习活动为中心的教学过程的组织，吴家山第五小学侧重研究小学生自主学习意识与能力培养。这两所学校同时以相关问题为主题申报了武汉市教育科学"十二五"规划课题，因此，这两校承担的研究课题既是本课题的子课题，也是他们各自承担的武汉市教育科学"十二五"规划重点课题，这对于提高学校参与课题的积极性以及增加课题研究的投入有很好的促进作用。两校课题研究过程十分扎实，每周（崇仁路小学）或间周（吴家山第五小学）开展一次课题研讨活动。

同期，长春街小学和杨园学校分别于 2013 年 3 月和 11 月启动学习中心课堂行动研究。

（三）学习中心课堂建设全过程研究

此阶段主要在长春街小学和杨园学校推进学习中心课堂建构全过程的行动研究。实际上，这两所学校在此之前就开展了学习中心课堂的行动研究，但主要集中在对学习中心课堂建设中的一些局部问题的熟悉和研究上，如导学案如何编制、如何引导学生自学、如何开展小组合作学习、如何组织全班展示及交流等。从本阶段开始，在专家组的强力介入下，两校以课例为研究对象，每周用半天时间，开展系列性的听课、评课和研讨活动。两年多时间里，每所学校平均每学期开展这样的课例研究 16 次。

两所学校开展行动研究的具体过程是有差别的。自 2012 年 3 月长春街小学校长及部分教师到山东省杜郎口中学等学校观摩学习以后，学校就在深入了解国内课堂教学改革的经验，并在陈佑清教授的指导下，构思本校课堂教学改革的方案，之后申报武汉市教育科学"十二五"规划课题并获批立项。2012 年 9—10 月，学校开展了课题研究方案的完善、研究小组的组建等工作，并进行课题开题。2012 年 11 月—2013 年 11 月，学校开展了系统的教师培训，同时以课例研究为形式开展了课题研究。而杨园学校由于在"十一五"期间开展了"Fs 五步快乐高效课堂教学模式"的研究，教师对当下国内课堂教学改革的情况已有一定的了解，因此，教师专题培训工作在课题开始前主要是由陈佑清教授介绍学习中心课堂建构的行动指南等，其他的培训工作主要是结合平时的课例研究进行。在前期相对零散的研究的基础上，2015 年 3 月—2017 年 6 月，杨园学校开始进行深入、持续的课例研究。

在课题研究推进过程中，除了每次研讨课上的交流研讨之外，专家组还穿插相应的专题培训和观摩学习。其中比较重要的有：第一，陈佑清教授结合课题推进中出现的问题，开展了"学习中心课堂的教学设计""学习中心课堂教学过程组织的基本逻辑及其实施策略"的专题研讨培训。他还给教师提供导学案（单）设计的模板，作为教师编写导学案（单）的思维工具。第二，组织教师到本地成功开展课堂教学改革的学校进行观摩学习。例如，2015 年 3 月组织实验学校的部分教师，到武汉市第六十四中学观课，学习和研讨该校以"师友合作"为主要特征的"爱心课堂"。2016 年 10 月组织实验学校部分教师到湖北省华一寄宿学校进行课堂观摩，对该校借鉴杜郎口中学的经验所开展的课堂教学改革进行学习和研讨。这样的观摩学习很受教师欢迎，对教师的触动比较大，效果很显著。

此阶段开展的研究工作有两个特点。第一，开展的研究活动非常丰富，几乎每周一次，并连续坚持两年多。第二，课题组中的高校教师深度介入，研究比较典型地体现了理论研究者与一线教师密切互动的行动研究的特征。

（四）课题研究工作的总结

此阶段主要对课题的工作进行全面的总结，准备结题所要求的全部资料。具体工作包括：

第一，著作的撰写。包括《学习中心教学论》和《学习中心教学的学校行动研究》两本著作的写作、修改。

第二，四所实验学校的研究报告的撰写、教师典型教学案例的整理、教师感悟性小论文的写作。

第三，按照全国教育科学规划管理办公室的课题结题要求，准备并提交全部结题材料。

参 考 文 献

［1］陈佑清．"学习中心课堂"教学过程组织的逻辑及其实现策略［J］．全球教育展望，2016（10）：40-47．

［2］陈佑清，陶涛．"以学评教"的课堂教学评价指标设计［J］．课程·教材·教法，2016（1）：45-52．

第二部分

实验学校行动研究报告

学习中心教学的学校行动研究主要在武汉市的四所学校进行。本部分的五个研究报告，分别对这四所学校的行动研究过程及其取得的成效进行了介绍。其中，崇仁路小学的行动研究包括学校层面的研究和教师个案研究两个方面，因此分别以报告二和报告三来呈现。为了节约篇幅，此处没有按照一般研究报告的完整格式，对四所学校的行动研究过程进行全面介绍，只呈现每所学校承担的子课题的研究内容、研究过程和研究成效等内容。

　　需要说明的是，由于四所实验学校开展的行动研究是理论研究人员和一线教师密切合作的行动研究，研究所形成的成果包括理论研究成果和实践研究成果两个方面。其中，理论研究适度先行，其形成的成果成为行动研究的假设。由于理论研究成果已在《学习中心教学论》中进行专门介绍，因此，在本部分，我们不再呈现学习中心教学理论研究方面的成果，而集中呈现在学习中心教学理念指导下的学校行动研究所产生的实际成效，包括在学生学习与发展、教师改变和学校改进方面所产生的成效。

一、小学生自主学习意识与能力分段培养研究报告[①]

学生自主学习的意识与能力是制约学习中心课堂建设的关键要素之一，因此，需要进行专门研究。综合考虑多种因素，总课题组选择由吴家山第五小学承担小学生自主学习意识与能力分段培养子课题研究。以下呈现的是该校四年多时间的研究概况。

（一）研究内容

1. 选题理由

本课题主要研究小学生自主学习意识与能力的培养问题。选择研究这个问题，除了因为学习中心教学总课题组将学生自主学习当作教学全部过程的基础环节，还与吴家山第五小学的生源状况有关。

在课题研究之前，我们对该校学生的来源及家庭教育等情况进行了专门调查。通过家长问卷调查发现，该校 80% 的学生家长是外来务工人员，16% 的学生家长是外出务工人员。家长的文化水平普遍不高，具有大学及以上学历的家长仅占 3.8%。通过学生问卷调查发现，该校学生的自主学习能力均值为 2.91（最小值为 1，最大值为 5），这表明其自主学习能力不够理想。家庭教育的欠缺意味着学生必须具有较强的自主学习意识和能力，否则他们就很难在缺乏监管和辅导的情况下正常学习。然而，针对教师和学生的问卷调查表明，仅有 13.7% 的教师在课堂教学中给予学生超过 10 分钟的讨论和自学时间。可见，尽管培养学生自主学习的意识与能力对于该校学生的发展具有重要意义，但教师对此缺乏应有的关注。鉴于该校学生自主学习能力的不足及其家庭教育条件的欠缺，选择在该校进行小

[①] 课题负责人为陈先平。此报告由华中师范大学毛齐明副教授执笔撰写。

学生自主学习意识与能力培养的研究具有很强的针对性和特殊的意义。

2. 研究方案设计

（1）研究目标

研究的目标是探索分年段促进小学生自主学习意识与能力发展的策略。

（2）研究内容

①学校学生自主学习意识与能力的发展现状。

②小学生自主学习品质的基本结构与年段发展目标。

③小学生自主学习意识与能力发展的基本机制。

④促进小学生自主学习意识与能力提升的教学模式。

⑤各年段培养小学生自主学习品质的策略。

⑥小学生自主学习的课堂评价。

⑦促进小学生自主学习的保障条件。

（3）研究方法

①调查研究法。调查研究法是通过考察了解客观情况、直接获取有关材料并对这些材料进行分析的研究方法。在此研究中，我们对该校学生的自主学习情况和教师的教学行为进行系统的问卷调查和分析，明确课题研究的起点，为客观评价研究成果提供事实依据。

②案例研究法。案例研究法是对实际教学中的具体事件或活动进行研究，以发现其中存在的问题或内在规律的方法。本研究以突出培养小学生自主学习意识与能力的课堂教学案例为对象，对其进行研讨和反思，目的在于提升教师教学水平，促进学生自主学习能力与意识的发展。

③实验研究法。本研究设立了实验班和对照班，对实验班试行新型教育教学方式，其目的是弄清研究过程中所采用的教育教学方式能否发挥积极作用，其作用的大小如何，影响因素是什么。我们借用和修改了齐默尔曼的问卷调查法和微分析法，对学生进行了前测与后测，形成了相应的分析报告，并将其作为分析本研究成效和调整后期研究的重要依据。

（二）研究过程

本研究遵循行动研究的路径，既以变革课堂行动为目的，又在课堂变革的行动之中开展研究。其过程包括如下几个阶段。

1. 调查发现问题，确定研究主题

此阶段的主要任务是对该校教师教学和学生发展的整体情况进行调查，了解学校发展中存在的问题，确定研究的具体问题。主要完成了如下工作。

一是对学校领导、教师和家长进行访谈，了解教师教学和学生发展中存在的突出问题，以及各类教育主体的诉求。

二是对教师、家长和学生进行问卷调查，从整体上了解该校在学校管理、课程建设、课堂教学、校本教研、学校文化等方面的基本情况。调查发现，一方面，该校 80% 的学生为外来务工人员子女，家长因文化水平较低、忙于生计等原因而无法为子女提供良好的家庭教育；另一方面，该校教师的教学观念较为陈旧，课堂上满堂灌的现象比较严重，学生自主学习的意识与能力较差。

三是大学研究者和学校建立"U-S"合作关系，决定围绕学生自主学习意识与能力的培养展开研究，以便从根本上提升学校的办学质量。

四是根据所确定的主题，对学生自主学习的状况进行前测。研究者借鉴齐默尔曼有关自主学习的问卷调查法和微分析法，对该校学生和教师进行了比较科学的调查。

五是以"小学生自主学习意识与能力分段培养研究"为主题，申报武汉市教育科学"十二五"规划重点课题，并成功获批。

2. 设计研究方案，进行学习和参观

此阶段的主要任务是制定研究计划并进行相应的理论学习和实地考察，为实践变革打下基础。具体完成了如下工作。

第一，完善研究方案，进行开题论证。通过反复研讨和学习，学校对申报方案做了进一步修改，形成了比较完善的研究设计，并于 2012 年 11 月底顺利开题。

第二，成立课题组，设计子课题。学校方面的主要负责人为欧阳艳萍校长，高校方面的主要参与者为陈佑清教授和毛齐明博士。所设计的子课题主要包括：自主学习品质的基本结构与年段发展目标研究，自主学习意识与能力发展的基本机制研究，促进小学生自主学习意识与能力提升的教学模式与策略研究，小学生自主学习的课堂评价研究，等等。

第三，进行理论学习，借鉴实践经验。一方面，陈佑清教授对教师进行了自主学习课堂建设的系统培训；另一方面，陈佑清教授、毛齐明博士与欧阳艳萍校长等学校领导一起赴山东省杜郎口中学进行现场考察，共同研究如何建构本校的自主学习课堂。此外，学校教师还通过视频、专家讲座等方式，围绕自主学习课堂的建设这一问题进行了大量的学习。

3. 推进日常研究，建设新型课堂

此阶段的研究既包括理论研究，也包括实践研究。所完成的主要任务包括以下三个方面。

第一，研究了自主学习品质的基本结构与年段发展目标。本研究在充分查阅国内外相关资料的基础上，借鉴齐默尔曼对于自主学习品质的阐述，确定了本研究中自主学习品质的基本结构，即包括动机、计划、监控与反思等四个方面。在自主学习品质的年段发展目标方面，高校研究者陈佑清教授、毛齐明博士和罗祖兵教授等与学校研究团队一起，分别开发出低段、中段、高段三个既相互区别又相互联系的目标体系。

第二，阐明了自主学习意识与能力发展的基本机制。根据维果茨基的中介理论，本研究将学生自主学习意识与能力的发展过程确定为一个内化相应"辅助工具"的过程。

第三，开发了促进小学生自主学习意识与能力提升的教学模式，主要包括准备学习、个体自学、小组互学、全班共学、反思总结、练习巩固等六个环节。

4. 反思初期研究过程，设计新的研究方案

此阶段的主要任务是对前期的研究过程进行反思，并对后期的研究计划进行适当调整。课题组通过反思发现，前期课题研究存在的主要问题是：第一，课题研究与实践变革的结合不紧，所开发的教学模式难以转化为教师的课堂实践；第二，自主学习的前期探讨仅局限于课堂教学，而学生的自主学习不只发生在课堂上，在课堂之外还有大量的自主学习存在。

于是，课题组对后期的研究进行了调整。一是进行研究过程的调整。针对课题研究与实践变革结合不紧的问题，课题组采用了毛齐明博士开发的"ITEC"教师学习模式[1]，其环节包括确定主题、提供参考、集体学

习、自定主题、实践反思、集中展示、共同研讨、总结提升、推广深化
等。二是将自主学习的研究拓展到课堂之外，同时加强自主学习课堂评价
的研究。

5. 深化行动研究，全面推进变革

此阶段的研究任务主要是深化和拓展前期的研究，具体完成了如下
工作。

第一，进一步研究促进学生自主学习意识与能力提升的教学模式。借
助新的教师学习模式，研究将教师学习落实到不同学段和不同学科的具体
策略，促进课堂教学的转变。

第二，开发学生在课前、课堂和课后进行自主学习的辅助工具，并统
一汇编在学生自主学习手册之中，整合学生在各个场域的自主学习，切实
提高学生自主学习的意识与能力。

第三，进行自主学习课堂评价的研究。在毛齐明博士的引领下，专家
组进行了以教师发展为导向的耦合性教学评价研究[2]，以评价为杠杆，引
领教师进行课堂教学变革，提升教师参与变革的自信心与积极性，最终促
进了教学模式在课堂上的落实。

第四，开发促进学生自主学习的基本策略。通过教师的共同努力，开
发了从动机、计划、监控与反思四个方面促进学生自主学习的一般策略。

6. 总结研究成果，进行应用推广

此阶段的研究任务主要是总结研究成果，并将其推广到校内其他班级
和其他学校。

第一，在前期研究的基础上，总结汇编了教师指导学生自主学习行动
指南和自主课堂教学评价方案，并撰写了本课题的研究报告。

第二，进行后测，调查实验班学生和对照班学生在自主学习意识与能
力发展方面的差异。

第三，通过结题展示、讲座、经验交流等方式，与课题组外的本校教
师和其他学校教师分享研究成果。

（三）研究成果

通过四年多的努力，本课题研究取得了较为丰硕的成果。具体而言，

主要包括以下八个方面。

1. 学生自主学习意识与能力发展的前期状况调查

在课题研究之前，我们先后进行了两次问卷调查。第一次是在开题之前，主要是对学生发展与学校教育的整体情况进行全方位调查，以便进一步论证本研究的意义。第二次是在开题之后和正式进行研究之前，主要是采用科学的量表，专门对学生自主学习意识与能力发展状况进行前测，以便与后面的研究结果进行对比。

（1）通过整体情况调查，进一步论证该校研究自主学习的意义

通过这次调查，我们得出了两个重要结论。

第一，学生自主学习的状况不太理想，需要大力加强。这主要表现在五个方面。

一是有一定数量的学生不能认真完成作业。62%的学生放学回家或放假后能认真完成作业，28%的学生简单应付家庭作业，10%的学生贪玩不做作业。

二是学生学习习惯不够好。34%的教师对学生的学习习惯比较满意，40%的教师表示一般，26%的教师表示不满意。

三是学生学习能力不够强。27%的教师对学生的学习能力比较满意，73%的教师对学生的学习能力不太满意。

四是学生学习的自信心比较弱。37%的教师对学生学习的自信心比较满意，63%的教师认为学生的自信心不强。

五是学生学习的兴趣不够浓厚。只有38%的学生对课外阅读具有较浓厚的兴趣。

第二，学生自主学习的意识和能力是在自主学习的过程中培养起来的。

通过调查发现，教师"放"得越多的年级，学生的学习与发展状况越好。这一点突出体现在三、四年级的对比上（这两个年级入学时的生源状况基本没有差别）。

首先，三、四年级学生的自主学习与自我管理的状况对比。从讲授时间来看，三年级教师的课堂讲授时间最少（每节课约23分钟），四年级教师的课堂讲授时间最多（每节课约30分钟）。从班级管理来看，三年级学

生参与班级管理的比例最高（50%），四年级学生参与班级管理的比例最低（41%）。

其次，三、四年级学生的整体发展状况对比。在学习成绩方面，三年级是全校学习成绩最好的年级之一，仅次于一年级，四年级是全校学习成绩最靠后的年级。在学习习惯方面，三年级是全校学习习惯最好的年级，四年级是全校学习习惯最差的年级。在课外阅读兴趣方面，三年级是全校课外阅读兴趣最浓的年级之一，四年级是课外阅读兴趣最弱的年级。具体结果如表 2-1-1 所示。

表 2-1-1　各年级学生发展状况对比

发展内容	优秀年级	较弱年级
学习态度	一、二、三	四、六
学习习惯	一、三	四
学习能力	一、三、五	二、四
学习成绩	一、二、三	四
学习自信	一、三、六	四
课外阅读兴趣	一、三、五	四
参与班级管理	三、五	二、四、六

总之，从学生的发展状况来看，学生自主学习的意识与能力还存在较多不足；从教育与学生发展的关联性来看，学生自主学习与管理做得越好的班级，学生各方面的发展状态越好。

这一调查结果使学校领导、教师和专家达成了一个共识：要促进学生的发展，行之有效的方法是提升学生自主学习的意识和能力。因此，学校将研究课题确定为"小学生自主学习意识与能力分段培养研究"。

（2）通过专门调查，发现学生自主学习的现状

第二次问卷调查是在课题开题之后和实验之前进行的。研究者利用改编后的齐默尔曼问卷，灵活运用其微分析方法，从自我效能感、内在价

值、考试焦虑、认知策略、自我调控五个维度进行较为严谨的前测，把握了学生实验前的自主学习意识与能力基本情况。调查结果显示：学生自主学习能力处于中等水平；随着年级增加，学生的自主学习能力呈现先上升后下降的趋势；学生在自主学习的五个维度上的表现差异不大，其中自我效能感得分最高，自我调控得分最低；随着年段增加，学生在自我效能感、自我调控和认知策略上的表现呈先上升后下降的态势，内在价值持续下降，考试焦虑上的表现波动较大。

2. 自主学习品质的基本结构与年段发展目标

自主学习的意识与能力可统称为自主学习品质，它是指个体所具有的保证自主学习过程顺利、有效进行的意识、能力、习惯等品质。自主学习品质通常通过活动体现出来，因此，在参考齐默尔曼等人研究成果的基础上，我们根据活动展开的基本过程，从动机、计划、监控、反思等四个方面来界定其基本结构，并据此建构学生发展的年段目标。

（1）自主学习品质的基本结构

学生自主学习品质的基本内容主要包括以下四个方面（图 2-1-1）。

图 2-1-1　自主学习品质的基本结构

①动机，即自主学习的动机，包括自主学习的兴趣、需要、取得成就的欲望等倾向性品质。

②计划，即学生自己制订的学习计划。它要求学生：具有明确的学习目标或清晰地知晓学习任务的意识；做好学习准备（如准备学具和学习材料、集中注意力等）的习惯和能力；制订可落实的学习计划（如安排学习时间、学习活动、学习策略等）的习惯和能力；等等。

③监控，即对自主学习的监控和调节。它包括：能够监控所运用的方法或策略并对其进行调节；能够调控学习过程中投入的时间和精力；能够就个人确实无法解决的问题向他人求助或查阅资料；等等。

④反思，即学习过程结束后的评价、反思与总结，包括对学习结果进行自我检查、自我总结、自我评价和自我补救。

（2）各年段小学生自主学习意识与能力发展目标

考虑到小学生的认知水平、自我发展水平不高，我们从动机、计划、监控、反思四个维度，建构了分年段（低段：一至二年级。中段：三至四年级。高段：五至六年级）的小学生自主学习意识与能力发展目标（表2-1-2）。

表2-1-2　小学生自主学习意识与能力分年段发展目标

年段	内容	发展目标
低段	动机	以获得表扬为动力，具有积极向上的愿望，希望获得他人的承认和赞扬，从而主动学习
	计划	具有完成常规学习流程的良好习惯，包括学习前做准备（如准备学具、学习材料等）、学习时集中注意力、学习后进行检查总结和反思等
	监控	会调控自己的时间和精力，会高效完成作业
	反思	形成对学习过程与结果进行自我检查、自我评价的方法与习惯
中段	动机	以获取更大成功为动力，具有较强的自我效能感，喜欢自我表现，希望不断获取更大的成功
	计划	具有明确的学习目标，清晰地知晓学习任务
	监控	会监控和调整自己的学习方法，掌握记忆的基本方法，会查阅字典和简单的工具书
	反思	形成对学习过程与结果进行自我检查、自我评价、自我总结的方法与习惯
高段	动机	以满足求知兴趣为动力，对于学习对象和学习过程本身具有比较浓厚的兴趣
	计划	具有制订可落实的学习计划（知道在什么时间、运用何种策略完成某种学习活动）的能力
	监控	会调控自己的时间和精力，会监控和调整自己的学习方法，会适当地求助他人和查阅资料
	反思	形成对学习过程与结果进行自我检查、自我总结、自我评价和自我补救的方法与习惯

3. 自主学习意识与能力发展的基本机制

通过梳理国内外的相关研究成果，尤其是维果茨基学派的理论，我们形成了如下认识并进行了实践验证。

（1）小学生自主学习意识与能力的形成需要借助一定的辅助工具

所谓"辅助工具"，是指儿童从成人那里获得的、用来帮助他们实现自主学习的学习要求、学习方法指导、学习流程提示等。基于对自主学习意识与能力的发展机制的认识，我们在"理论构想—课堂实践—修改完善—反思重构—再次课堂实践"的循环研究中，开发了多种促进学生自主学习能力形成的辅助工具，并将其编成小学生自主学习手册，供学生在学习中使用，比如课前自主预习单（自主预学提纲）、课中自学提示单（提示单中明确学习内容、提示学习方法和步骤）、课后自我评价表。

（2）小学生自主学习意识与能力的形成需要经历内化的过程

这里的"内化"是指学生主动将教师提供的辅助工具转化为支持自己行动的内在工具的过程。其过程可描述如下：教师提供辅助工具→学生使用辅助工具并规范自己的行为→学生内化辅助工具从而形成自主能力。具体而言，起初是教师和学生一起活动，教师提供辅助工具给学生，以帮助学生完成活动任务；在多次试用辅助工具之后，学生单独借助辅助工具进行活动，完成活动任务；最后，学生内化辅助工具，单独完成活动任务（图2-1-2）。

图2-1-2　学生自主学习品质的发展过程

（3）小学生自主学习意识与能力的培养过程是一个教师逐渐放手的过程

活动之初，教师提供的支持较多。随着学习过程的深入，教师逐渐地减少对学生的支持。最后，当学生的自主学习能力发展到一定程度时，教师就应该让学生真正地走向自主（图2-1-3）。

4. 促进小学生自主学习意识与能力提升的教学模式

在课题研究过程中，我们对自主学习课堂的特点进行了分析、总结，提出了以"帮助学生学会自主，全面落实学生自主"为核心理念的自主学习课堂教学模式。其采取的基本流程如图2-1-4所示。

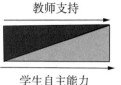

图 2-1-3　教师支持与学生自主能力增长的关系

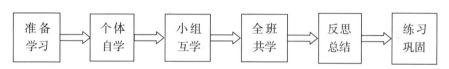

图 2-1-4　自主学习课堂教学模式的基本流程

各环节操作要领如下。

第一环节：准备学习。教师根据学科特点为学生提供精心设计的自主预学单。自主预学单是引导学生在课前进行自主学习的辅助性工具。在使用本模式的初始阶段，由于学生还不熟悉这种学习方式，教师可以对其进行专门训练。比如，在一段时期内，教师可以运用课堂的前半部分或整节课的时间，当面指导学生如何借助自主预学单进行预学。当学生能够越来越熟练地使用自主预学单之后，教师就可放手让学生以家庭作业的形式来完成课前预学。为了落实预学任务，教师可每天在课前利用几分钟时间对学生进行检查、评价和指导。

第二环节：个体自学，即学生在主动感知教材的基础上学会"发现"。"发现"的内容既可以是学生不懂的问题，也可以是学生感到新奇的地方；既可以直指教学内容，也可以针对学习材料。在此过程中，教师一方面应提出明确、恰当的学习目标和要求，使学生能清晰地知道学习任务与学习流程；另一方面，在学生独立自学的过程中，认真巡视课堂，发现和解决问题，较好地把握课堂节奏。

第三环节：小组互学。学生开展小组合作学习，依据教师提供的自主预学单中的学习内容、学习方法，通过分工协作完成规定的学习任务。小组长要维持交流的秩序、控制讨论的节奏，并且归纳小组学习的结果。在此过程中，教师应当扮演参与者、组织者和指导者的角色，及时了解各小组学生的学习情况，做到心中有数，以便为接下来的展示交流做好准备。同时，教师应对需要帮助的学生进行适时的指导。

第四环节：全班共学。学生以小组为单位，将学习的思路和成果主动、大胆、个性化地在全班进行展示交流。小组之间可以互相补充，进行展示竞赛，一方面增强学习者的集体荣誉感，体现合作的力量；另一方面促进学习者知识和能力的主动建构，集中个体的思维成果，供整个学习群体共享。

在这个过程中，首先，教师要发挥主导作用，充分利用评价的甄别、激励功能，通过组与组之间的良性竞争，最大限度地调动每个学生主动参与的积极性，让课堂因互动而精彩。其次，教师要在点拨、解惑、提炼、总结的过程中，结合课堂的实际穿插典型习题进行达标检测，使学生的学习水平从"理解"上升到"应用"，从而习得技能。最后，教师还要注意对学生的交流结果进行梳理、总结与提升，给学生清晰明确的答案。

第五环节：反思总结。在此环节，教师要引导学生，或由学生自己对所学知识进行全面的回顾、整理、归纳和反思，达到知识的系统化；帮助学生对情感、态度和价值观进行提升；指导学生对学习策略进行适当的总结，以提高学习的效率和效果。

第六环节：练习巩固。教师在课堂上要留出至少5分钟的时间，让学生独立完成目标检测练习，并且可以通过抽查批阅、同桌互改、个别解答、小组展示等形式反馈检测结果。在这个过程中，教师要全面了解学生的学习情况，查漏补缺，及时发现问题并加以改正。

5. 促进学生自主学习的辅助工具

基于对学生自主学习意识与能力的发展机制的认识，我们开发了多种促进学生自主学习的辅助工具。

（1）自主预学单

教师要根据学科学习目标为学生提供精心设计的自主预学单，引导学生进行预习。在初期，教师要在课堂上指导学生使用自主预学单。一段时间以后，教师就可以放手让学生在课下使用。经过长期训练，学生即便不再使用自主预学单也可以自主预习新课。比如，一位二年级语文教师在教学生预习时，每天给学生一张包含预习四步法的预学单（表2-1-3），要求学生在预习后进行自我评价。持续训练一段时间后，教师只需要说一句"预习新课"，该班学生就会按照该预学单自主预习了。

表 2-1-3　自主预学单

要求	我做到了……（以☆表示自己完成的水平，最低水平为☆，最高水平为☆☆☆☆☆）
标（我能用笔标出文中所有的自然段，还能标出我认为有意义的地方）	
圈（我能从课文中圈出自己喜欢的词语和句子）	
认（我认识文中的字词，对于不认识的字词我能查字典注音）	
读（我默读了课文，能有感情地朗诵课文）	

（2）课外自主学习计划与监控表

为了帮助学生提升课外自主学习的能力，我们制订了小学生课外自主学习计划与监控表。低年段小学生的课外自主学习计划与监控表如表2-1-4所示。

表 2-1-4　小学生课外自主学习计划与监控表（低年段）

时间：　　年　　月　　日

学习情况记录			
序号	学习任务	计划完成的时间	实际完成的时间
1			
2			
…			
学生自我评价			
我对完成作业的时间感到满意	我是在做完作业之后才玩的	我的坐姿端正	我在做作业的过程中不玩

续表

家长评价			
孩子完成作业的时间	孩子是在做完作业之后才玩的	孩子的坐姿端正	孩子在做作业的过程中不玩

(3) 课堂学习自我监控与反思表

为了培养学生在课堂上自主学习的能力，我们依据小学生的特点开发了不同年段学生在课堂上使用的自我监控与反思表。比如，表 2-1-5 为低年段小学生课堂学习自我监控与反思表。

表 2-1-5　低年段小学生课堂学习自我监控与反思表

记录时间：　　　年　　　月　　　日

记录内容	具体表现	节次	1	2	3	4	5
		学科					
充分准备	A. 认真完成预习作业						
	B. 能快速整理好学习用品						
	C. 积极参加课前准备活动						
认真听讲	A. 眼睛看着老师或发言的同学						
	B. 积极思考回答问题						
	C. 可以做简单的笔记						
完成作业	A. 独立思考，按时完成作业						
	B. 书写工整规范						
	C. 认真检查，保证作业质量						

这些表格在试用期间，都由教师指导学生使用。比如，对于课堂学习自我监控与反思表，每节课后教师都会指导学生结合自己的课堂表现，对应表格中的每一项内容进行记录和评价。经过一周的训练之后，学生便能够独立操作了。之后，教师会逐渐放手，让学生自己运用这些表格来规范自己的学习行为。

6. 各年段培养小学生自主学习意识与能力的策略

根据各年段发展目标，我们通过查阅自主学习相关资料，收集整理已有的研究成果，从动机、计划、监控和反思四个维度，分低段、中段、高段三个年段，研究开发了小学生自主学习意识与能力培养的基本策略（表2-1-6、表2-1-7、表2-1-8）。

表2-1-6　小学低段学生自主学习意识与能力培养策略

品质结构	基本策略
动机	学生的学习主要以获得表扬为动力。具体策略包括： 1. 创设情境法。在上课开始时，教师要利用学生对学习材料的好奇心、对探究和操作的兴趣来激发学生的学习动机。要采取创设问题情境、设置悬念以及突出知识的新颖、独有的特征等措施，引起学生的兴趣。 2. 多元刺激法。在上课过程中，教师使用多种方式呈现知识，激发学生的学习兴趣。比如，教师可以使用录像、电影以及多媒体呈现知识，让学生接受多感官的刺激，感受知识形式的动态性和多样性，激发学生的学习兴趣。 3. 竞赛争优法。开展各类学习竞赛活动，并设计适当的表扬、奖励措施，以增强学生自主学习的动机，如开展"我是学习的小主人""我的学习我做主"等活动。
计划	学生以完成教师为其制订的计划为主，如完成教师布置的作业等，学会按计划完成任务。主要内容包括：帮助学生在完成作业之前先做计划，形成做计划的意识。比如，教师应要求学生在完成家庭作业之前，计划好做作业的总体时间并安排好各项作业的顺序和时间。教师要检查学生的计划及完成情况，给予及时评价。对于学生每天完成作业的时间，教师要进行评价，鼓励其合理分配时间。
监控	采用自我报告法。每天上课前，教师要给予学生适当的时间，报告他们在家里学习的情况，如做作业时是否专心、是否按时完成任务等，以便促使学生在完成任务的过程中监控和管理自己。
反思	1. 引导学生进行口头相互评价，让学生借助他人的评价来认识和反思自己的表现。 2. 训练学生养成作业完成后自己检查与纠正的习惯。

表 2-1-7　小学中段学生自主学习意识与能力培养策略

品质结构	基本策略
动机	学生的学习主要以获取更大的成功为动力。具体策略包括： 1. 评价激励法。建立完善的评价激励机制，运用多种奖励方式激励学生，提升学生在自主学习方面的成就感。 2. 榜样观察法。采用榜样学习的稳定模式，如"评选榜样—展示和示范—引导观察和讨论—制订新的学习计划—实施、调整与评价—评选新的榜样—展示和示范"，如此反复。 3. 关心生活法。对于有特殊情况而不能集中精力学习的学生，教师要了解其实际状况，看他们的基本生存需要（如生理、安全、归属与爱、自尊等需要）是否缺失。如缺失，则先满足之。
计划	教师要帮助学生形成明确的学习目标与任务。 1. 呈现清晰的课堂目标。每节课上，教师要明确地告知学生本节课的学习目标（学习任务），教师上课的环节要有一定的稳定性，并要让学生清晰地知道每个环节做什么，使学生在头脑中形成有计划、有步骤学习的概念和意识。 2. 帮助学生制订具体的短期目标。教师要帮助学生设置近期的、具体的目标，或把复杂的学习目标分解成具体的、简单的学习目标，以便让学生学会做计划，并体验成就感。
监控	教师要采用适当的技术帮助学生监控自己的学习。通过采用自我记录、自我记分、自我提问等技术，引导学生监控自己的学习过程，包括学习的时间、努力的程度及策略运用等方面。比如，通过课堂学习自我监控与反思表的填写，辅助学生进行自我监控。
反思	1. 训练学生总结、评价与反思本节课自主学习的表现。 2. 通过让学生填写课堂学习自我监控与反思表，引导学生对学习过程和结果进行反思。

表 2-1-8　小学高段学生自主学习意识与能力培养策略

品质结构	基本策略
动机	学生的学习以满足求知兴趣为主要动力。具体策略包括： 1. 目标激励法。让学生确切地了解学习的性质（主要包括学习什么、用什么方法学习、怎样考试等），并在教师的指导下设定学习目标，从而依据目标和理想用心学习。 2. 言语说服法。通过言语激发学生的学习动机，帮助学生描绘美好的蓝图，形成良好的预期。教师要相信学生，展现出对于学生的良好预期，并引导学生自己形成良好的预期。 3. 正确归因法。引导学生学会对学习结果进行恰当的归因，帮助学生正确认识成败。正确的方法是多从环境、付出的努力、策略等方面找原因，而不要只从能力方面找原因。 4. 成功体验法。教师要善于寻找突破口，使学生获取成功，并伺机扩展成功的体验。同时，教师对学生进行评价时，要将个人的进步作为成功的指标，少以团队的标准评价学生。
计划	教师要帮助学生学会自己制订计划、自我控制学习。具体策略包括： 1. 帮助学生设计合理的长期目标。教师要指导学生设置具有挑战性的但可以实现的长期学习目标（如学期计划）。 2. 允许学生自主选择个体的目标。教师要给予学生自己选择学习目标的空间，以发挥其主体性。
监控	1. 采用适当的技术帮助学生监控自己的学习：通过采用自我记录、自我记分、自我提问等技术，引导学生监控自己的学习过程，包括学习的时间、努力的程度及策略的运用等。比如，通过课堂学习自我监控与反思表，辅助学生进行自我监控。 2. 允许学生选择并使用自己喜欢的方式记录和报告自己的学习情况。
反思	1. 训练学生总结、评价与反思本节课完成学习任务或达成学习目标的情况（作业本上除设计教师评价栏外，可增设自我评价栏）。 2. 通过让学生填写课堂学习自我监控与反思表，引导学生对较长时间内的学习状况进行反思，如周反思等。

7. 自主学习的课堂教学评价

为了促进教师转变观念，引导他们从传统的教学模式中走出来，转而探索如何促进学生有效地进行自主学习，学校对课堂教学的评价标准进行了变革。这既是促进课堂教学变革的过程，也是促进教师发展的过程。

此评价标准设计体现了两个方面的理念。

第一，以促进学生自主学习的意识与能力的发展为最终目的。评价表从自主学习动机、计划、监控与反思等维度评价学生的学，反映的是学生应有的发展状态（表2-1-9）。

第二，以促进教师变革为过程目标。学生自主学习意识与能力的发展不是一蹴而就的，需要经历一个长期的过程。换言之，我们不能期望通过短期的教学变革就使学生自主学习的状态发生显著的变化。但是，我们希望通过评价手段促进教师进行实实在在的变革。因此，评价表也从教学观念、教学方式、教学能力等方面评价教师的教。

在变革初期，我们可能发现学生表现方面的得分较低，而教师行为方面的得分相对要高。如果随着时间的推移，两方面分数都在增长，则表明教师的教学行为变革取得了效果。反之，则可能有两种情况：一是教师在平时没有坚持改革，而只是在听课评课时才采用新的教学行为；二是教师采用了这些变革策略，但由于某些原因，学生没有明显变化。此时，就需要大家一起研讨问题到底出在哪里，以便一起解决。

表2-1-9　自主学习课堂教学评价表

授课教师		学科		授课班级	授课时间		听课人	
课题				课型				
评价项目	教师行为（100分）		权重	得分	学生表现（100分）		权重	得分
准备学习	提供精心设计的自主预学单		5		学生很好地完成了自主预学单		5	
	开展有效的学前准备活动		3		学习用品准备就绪		5	
	检查学生预学状态		2		学生精神饱满		5	

续表

评价项目	教师行为（100分）	权重	得分	学生表现（100分）	权重	得分
个体自学	提供明确、恰当的学习目标和要求	5		学生清晰地知道学习任务与学习流程	5	
	巡视课堂，发现问题，能很好地控制节奏	5		学生投入学习的热情高，参与面广	10	
小组互学	参与小组活动，对个别小组进行必要的指导	10		组织有序，分工明确	10	
	观察和监控小组学习过程，激发动机，促进全员参与	10		学生乐于倾听他人的看法、意见并发表见解，能在讨论中修正完善自己的观点	10	
全班共学	组织展示，激发学生之间的互动与质疑	10		抬头挺胸，自信大方，吐字清晰，声音响亮	10	
	能有效地聚焦和转化探究的问题，发挥教师的主导作用	15		互动和质疑积极	15	
	组织有效的评价活动，强化学生的成功体验	10		能对他人表现进行真诚客观的评价	5	
反思总结	帮助学生形成完整的知识结构	5		学生乐于进行自主反思，自觉完成课堂学习自我监控与反思表	10	
	引导学生对本节课的学习状态与知识获得情况进行反思和归因	5				
练习巩固	教学过程中适时穿插恰当的练习，检测学习效果	5		能按时、认真地完成作业，养成检查和订正作业的习惯	10	
	课后作业设计合理，规定明确的作业时间	5				
	及时、认真地检查作业，进行反馈	5				

续表

评价项目	教师行为（100分）	权重	得分	学生表现（100分）	权重	得分
总体评价： 总分： 等级：				总体评价： 总分： 等级：		

8. 促进小学生自主学习品质提升的保障条件

（1）变革校本教研模式，促进自主学习课堂的建设

为使课题研究与教师日常教学紧密联系，我们以教师在建设学生自主学习课堂过程中可能遇到的主要问题为线索，通过学校教师、专家学者和外聘特级教师的共同研究，形成了学校校本教研的基本模式，帮助教师在解决问题的过程中得到发展（图2-1-5）。

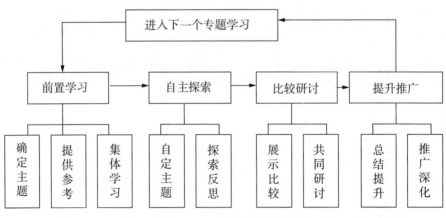

图 2-1-5　校本教研模式

在此模式中，教师专题学习以四周为一个周期，每周开展一项活动，该活动集前置学习、自主探索、比较研讨、提升推广为一体。下面以动机研讨为例，对该模式的操作流程做具体说明。

第一步：前置学习。这是一种内化行为，即理解和接受他人已经总结出来的经验。

①确定主题。例如，确定研讨主题为"如何在课堂教学中激发学生的学习动机"。

②提供参考：由负责收集和整理资料的课题组成员提前将学习资料提供给教师阅读。

③集体学习：在规定的时间内，教师集中学习，一起讨论学习内容，总结激发学生学习动机的一般策略。

第二步：自主探索。教师结合自己的实际教学，进行实验。

①自定主题。课题组教师根据自己的教学进度和实际情况，结合所学的内容，认真备课，对教学各环节的设计做出说明。

②探索反思。教师将所学应用于教学实践，如在自己的课堂上实践所学习的动机激发策略。在此过程中，需要注意两个方面问题。第一，探索反思可以是个体单独进行，也可以是由个体邀请其他人帮助自己反思，还可以是学科组安排。第二，鼓励教师自己录像、自己观看，经过自我反思，再次修改完善自己的教学设计。

第三步：比较研讨。这是指教师经过自我探索与反思之后，在课题组内部或学校中进行展示，大家进行集中研讨，具体包括"展示比较"和"共同研讨"两个环节。在这一步骤，教师要避免"漫谈式研讨"，开展"聚焦式研讨"，要将讨论的焦点集中在预先确定的动机专题上。研讨如何聚焦呢？一是要以问题为核心；二是要审视所提出的问题，有选择性地进行讨论。在这一环节可能出现三种情况。

①展示教师先说出自己的困惑，以此作为研讨的切入点，大家和他一起解决问题。这就要求给予展示教师一段自己探索和反思的时间，给予展示教师自我提问的机会。

②其他教师提出问题和困惑，以此作为研讨的切入点。基本的原则是以人为镜，反观自身。也就是说，其他教师可以从两个角度提出问题：一是自己与展示教师都存在的问题；二是展示教师没有，但自己存在的问题。提出以上问题之后，大家共同讨论解决问题的方法。

③组长把控整个研讨过程。一是对大家提出的问题进行判断，决定这些问题是否值得讨论，是否需要当下讨论。二是发现和补充值得研讨的问题。组长要具有一定的提炼能力，能够看到具体问题背后更为本质的

东西。

第四步：提升推广。在研讨之后，一方面教师可以总结研讨过程中形成的经验，另一方面还可以在本组中进一步推广这些成果并使之成为下一轮研究的起点。

（2）培养学生"五自"品质，实现课堂内外自主能力的统一发展

自主学习是个体自主性得以确立的一种重要方式。个体的自主性一旦确立，就会渗透到心理和行为的各个方面，不同方面的自主意识和能力又会相互迁移、相互促进。因此，学校分年段建立了"个性上自尊、能力上自信、学习上自主、行为上自律、生活上自理"的"五自"培养目标体系，并且通过各种主题活动加以落实，以期实现学生课堂内外自主能力的统一发展。例如，通过学科教学等途径对中年段学生进行制订计划意识和能力的培养，让学生学会制订学习计划、生活计划；通过学科教学等途径对高年段学生进行执行计划意识和能力的培养，让学生学会执行自己制订的计划。同时，学校开展的"五星班级"评比活动也有效促进了学生自我监控能力的发展和自律品质的形成。

（3）学校教学管理制度的变革

教学管理可以通过营造促进学生学习的校园氛围、开发学生学习的校本课程、为教师提供充分的科研条件和资源等途径，间接影响学生的自主学习。依此，学校进行了一系列章程建设。

第一，为强化教师教研意识，提高教师教研能力，学校建立了教科研管理制度，建立和健全了以分管教学副校长为领导的，通过教导处、教科室等指导教研组、备课组和教师工作的教学管理体系。

第二，建立健全教研组、备课组等教育教学基层组织的管理机制；设立教育科研专项经费，加大教育科研的奖励力度，提高教师队伍的科研素质；实行全员育人的德育管理机制。

第三，加强班级文化建设，以"五自"为内容，突出学生的养成教育；积极组织校内外的辅导教师力量，成立体艺类、科技类、文学类社团，为学生提供发展兴趣爱好的环境和条件。

（四）研究成效

1. 提高了学生的整体素质

（1）学生的自主学习意识与能力明显增强

在课题研究过程中，我们按年段设置了两组实验班与对照班——A 组分别为一年级 4 班和 2 班，B 组分别为三年级 5 班和 1 班，并且对学生进行了前后测。测试结果如下。

第一，实验干预对学生的自我效能感具有显著影响。

A 组实验班学生与对照班学生的自我效能感存在显著差异（$t = -6.74$，$df = 57.13$，$p < 0.01$），实验班学生比对照班学生平均得分高 0.77 分。B 组实验班学生与对照班学生的自我效能感也存在显著差异，实验班学生比对照班学生平均得分高 0.61 分。这说明实验班学生的自我效能感优于对照班学生。

第二，实验干预对学生自主学习的整体水平具有提升作用。

尽管在后测中，实验班学生与对照班学生自主学习整体水平存在显著性差异（$p < 0.01$），但是由于前测中其同质性水平不高，因此研究者采取了前后均值差的比较方法。通过对比实验班与对照班的均值差大小可知，A 组与 B 组实验班学生的自主学习意识与能力的整体提升程度均高于对照班。A 组与 B 组实验班学生自主学习水平的前后测结果均存在显著性差异，这说明实验干预对实验班学生自主学习意识与能力的整体水平具有一定的提升作用，但是作用的大小还有待进一步验证。

第三，实验干预对缓解低段学生的考试焦虑具有积极影响。

尽管在后测中实验班学生与对照班学生考试焦虑水平存在显著性差异（$p < 0.01$），但是由于前测中其同质性水平并不高，因此研究者采取了前后均值差的比较方法。A 组实验班学生在前后测中考试焦虑水平存在显著性差异，实验班学生的均值差大于对照班学生，这说明实验干预对于缓解学生的考试焦虑具有积极影响，但是影响的程度仍有待进一步验证。

B 组实验班学生考试焦虑的前后测水平则不存在显著性差异（$t = 0.19$，$df = 57$，$p > 0.05$）。通过比较均值差发现，对照班的均值差比实验班高了 0.58，同时二者的平均值都有所上升，这说明实验干预并没有起到很大作用。

综上所述，实验对缓解低段学生的考试焦虑产生了积极影响，但是中段学生的考试焦虑仍未得到有效缓解，这或许与学生年级增高后学业压力增大有关。具体原因还有待进一步考证。

第四，实验干预对中段学生的自我调控能力具有促进作用。

A 组实验班学生自我调控水平在实验前后不存在显著性差异（$t=-1.29$，$df=40.69$，$p>0.05$），这说明实验并未对低段学生的自我调控能力产生积极影响。

但在后测中，B 组实验班学生与对照班学生的自我调控水平存在显著性差异（$t=-2.04$，$df=84$，$p<0.05$），实验班比对照班的平均值高了 0.3 分。这说明相比于对照班学生，实验班学生的自我调控水平得到了明显提升。

（2）学生的学习方式发生了转变

学生的学习行为发生了明显变化。学生确立了良好的学习习惯，学习能力普遍提升，课堂状态发生较大转变，民主的师生关系得到建立。由于教师注重良好的学习氛围和问题情境的创设，学生参与学习的积极性更高。学生在学习时不再是单一被动地接受，而是能自己发现问题、提出问题、分析问题、解决问题。学生在学习过程中敢于发表自己的见解，注意倾听别人的意见，自主创新能力和实践能力得到培养和发展。

（3）促进了学生综合素养的形成

课内外共同促进学生自主学习策略的实施，使学生成为自我发展的主人，学生的各类潜能获得激发，各类素养得到了全面的发展。三年来，学校学生在各级各类竞赛活动中取得了骄人的成绩，获奖人数达百余人次。

2. 促进了教师队伍的建设

（1）提高了教师的教学能力

在课题研究过程中，教师潜心钻研理论，大胆进行实践探索，勤于总结和反思。教师能深刻把握新的教学理念，较熟练地运用自主学习课堂教学模式，专业化水平得到提高，综合素养得到提升。

教师积极参加各种专题研讨活动，相互交流、自我反思，促进了教师队伍的整体发展。课题研究期间，学校教师有近 20 篇课题论文、教学设计、案例反思等获市级以上奖项。教师共上各级各类公开课、评优课 15 节，其中 3 节课被评为市级优秀课。教师指导学生参加各种竞赛活动，有 10 余位教师获得市级优秀指导教师奖。几年来，学校数学、英语、语文、音乐、科学等学科教师多次参与了市、区的高效课堂研讨暨展示活动，学校连续两年被区教育局评为高效课堂建设先进单位。

（2）提升了教师的科研素养

在课题研究的带动下，教师在探索中实践，在反思中提高，逐渐探索出自主学习课堂教学的新思路。科研搭就了教师发展的平台。在研究的不断刺激下，教师的科研能力有了长足的发展。课题研究期间，先后有 7 位教师承担了市、区级个人研究课题并成功结题，填补了学校无人做个人课题的空白。2016 年，学校被评为武汉市"十二五"教育科研工作业绩突出单位。2018 年，学校被评为武汉市教育科学"十二五"规划优秀课题展示单位。

（3）提升了学校的办学水平

在四年多的课题研究过程中，学校不仅在自主学习课堂建设方面取得了显著成绩，而且由此进一步拓展和深化，形成了以"自主"为核心理念的一套教育体系，包括学生的自主德育、教师的自主研习和以培养学生自主品质为导向的校本课程等。学校在近几年教师综合素质评比、学校现代化建设评估、校长任期目标考核等方面摆脱了过去的落后状况，走在了全区的前列。学校的社会声誉迅速提升，从过去一所家长千方百计地要将自己孩子转离的学校，发展成一所备受家长青睐的学校。

（五）研究的反思及未来设想

本研究虽然取得了一些成果，但是有些方面的研究还不够深入，有些实验措施还不够科学，这些都有待进一步完善。

第一，小学生自主学习意识与能力分段培养只有在所有学科中推进，才能产生综合性的成效。但目前我们仅研究了语文、数学、英语等学科中的学生自主学习意识与能力培养问题，后续我们需要在所有学科中同时推进学生自主学习意识与能力培养的研究。

第二，培养学生自主学习意识与能力是一项系统工程，需要学校进行整体变革，包括调整班级规模、改变教学评价方式、建设新型班级文化等。现有的研究还较少涉及学校文化建设等方面，对教师和学生的评价也未充分发挥出激励、导向功能，这些方面都有待进一步深入研究。

参 考 文 献

［1］毛齐明，张正琼. 教师学习中"学以致用"的困境与突破：兼论"学""用"关系的重构［J］. 教育研究与实验，2017（1）：54-57.

［2］毛齐明，张正琼. 以教师发展为导向的耦合性教学评价：含义、原则与实施［J］. 课程·教材·教法，2017（1）：89-94.

二、小学学习中心课堂的学习活动设计与教学策略研究报告①

由于学习中心课堂要以学生的学习活动作为教学过程的中心或本体，因此，需要对学生学习活动的设计及其教学组织进行专题研究。考虑到武汉市硚口区崇仁路小学在小学生学习主体性研究方面已有基础，总课题组将"小学学习中心课堂的学习活动设计与教学策略研究"子课题委托给该校进行研究。经过近五年的研究，该校完成了此课题，以下呈现的是该校研究概况。

（一）研究内容

1. 研究目标

本课题研究的总目标是探寻小学学习中心课堂中的学习活动设计的基

---

① 课题负责人为张彦平。本研究报告由武汉市硚口区崇仁路小学副校长、特级教师余国卿与武汉市硚口区教科室李红路执笔撰写。

本逻辑及其教学实施的过程。

2. 研究内容

第一，学习中心课堂中的学习活动设计的基础理论问题研究，包括学习活动的内涵、小学学习活动设计的理论基础、小学学习活动设计的基本逻辑等问题。

第二，小学学习活动的多层面、多角度设计的研究。包括基于影响学习活动的基本变量设计适宜的学习活动，即研究如何根据学科特点、学习内容、学习目标、学生学情、学习条件等制约学习活动选择的变量，设计适宜的、有针对性的学习活动，以及研究主题性学习活动的设计。

第三，以学习活动为中心的教学过程的组织及教师指导策略研究，即研究在某一教学时间段（一堂课、一个教学单元）以学习活动为中心的教学过程组织的模式及教师的指导策略等。

3. 研究方法

对于学习中心课堂中学习活动设计的基础理论问题研究，主要运用文献研究的方法。

对于课堂学习活动的设计、实施与指导策略研究，采取行动研究的方式。

（二）研究成果

1. 对学习活动设计的基本理解

通过文献研究以及与总课题组指导专家的深度"汇谈"，我们对学习活动形成了如下基本的理解。

（1）何谓学习活动

一般而言，活动是指人运用一定的工具（实物工具或符号性的工具），作用于一定的对象以实现某种目的的过程。

学习活动是指学生主动地对某个学习对象（自然现象、社会现象、精神文化）进行外部操作（身体活动）和内部操作（心理活动），以达到某种学习目的的过程。或者简单地说，学生的学习活动是指学生为促进自身身心发展而参与的身体的、心理的以及身心统一的各种活动。其中，外部操作（外部活动）和内部操作（内部活动）是两个具有相对独立性的学习活动，它们各有自身的表现形式。

外部活动是人以自身之外的某个事物为对象，且需要通过某种身体器官动作才能完成的活动。包括：操作活动，如身体动作（体育活动、舞蹈、唱歌、戏剧表演）、动手操作（制作、实验、绘画、演奏、雕塑等）；交往活动，如人际互动、对话、讨论；符号活动，如听、说、读、写等；观察活动，如参观、旅游、考察等。

内部活动是人以自身的观念、形象为对象，借助语言或数理逻辑等符号性的工具而在头脑内进行的思维操作、信息加工、感受体验等活动，如注意、记忆、思维（分析、综合、抽象、概括、推理、想象、选择、判断），以及对信息加工过程进行调节控制的情感、意志等活动。

外部身体活动与内部心理活动虽然具有相对独立性，但在小学生的学习中，学习活动很多时候是身心统一或手脑并用的。通常的情况是，外部身体活动是为辅助、带动学生内部心理活动服务的。

（2）学习活动设计的理论基础：有效教学的分析模型[1]

学习中心课堂教学的设计是以实现有效教学为取向的。所以，教学活动设计应以对有效教学的理解为基础。

有效教学是通过相应的教学活动及其过程实现的。那么，有效教学的过程是怎样的呢？从总体上来看，有效教学的过程是一个通过选择和实施适宜（有针对性）的教与学的活动，以实现预期学习结果的过程。而适宜（有针对性）的教与学的活动是教师基于自身的教学观念与能力，在对教学活动的主要制约因素（教学的目标、内容、条件、学情等）进行分析后而选择和设计的。因此，我们提出如下有效教学的分析模型（图2-2-1）。

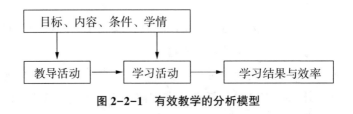

图2-2-1　有效教学的分析模型

从上述分析框架中可以看出，虽然影响有效教学的因素众多，但最为直接的影响因素有三类，其他因素都是通过作用于这三类因素而间接地影响教学的有效性的。

①学习结果与效率。教学是否有效，最根本的是看教学过程所导致的学生学习与发展的状态，其中主要是看学生学习所实现的结果与效率。学习结果与效率是标示教学过程有效性高低或好坏的最为显要和根本的指标。

②教导活动与学习活动。教与学活动是直接影响教学有效性的因素，因为学习的效果与效率直接源于教导活动与学习活动的作用。但它们是有层次差别的，其中学习活动是影响学习结果与效率的直接因素，而教导活动则是通过作用于学习活动而影响学习的结果与效率，因而是影响学习效果与效率的间接因素。

③教学目标、教学内容、学生学情与教学条件。它们构成教导与学习活动选择的基础性或前提性因素，是影响教、学活动选择的客观制约条件，因而成为解释教学活动选择与实施是否适宜或有针对性，亦即是否有效的前提性条件。

可见，影响有效教学的因素是有层次区别的。理解这些因素的内涵及其相互之间的作用关系是把握有效教学的分析模型的关键，也是思考如何设计适宜的教学活动的基础。

（3）学习活动与教导活动设计的逻辑

按照有效教学的分析模型，在有效教学中，学习活动与教导活动是有层次区别的。在学习中心课堂的教学设计中，学习活动设计的逻辑与教导活动设计的逻辑是不同的。

①学习活动设计的逻辑：因境设学。

教学目标、教学内容、学生学情及教学条件等教学情境因素，是影响教学活动尤其是学习活动选择、设计和实施的主要因素。因此，学习活动相对于教学目标、教学内容、教学条件与学生学情而具有的针对性、适宜性，直接决定学习效果的好坏与学习效率的高低。学习活动选择和组织的核心问题是，教师如何按照实现特定的学习效果和效率的要求，依据影响学习活动的主要因素，对学生的学习活动进行选择和组织（表2-2-1）。

表 2-2-1　学习行为设计的要求

教学背景因素	学习行为设计要求
教学目标	符合欲实现的学习目标的需要
教学内容	与教学内容的特性和结构是匹配的
学生学情	适应学生的学情特点及个体差异
教学条件	与教学的时间、空间、物质条件是相适宜的

　　因此，选择与设计学习活动，要统筹教学目标实现的需要、教学内容的特性、学生学情的实际以及教学条件的可能，在综合权衡后再确定。也就是说，学习活动设计的基本逻辑是"因境设学"。

　　②教导活动设计的逻辑：依学定教。

　　针对实际的教学情境，应该如何选择和设计具体的教导活动呢？由于教导的功能是引起学生能动地参与学习活动并促进学生有效地展开学习活动的过程，因此，教导活动的选择和设计应遵循的基本逻辑是"依学定教"，即依据引起和促进学生能动而有效地完成学习活动的需要，来设计与选择教导活动。

　　假定教学目标是要培养学生的操作技能，那么学生的学习活动最好是动手操作；对应地，教师就只能选择对学生的动手操作进行指导的活动，如动作示范、方法指导、过程反馈等，而不应以讲授为主。如若教学目标是要培养学生的情感态度，那么最有针对性的学习活动是体验性的学习活动（如现场感受、动手操作、亲身经历等）；对应地，教导活动主要应采用情境创设、指导操作、组织学生获得经历并进行反思等。

　　由此看来，整个教学活动选择和设计的逻辑是：首先，统筹教学目标的实现需要、教学内容的特性、学生学情的实际和教学条件的可能，选择和设计学生的学习活动；然后，根据学生学习活动的能动、有效开展的需要，选择和设计相应的教导活动，以引起学生能动参与学习活动，并促进学生有效展开学习活动的过程。这也就是陶行知先生所说的："事怎样做就怎样学，怎样学就怎样教，教的法子要根据学的法子，学的法子要根据做的法子。"[2]77

2. 小学学习活动设计的多角度探讨

在理解学习活动设计所涉及的基础问题的基础上，我们结合大量的课例研究，分别从影响因素和主题性学习活动两个层面，对小学学习活动设计进行了多角度的探讨。

（1）侧重于不同影响因素的学习活动设计

①侧重于特定教学目标的学习活动设计。不同的教学目标，需要借助不同的并且与完成该目标相匹配的学习活动来达成。在小学教学实践中，教学目标往往不会限定为某一方面的目标，教师会根据教学内容、学情和教学条件来整合教学目标，实现知识与技能、过程与方法、情感态度价值观三维目标的和谐统一。尽管如此，不同的教学在目标上总会有所侧重，故我们在研究过程中，把侧重于某一方面目标的教学视为完成此类目标的教学。

我们研究和总结了达成知识目标、技能目标、情感目标和思维目标的学习活动设计方案。当然，在一节课或一个单元的教学时间内，学生的学习是由多种学习活动构成的"学习活动流"。不同的目标需要运用不同的"学习活动流"来实现。例如，用复习旧知、学习新知、建立结构、巩固运用的活动流来达成知识类目标；用准备活动、观看示范、操作练习、反馈评价的活动流来达成技能类目标；用融情入境、体验活动、表达交流的活动流来达成情感类目标；用发现问题、解决问题、总结建模和巩固应用的活动流来达成思维能力类目标。这些活动设计都是基于自学、互学、悟学和拓学的基本学习活动结构而具体开展的，并且在不同的课堂中灵活运用。

②侧重于特定教学内容的学习活动设计。国家义务教育课程标准将小学各学科课程内容划分为不同的领域，如语文划分为识字与写字、阅读、习作、口语交际、综合性学习等。对于不同的教学内容，只有设计与之匹配的，具有针对性、多样性和选择性的学习活动，才能达成教学目标。在实践中，我们结合不同学科、不同类型的教学内容，研究了其学习活动设计的基本规律（表2-2-2）。

表 2-2-2　不同学科、不同类型的教学内容学习活动设计

编号	内容
1	一年级识字教学中学习活动设计及指导策略
2	二年级童话教学中学习活动设计及指导策略
3	三年级习作教学中学习活动设计及指导策略
4	高年级"写人叙事"阅读教学中学习活动设计及指导策略
5	高年级语文说明文教学活动的设计
6	中高年级计算教学活动设计及指导策略
7	数学"整理和复习"教学中学习活动设计及指导策略
8	低年段英语词汇教学中学习活动设计及指导策略
9	中年级英语会话教学中学习活动设计及指导策略
10	实验教学中活动设计与教学指导

③侧重于特殊学生学情的学习活动设计。学情是设计学习活动时必须认真考量的因素，它包含学生年龄特点、原有的学习基础、学习动机与兴趣，以及学生的思维能力和自主、合作方面的能力等。

第一，学生年龄特点与学习活动设计。年龄特点是学习活动设计时首要考虑的学情。小学低年级学生活泼好动，注意力难以持久，喜欢直观形象的事物，表现欲望强烈，乐于接受直接的表扬。到了高年级，学生自我意识不断增强，能比较客观地看待学习，逐步有意识地去计划与实施自己的学习，在群体里表现的欲望逐步下降，理性思考逐步加强。这些带有普遍意义的年龄段特点，给学习活动设计带来一些要求。在低年级与高年级教学的比较中我们发现，低年级个体活动相对比较多，团队活动比较少。低年级同桌之间的互学及小组合作学习比高年级要应用得更少。低年级学生的符号活动相对比较少，操作活动、交往活动、观察活动比较多，如低年级学生大多非常喜欢美术课，乐于画画、做手工。在低年级一个学习活动的时间往往比高年级的要短，学生不能持续地坚持做一件事情。低年级的学习活动形式更为丰富多样，更重视情境的创设、组织和评价。而在高年级，活动时间更长一些，学生要在充裕的时间内思考、实践，从而形成

较为完整的意见。

第二，学生知识、经验基础与学习活动设计。学生的知识体系建构需要符合知识的生长过程。如数学课程不能跨越学生已有的知识结构而任意选择教学内容，如果学生没有学习整数，就难以学习小数和分数。具体到一节课，教师需要高度重视学生学习这节课的内容所需要的知识基础。与学习内容相关联的经验也是学习活动得以有效开展的重要基础。由于从书本学习中获得的大多是间接经验，学生需要一定的直接经验并参与到对间接经验的理解、体悟之中。

第三，学生学习能力与学习活动设计。为了达成相应的学习目标，学习活动需要以学生相应的能力做基础，这种能力不是一节课就能"补"得上来的，需要学生经过较长时间的练习才能具备。思维能力是学习能力的核心，小学生的思维能力受年龄限制，在不同阶段表现出较大的差异。低年级学生以形象思维为主，高年级学生逻辑思维能力不断提高，这就要求学习活动对思维的坡度要求要适应不同年龄学生的实际，不能有过大的跳跃。另外，开展学习中心课堂所鼓励、倡导的自学与合作学习，需要学生具备一定的自学能力与合作学习能力。这也是我校本次改革中重点突破的问题。

第四，学生的学习兴趣、动机与学习活动设计。不同的学生会对相同的学习产生不一样的兴趣，不同区域、学校、班级的学生的学习动机也有一些差异，不同的教学场景也会影响学生学习的兴趣与动机，这些在学习活动设计的时候都要考虑到。从整体上看，学生对体育、音乐、美术、信息技术、劳动等学科的学习兴趣明显高于语文、数学、英语学科。学生在研究课、展示课、比赛课等特殊课堂上表现出来的动机也比日常的课堂教学要强。教师、同学的表扬、奖励能让低年级学生产生强烈的动机，而高年级学生则需要成功的内在体验来激发动机。

④侧重于教学条件的学习活动设计。教学条件是影响学习活动设计及学习活动实施效果的重要因素。从当下的课堂教学实际来看，起重要作用的教学条件主要是班额、教学时空、设备工具等。班额大小、教学时间长短、工具优劣、设备好坏、空间富裕与拥挤等都会直接影响学习活动的选择和运用。近些年来，在诸多条件中，工具的变化最快，对课堂的影响越

来越大。所以在学习活动设计时，要恰当使用现代工具，提高学习活动效能，同时也要正确认识工具的弊端，避免学习活动的浅表化与低效。

（2）主题性学习活动设计

与以上偏重从影响学习活动的要素的角度研究学习活动设计不同，主题性设计是围绕某些学习活动主题研究设计问题。

在课题研究中，我们主要探讨了如下一些主题的学习活动设计：中低年级数学自学活动设计、低年级数学小组学习活动设计、中低年级培养学生数学思维能力的学习活动设计、高年级学生思维能力培养学习活动设计、美术赏析教学中的小组探究活动设计。

对上述每个主题性学习活动的设计，我们既探讨了一般性的设计规律，也形成了一些典型的设计课例[3]。

3. 以学习活动为中心的教学过程的组织

教学过程通常表现为一种有时间先后顺序且具有逻辑联系的教学活动序列。设计教学过程，就是要选择教导活动与学习活动的种类并将它们组织起来，以形成具有某种功能的教学活动序列。一堂课或一个单元的教学过程是由多个教导和学习活动构成的，教学过程因此成为教学活动流程。

（1）教学活动流程的基本框架

崇仁路小学课堂教学中的学习活动研究，是从设计学生课堂学习活动流程开始的。依据教学的目标、内容、条件和学情，教师把一节课中的学生活动按照教学流程划分为若干个活动模块，并设计相应的教师指导活动。我们逐步总结了"自学、互学、悟学、拓学"四种基本的学习活动模块，并在这四种活动模块的基础上形成了学校课堂教学活动的基本框架，即导向自学—导思互学—导练悟学—导评拓学[3]287-295。其基本框架如图2-2-2所示。

图 2-2-2　课堂教学活动基本框架

导向自学是指在教师较为清晰的目标任务引导下，学生展开充分的自学，把学习的主动权还给学生，让学生的自学能力得以生长。

导思互学是指在学生对学习内容进行自学的基础上，教师着重引导学生积极主动地思考，通过在课堂中开展团队学习和经验分享，着重培养学生的思维习惯、思维品质和思维能力。

导练悟学是指在学生充分交流后，教师通过相应的作业、问题来强化学生所学知识，以帮助学生梳理学习过程、反思学习方法、检验学习效果。

导评拓学是指引导学生反思自己的学习，建构知识、思维的模型，强化情感态度价值观，并做好学习的延伸与拓展，激发学生进一步学习的兴趣与动机。

自学、互学、悟学、拓学四个学习活动是小学课堂学习活动的基本要素，一堂课既可以有这四个方面完整的学习活动，也可以只有其中的两个或三个学习活动，还可以在某些教学环节中重复应用这四个或多个学习活动。教师可以根据具体情况设计多种课堂学习活动的结构变式。

（2）课堂学习活动的指导策略

教师教导的总体原则是"依学定教"，即按照所选择和设计的学习活动的特点，以及引起学生能动参与和有效开展这些学习活动的需要，选择和设计相应的教导活动[4]。根据这一原则，教师的具体做法如下。

①采用导向自学指导策略。

教师运用导学案或自学提纲等教学支架指导学生自学。导学案或自学提纲围绕课堂学习的"基础目标"和"核心目标"设计，有利于学生通过自学完成基础目标，对核心目标进行独立的思考并形成自己的基本意见。在学习的初始阶段，自学可以放在课内进行。当学生掌握了自学方法并具备了一定的自学能力后，自学可以放在课外进行，从而使学生的自主学习成为常态。

针对"基础目标"设计的自学要求要具体、明确，以使学生能够完全独立地完成自学；针对"核心目标"设计的自学提纲，则需要提供辅助学生思考或动手实践的"提示"，不能无视学生基础，提出过高要求；针对"拓展性目标"提出的自学提示则重在引导学生提前搜集素材、查阅资料、观察生活等。

要充分发挥班级中的小组的作用，落实自学。小组建设是学习中心课堂建设中重要的内容，小组学习也是班级学习活动、社团学习活动甚至校外学习活动的重要组织形式。通过小组成员之间的相互督促、相互帮助，以及家长的支持，保证自学活动的有效落实。

②采用导思互学指导策略。

"伙伴互学"就是小组同伴之间一种互助性的合作学习，有"同质对学""异质帮学""小组群学"三种方式。

同质对学，即学习小组中两个水平相当的学生结对学习，遇到问题时相互讨论，完成任务后相互检查。因为水平相当，学生之间形成一种相互启发、相互补充的关系。

异质帮学，即同一个小组中学优生和学困生进行帮扶式的学习。一般而言，学困生担任"求学"的角色，学优生担任"帮学"的角色。小组交流中，首先由学困生向学优生介绍学习成果，并提出不懂的问题，由学优生进行讲解和指导，直到学困生学懂为止。

小组群学，即当学生在同质对学中遇到解决不了的问题，或者小组抽到展示的任务时，学生需要在小组中进行讨论、演练。

伙伴互学的三种方式实施的顺序不是固定不变的，可以根据实际情况进行灵活调整。例如，自学能力强的学生完成自学任务后，可以在小组内自行结对进行交流；解决自学过程中的疑难问题后，学生可以直接进行异质帮学；异质帮学完成后，学生进入小组群学，讨论同质对学和异质帮学中没有解决的问题。

伙伴互学包括小组展示。小组展示是学习小组将自主学习、合作探究的成果进行总结、反思、评价、提升，完成对教学内容的"深度学习"。组织小组展示时应注意以下三个方面问题。

一是展示内容的选择。展示内容要体现教学的重点、难点，具有探究性和学科性。所谓探究性，就是围绕重点内容进行"核心问题的探究"。所谓学科性，就是展示的内容要体现学科性质，不能游离于学科性质做过度的发挥。一般来说，语文学科从文章思想内容和表达方式上选择展示内容，数学学科从思考过程和解决问题的方法上选择展示内容，道德与法治学科从价值辨析上选择展示内容，科学学科从探究过程与成果上选择展示内容，美术学科从作品创作意图和表现方式上选择展示内容，英语学科从情境会话上选择展示内容。

二是展示时机的把握。一般来讲，在学生自主学习、合作探究或点评提升之后，教师可以根据学习的情况开展小组展示。

三是展示的基本要求。教师要根据学习目标和小组的数量来设计展示的任务。展示任务的布置可以采取指派或抽签的方式。

小组展示要求做到：

分工明确，组内演练。在展示之前、小组内演练时，小组长要做好小组成员的分工，明确展示顺序。

声音洪亮，站姿大方。展示时，学生或站在原位，或站到讲台前。声音要洪亮，让全班同学都听得清楚。站姿要大方，要学会运用肢体语言，但不能扭捏、晃动，以免分散同学的注意力。

语言简洁，转换有序。一节课的时间是有限的，因此小组展示时语言要简洁，小组成员发言转换要快，不要重复别人的发言内容。

突出重点，摘要板书。小组展示时要突出重点，必要时可以指派一名学生将其他同学发言的要点写在黑板上。

③采用导练悟学指导策略。

练习是课堂学习的重要方式。教师要针对知识的训练点、能力的生长点和创造性思维的激发点，设计针对性、实效性强的练习来巩固所学知识、发展学生思维、激发学生的创造力。课堂练习有穿插性练习和集中练习两种。

穿插性练习是在知识和技能学习过程中的一种及时性、有针对性的练习，包括"眼练看（观察）""口练读（朗读）""耳练听（倾听）""脑练思（思考）""手练做（操作）"，是对新的知识和技能的巩固。

集中练习就是我们常说的课堂作业，是围绕教学的重难点进行的应用性、拓展性的练习。例如，语文课中的"阅读拓展"与"读中学写"，数学课中的变式练习，英语课中的情境会话练习，等等，要求学生运用学到的知识解决学科中的问题，并适度向生活中的问题拓展，发展学生的思维和创新能力。

④采用导评拓学指导策略。

导评拓学指导策略主要包括小组自评、组间互评和教师点评三种策略。

小组自评，即在小组进行"伙伴互学"后，由小组长从"自学""对学""帮学"三个方面对小组成员做出积极肯定的评价，并指出不足。

组间互评，即在小组展示后，其他小组的成员或教师从"内容创新""形式新颖""自信大方"等方面对参加展示的小组进行评价。

教师点评，即在教学结束后，教师按照班级小组评价标准，对全班各个小组的学习情况进行点评（也可以由学生进行点评）。教师点评可以是记分，可以是星级评价，也可以是等级评价，评价结果由小组长记入《小组日志》，作为班级评选优胜学习小组的依据。

（三）研究成效

本课题经过理论与实践的双向建构，在改变课堂教学结构、促进学生学习与发展、改变教师的观念和习惯等方面，取得了明显的成效。

1. 初步实现了课堂教学结构向学习中心的转型

通过近五年的研究，学校实现了课堂从以教为中心到以学为中心的转型，课堂呈现出"学为本体"的总体特征，具体体现在以下两个方面。

第一，学习活动的多样性。我们选择了 20 节课并逐一进行课堂学习行为的统计分析。我们选择了课堂中出现频次比较高（6 次及以上）的 15 个学习（教导）行为，按照内在联系组合成"自学""互学""悟学""拓学"四个相对独立的学习活动模块（图 2-2-3）。

这四个基本的学习活动构成课堂教学的基本流程，保证了学习过程的完整性。从时间维度看，随着学习活动的展开，课堂上既有学生个体自学的"静"，又有小组合作学习的"动"，更有小组展示的"活"（师生思想的彼此激活）；从空间维度来看，课堂上既有固定小组内的独学、对学与群学，又有小组成员离开座位到讲台前进行展示或演示，还有学生用智能终端穿越教室围墙，与远方的名师互动，教室空间因学习活动的需要而重组。在课堂的这种"学习态"中，学生的学习是主动、互动、生动的。

第二，学习活动的充分性。学习活动的充分性，是就课堂上学生学习的时间而言的。我们对 20 节课中四种基本学习活动占用的时间进行了统计，结果见表 2-2-3。

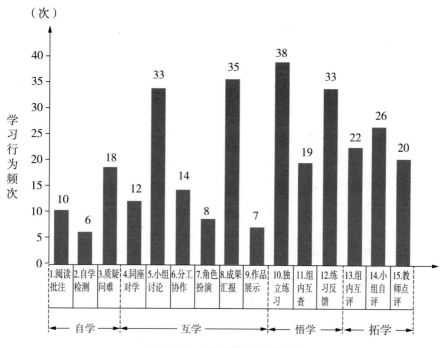

图 2-2-3 课堂学习行为统计

表 2-2-3 课堂中不同学习活动占用的时间

（单位：分）

学习活动	自学	互学	悟学	拓学	总计
平均 1 节课占用时间	4.7	13.2	6.5	3.7	28.1

如表 2-2-3 所示，每节课学生学习的平均时间为 28.1 分，如果加上学习活动转换及教师"候答"的时间，每节课学生学习活动的时间接近 30 分，有时甚至超过 30 分。例如，我们对汪亭老师六年级下学期的课堂进行了跟踪，在所听的 10 节语文课中，学生学习时间平均每节课达 35 分 15 秒，教师活动的时间每节课仅占 4 分 35 秒。

课堂教学中师生活动的时间占用比例再次表明，崇仁路小学的课堂教学正在朝"生'进'师'退'""生学师导""少教多学"的学习中心课堂迈进。

2. 确定了小学学习中心课堂教学的基本流程及实施指导策略

第一，建立了体现学习中心理念的小学伙伴学习课堂教学模式。这一模式确定了学习中心课堂中学生学习活动的四个基本模块，并以"自学—互学—悟学—拓学"的顺序组成教学活动的基本流程。

第二，总结了小学阶段学生独立自学、小组合作学习、基于小组合作的群体学习的基本策略。自学、互学在小学阶段的课堂教学中是否有效，一直是困扰学术界和实践界的一大难题。崇仁路小学在学习和借鉴杜郎口中学、洋思中学等学校的成功经验的基础上，立足小学实际，在学习中心课堂理论的指导下，经过实践探索，总结出了具有小学特色的自学、合作学习理念及操作体系。

第三，对学习活动实施过程中的教师组织和指导策略进行了探索与总结。学习中心课堂对教师的组织与指导能力提出了更高的要求。课题组研究了自学、互学和悟学三个学习模块中的教师组织与指导策略。一是总结了自学指导的不同策略。如汪亭老师用"六字诀"指导学生自学[5]，唐静老师自编导学案引导学生自学，牛振华等数学老师使用自学练习本引导学生先学先练先提问，……这样一些自学指导方法与策略，在帮助学生提高自学能力方面起到了重要作用。二是对小组建设、成员分工、组内讨论的秩序等进行了深入研究，形成了小组合作的若干指导策略，促进了小组合作。如江黎老师提炼出了小组合作学习的多种策略，何芳老师建立了班级的团队考评机制，等等。

3. 促进了师生的健康发展

在学生发展方面，我们设计了测评表，对学生发展状态进行了测评。我们随机从二到六年级中各抽取一个班的学生进行了测评，数据统计如下（表2-2-4）。

表2-2-4　崇仁路小学学生健康发展状况测评统计　　（单位：人）

班级	人数	爱学			会玩			好习惯		
		优	良	一般	优	良	一般	优	良	一般
二(3)	55	47	8	0	50	5	0	43	12	0
三(2)	50	39	11	0	37	13	0	40	10	0

班级	人数	爱学			会玩			好习惯		
		优	良	一般	优	良	一般	优	良	一般
四（6）	53	11	35	7	52	1	0	8	41	4
五（8）	52	48	4	0	14	26	12	10	31	11
六（3）	50	40	8	2	50	0	0	39	11	0
合计	260	185	66	9	203	45	12	140	105	15
比例（%）	—	71.2	25.4	3.5	78.1	17.3	4.6	53.8	40.4	5.8

学生发展的三个维度的统计数据表明，学生健康发展三个维度的优良率分别是 96.6%、95.4%、94.2%，这表明学生呈现出较高的发展水平和良好的发展状态。

本课题在研究中创生了很多教育教学经验与理念，大大提升了教师运用现代教育原理设计组织学习活动、践行"为学而教、不教之学"理念的能力，教师的主体性、创造性得到发展。具体来看，课题研究对教师发展所产生的影响主要包括以下两个方面。

其一，理念、能力提升。教师建立了学习中心的观念（以学为本、少教多学、以学论教等），教学习惯发生改变。在教学设计方面，教师遵循"以学定教"的理念，运用"导学案"或"六字诀"等辅助手段引导学生在课前自主学习，教案设计从过去以教师教的活动设计为主转向突出以学生活动为中心的"学生活动流"的选择和组织。在课堂教学行为方面，教师活动方式从过去单纯的讲授过渡到对学生活动的激发、引导和促进，如激发动机、组织调控、方法指导、动作或思维示范、难点点拨等，教师在课堂教学过程中尽可能让学生的独立、能动活动占据课堂教学的主要时空。

其二，专业智慧升华。在课题研究的过程中，各个子课题组的教师撰写了大量的案例与教育教学反思，并在驻校专家的指导下，进行反复修改后精选汇编成集，教师的专业智慧得到认可与分享。

4. 形成了以课堂教学变革为支点撬动学校整体变革的方法论

课堂教学变革是一个系统工程。建设学习中心课堂，需要考虑教师之间、师生之间、家校之间的关系，考虑课堂、班级、学校的学习活动的系统安排，考虑学生和教师的日常生活方式、学校领导与管理等诸多因素。我们发现，课堂教学是撬动这诸多因素向好的方向发展的最佳支点。

我们越来越认识到，就课堂改课堂是很难成功的，要把课堂教学的变革与班级建设、校园生活等结合起来进行系统思考，把课堂中的学习延伸到班级教育活动中，延伸到校园生活中，以课堂为支点，促进校园生活方式的变化，从而形成全新的校园文化。这样的改革才是有生命力的，才能实现可持续发展。

第一，课堂学习的组织需要以班级建设为基础。研究中所有教师都认识到，没有良好的班级建设，学习中心课堂很难实现。班级合理的组织结构、学生团队的凝聚力、小组良好的人际关系、同伴的互爱精神等是建设学习中心课堂的前提。

第二，学生课堂学习能力的形成需要班级教育活动的支持，尤其是讨论交流的能力、表达自己学习成果的能力、评价赏识别人的能力都是可以在班级教育活动中培养的。例如，汪亭老师的日志分享、"张嘴就来"、自主班会等班级教育活动，实现了与语文课程的有机融合，促进了学生自主、合作、表达等能力的发展。

第三，校园生活因为学习中心课堂的文化基因而充满教育魅力。学生在学习中心课堂中形成的自主学习和团队合作的意识与能力等，会成为一种能量扩散到课堂、班级之外，使学生的校园生活充满自主与合作的魅力。

5. 产生了良好的社会影响

课题研究在行业内产生了良好的效应。湖北省健康课堂研究现场会于2014年5月16日在学校举行，来自全省的200多位领导、专家观摩了课题组28位教师的展示课，反响强烈。《光明日报》《中国教育报》《长江日报》《湖北教育》《成才》等媒体高度肯定和报道了学校课堂教学研究的成果。

（四）研究反思与未来构想

1. 研究存在的问题

第一，在以信息化为主要特征的第四次工业革命的背景下，教育理念、教育方式都在悄然发生深刻的变革。目前，学校对于在线学习活动的研究还停留在初级阶段，这是由于目前互联网的基础设施还不完善，尚不能满足大规模的在线学习需求。学校的领导与管理如何顺势而为全面升级，现代化学校制度如何适应个性化、数字化发展的新常态，这些问题有待思考与探索。

第二，学习活动设计如何进一步具体化、个性化，如何体现学科特征，如何建立健全科研成果的转化、应用制度，把已有的研究成果向基础工作转化，提高教育教学的效率，让更多的教师深入掌握研究的要义，从而使学习活动学科化，这些问题有待深入研究。

2. 今后研究的构想

第一，在已有研究的基础上，以学习中心教学理论为基础，适当吸收国内外活动理论以及学习科学理论，对学习活动进一步深入研究，形成我校学习活动的研究范式。

第二，随着《教育信息化2.0行动计划》的发布，学习活动会逐渐地向互联网迁徙。而随着学习终端和互联网技术的广泛运用，学习活动会呈现出新的形态。学校将加强在线学习活动的研究，以及"课堂学习+在线学习"的混合学习活动研究，以主动应对教育信息化的要求。

参 考 文 献

［1］陈佑清. 论有效教学的分析模型［J］. 课程·教材·教法，2012（11）：3-9.

［2］陶行知. 陶行知教育文选［M］. 北京：教育科学出版社，1981：77.

［3］陈佑清，余国卿，熊甡烨. 小学课堂学习活动设计与指导：基于

"学习中心"和"有效教学"的探讨［M］.武汉：华中师范大学出版社，2016.

［4］陈佑清，张彦平.以学习中心课堂为旨趣的教学活动设计的逻辑［J］.教育研究与实验，2015（5）：28-32.

［5］李红路，汪亭，2016.汪亭的班 汪亭的课：崇仁寄宿学校伙伴课堂个案研究［M］.武汉：华中师范大学出版社，2016：163.

三、个案研究报告：汪亭的学习中心课堂建设经验①

武汉市崇仁路小学的汪亭老师，是在该校长期执行的"科研兴校"和"科研兴师"方略中成长起来的一个典型。在该校学习中心课堂建设的研究中，汪亭老师创造了独特的"班课融合"（即将班级建设与课堂教学改革密切结合）的经验。她通过班级建设，着力培养小学生自主学习、自主管理、学会表现和合作学习等方面的习惯和能力，并以此促进学习中心课堂的建设，取得了非常好的效果。以下报告，以质性研究的方法对她的经验进行了比较全面的记录和分析。

（一）研究方案设计

1. 研究对象

汪亭，女，崇仁路小学语文教师、武汉市优秀教师、武汉市硚口区第八批语文学科带头人，曾荣获武汉市第十七届职业技能大赛暨第十二届教师五项技能大赛一等奖、武汉市2010年小学语文阅读优质课竞赛一等奖，是2014年武汉市"十佳"班主任。

从"十五"时期开始，汪亭老师就积极投身教学研究与改革，成为学

---

① 此报告由武汉市硚口区教科室李红路撰写。

校"科研兴师"的典型。"十五"期间,她进行口语交际专题研究,研究成果《小学低段语文"对白式"口语交际课教学模式》被收录在学校科研成果《校本研究个案透视——武汉市崇仁路小学教师建模案例集》中。"十一五"期间,她进行了班级管理专题研究,研究成果《"好习惯促成长"班级管理模式》被收录在学校科研成果《特色班级建设》中。

从 2009 年至今,她在其先后担任班主任兼语文教师的两个班上,分别进行了一至六年级和三至五年级共两轮长达九年的班级建设和教学改革融合的实验研究。在此期间,她分别承担了湖北省"健康课堂"和武汉市"高效课堂"现场会的展示课工作,其教学经验蜚声省内外,被兄弟学校、教育媒体广泛关注。

2. 研究目标

一是全面总结汪亭老师利用班级建设促进学习中心课堂建设的经验。

二是揭示汪亭老师学习中心课堂建设经验的方法论意义。

3. 研究内容与方法

第一,运用参与式观察的方法,深入崇仁路小学六(4)班,随机听取六(4)班全天的课,在自然状态下观察学生在班级生活和课堂教学中的言行方式,了解他们对课堂教学和班级生活的切身感受,研究其倾向性特征,内容包括班级环境文化、课堂小组学习方式、学生课外活动方式及其价值观念。

第二,运用深度访谈的方法,对六(4)班的学生、教师、家长及学校相关管理人员进行访谈,通过他们了解汪亭老师课堂改革的一些具体做法,并获取收集实物资料的线索。

第三,建立"扎根理论"。收集汪亭老师及六(4)班教育教学相关资料,包括研究课录像、教学设计、教学随笔(含论文、案例)、家长会资料、小组日志、班级管理制度、学生作品、评价专栏等,运用"类属分析法"和"情境分析法"对所收集的资料进行分析,总结汪亭老师的教学改革经验。

第四,通过抽象概括,揭示汪亭老师课改经验的方法论意义。

(二)研究成果分析

汪亭老师历经两轮共计九年的课堂教学改革,其过程大体上可以划分为三个时期。

奠基期（2009—2012年）：在这四年时间里，汪亭老师担任4班一至四年级的语文教学和班主任工作，主要进行学习习惯养成教育，并通过开发"读书分享会""新闻播报""学生讲堂""自主班会"等"学习教育"课程，丰富学生的知识积累，培养学生的表现力。

形成期（2013—2014年）：在这两年时间里，汪亭老师担任4班五、六年级的语文教学和班主任工作，主要进行学习小组建设和阅读教学核心问题探究，并通过开发"一战到底""张嘴就来""日志分享"等"学习教育"课程，培养学生融合力、合作力、质疑力、探究力和表现力，形成班级学习文化，教与学方式变革初见成效，其课改经验被汇集成《汪亭的班，汪亭的课》。

精炼期（2015—2017年）：在这三年时间里，汪亭老师担任新接手的三（6）班的语文教学和班主任工作并将学生带至五年级，用"做减法"的方式对前期的课改经验进行精炼和简化。在班级文化与学习小组建设方面，汪亭老师着重训练学生课堂展示与交流能力，要求学生做到声音响亮、自信大方、认真倾听；在课堂教学方面，继续进行阅读教学核心问题探究，建构了"小学语文阅读课'核心问题探究'教学模式"，用简约的方式表达其创造的阅读教学经验。

从探索的问题来看，汪亭老师创造的经验，主要体现在班级学习教育、学习小组建设和课堂教学改革三个方面。

1. 班级学习教育

"学习教育"主要是指通过学科教学之外的教育活动，对学生进行关于学习的教育，内容包括学习习惯养成、表现力培养两大方面。

（1）学习习惯养成

"好习惯是人穿在身上的最漂亮的一件衣服。"这是汪亭老师从一年级开始就经常对学生讲的话，时至今日，每个学生都耳熟能详。汪亭老师主要是从以下几个环节培养学生学习习惯的。

第一，入学教育。"新生入学手册"是崇仁路小学一年级新生入学教育的特色课程，从新生报到的第一天开始实施，持续整整一学期。课程的主要内容是对一年级新生进行12个字的行为习惯教育，包括：

生活：坐、立、走、吃、睡、做。

学习：听、说、读、写、看、备。

汪亭老师将这 12 个字纳入一年级入学教育中的四节习惯导行课中，并贯穿在六年的教育活动之中（表 2-3-1）。

表 2-3-1　汪亭老师的课堂教学细节

细节	要求
举手发言	1. 上课回答问题时举右手，轻举轻放。 2. 举左手，示意"我要上厕所"。手不要举得太高，也不要伸得老长，不要喊"我、我、我"。 3. 当没有被老师点名发言时，不要气馁，不要说"哎——"。
说	1. 回答问题时，想好再说。 2. 回答问题时，发言自信，站姿大方，声音清晰响亮，说话有条理。 （特别训练："我来补充他的发言……""我来帮助他……"。 手势："嘿嘿，你真棒！"）
听	1. 当老师点名让其他同学站起来发言时，举起的手应该放下，学会用耳朵认真倾听，不随便插话，打断别人的发言。 2. 听讲时，要看着老师的眼睛。
讨论交流	1. 同桌或四人小组讨论时，做到有序轮流发言，认真轻声讨论。 2. 说完后，立即坐好。
摆放学具	书本右边放，铅笔放右上，下节课的课本，放在抽屉里好取放。 （特别训练：桌面上不放水杯和铅笔，书包不放在地上。）

第二，抓家长配合，着力培养学生七个学习习惯。汪亭老师认为，低年级学生的教育主要应激发学生学习兴趣和培养良好习惯，而在习惯培养方面，家长的配合非常重要。因此，她注重引导家长，着力培养学生以下七个学习习惯。

①专心致志。

学生入学之后，由于自学能力较差，注意力不容易集中，因而家长应严格要求并经常提醒孩子在上课时，要聚精会神、用心听讲，不要做小动作，更不要说话影响别人上课。回到家时要给孩子创造一个良好的学习环境，让孩子养成放学后及时做作业，按规定时间完成作业，之后再做其他事情的好习惯。

②独立思考。

对孩子不能解决的问题父母要采取诱导的方式引导孩子思考，重要的不是教会孩子怎样解答一道题，而是要启发他们思考解决问题的方法，培养孩子独立思考的能力。

③认真细致。

孩子的作业一定要在规定时间内完成，并做到内容正确、书写工整，使孩子养成良好的习惯，树立责任感。从一年级开始，就应要求孩子养成检查作业的习惯。

④活跃思维。

父母不要以大人的眼光来看待孩子的问题，要对他们的提问给予恰当的鼓励与表扬，并能及时更正孩子的错误想法。多启发诱导，千万不要对孩子的提问不理不睬，这样会使孩子有问题也不敢问。

⑤背诵词语和课文。

小学生记忆力好，有些东西会背了，可以终生不忘。家长在指导孩子学习时，可以引导其尽量多背一些词语和课文，因为课文大都是名家名篇、经典之作。

⑥看书读报。

家长要为孩子购买、订阅适量的图书报刊，创设阅读环境。书要少而精。为防止"走马观花"，家长可以与孩子一起阅读，共同讨论书中的问题并指导孩子做读书笔记。注重课外积累，提高阅读能力，养成"好读书、读好书"的习惯。

⑦"周期学习"。

掌握学习周期，培养孩子按"预习—听课—复习—做作业"这样的周期学习的习惯。

第三，用"十字口令"训练学生迅速进入课堂学习状态的习惯。到六（4）班听课时，我发现一个特别的现象：上课预备铃一响，值日生到讲台前喊"静息"，全班学生很快趴在桌子上，热闹的教室顿时安静下来。这时，上课的老师走进教室。值日生带领全班同学呼喊"头——正；身——直；臂——开；足——安；眼——看"，然后师生问好，迅速进入上课状态。

这个细节通过一节又一节课、一天又一天，整整重复了六年，使六（4）班学生上每一个教师的课，都能够以良好的精神面貌迅速进入课堂学习状态。任课教师对此非常满意。

为什么坚持让学生喊上课"十字口令"？在访谈中，汪亭老师对此有一番独到的理解：

（我）以前也用过上课口令"1，2，3——坐端正"。这个口令过于简单。例如，怎样才算坐端正了？孩子们并不知道。所以在这个班（我把以前的上课口令）改成了"十字口令"。"十字口令"包含着丰富的教育内涵。第一，有效的学习需要学生有积极的心理准备状态，每个人对教师的到来、对这节课的学习有一种期待。"静息"能让学生从课间 10 分钟的躁动中平静下来，降低脑对氧的过度消耗，保证课堂 40 分钟所需要的体能。第二，小学生正处于身体的快速发育期，在学习的过程中，正确运用四肢五官，既有利于学习，又有利于健康发育。因此，我用上课"十字口令"来规范学生的坐姿，具体告诉他们"头要正，身要直，臂要开，足要安，眼要看"，既有利于学生集中注意力，也有利于他们身体健康。第三，一个班级学生上课时的精、气、神，形成一种"场"，既会影响每个学生学习的心理倾向，也会影响班级任课教师上课的情绪。所以，我用"十字口令"让学生每一节课都做到准备充分、精神饱满，并告诉学生，他们表现得越好，教师心情就越好，课就上得越好。

（2）表现力①教育课程

六（4）班学生的表现力让人折服，我们很少看到同龄的学生有如此优秀的表现。除了在语文教学中有计划地进行训练之外，汪老师还开发了"表现力教育课程"，如新闻播报、"张嘴就来"、自主班会等，培养学生"抓住要点简洁表达""编辑语言理趣表达""展示才艺个性表达"，最后形成融合知识见闻、才艺表现、语言表达、个性气质的"表现力"。

第一，新闻播报。新闻播报是汪老师在学生四年级时开发的用于培养学生口头表达能力的活动课程。新闻播报每周一次，利用晨会时间进行，它要求学生把与自己学习、生活相关的，国际国内的，也包括发生在身边的新闻，用PPT以图文并茂的方式进行呈现，由学生两人或多人以简洁、生动的语言向全班同学播报。这项活动对于培养学生关心时事，收集信息、加工信息的能力，以及抓住要点简洁表达的能力，有很大的帮助。

汪老师是怎么想到开展新闻播报活动的？这一活动在培养学生的表现力方面发挥什么样的功能？访谈中，汪亭老师说：

> 低年级时我主要训练学生流利朗读和大声说话，到了中年级再训练他们怎么把话说得简洁，说得有层次。在课堂上发言时，很多同学都有"就是……，就是……""然后……，然后……""接着……，接着……"等语病，并且表现出胆怯、结巴、不自信。
>
> 我告诉他们，说话的时候要记住重要的观点并把它们放在前头先说，然后再展开，用要点法"第一……，第二……，第三……"，或者用关联词"首先……，接着……，其次……，然后……，最后……"把观点陈述清楚。这个训练在课堂进行，同时我也开发了另外的训练方法来配合，比如在低年段要求学生读故事、讲故事。
>
> 中年段就（引导学生）关注时事新闻，采用新闻播报的方式

---

① 表现力培养是当今国际教育中的一个前瞻性的课题，国外已有表现性目标理论和表现性课堂理论，其核心理念是"学以致表"。

去训练他们。学生组成搭档，两个人、三个人都行，他们在一起先搜集最近的信息，然后在讲台前进行新闻播报。有些学生站起来总是低着头，或者目光游移、东张西望，这是不自信的表现。我会告诉他们自信的人眼睛总是看前面，甚至可以跟某个同学有点手势或表情上的交流，这样就显得非常真诚。

我要求他们上台发言时，尽量不要贴着墙站，要大胆往前走，还要关注一些细节；不仅要把话说清楚，还要说得有层次；与人交流时，眼睛要看着对方，尊重别人，传递自信与阳光。慢慢地，孩子们会在新闻播报活动中自己做一些道具，如女孩拿着仙女棒、男孩拿着台本（写着新闻要点的专用本子），很多有创意的东西在新闻播报里得到展示。每次播完，下面的同学及时地给他们点评，点评也是在训练说话。点评的同学站起来首先要表达自己的观点，如播报得怎么样，哪里好，好在哪里。例如，一是声音非常响亮，二是他们很自信，三是他们能脱稿，四是他们自己做PPT。后来，新闻播报的要求又上升一个层次：学生要像电视台的主持人一样进行播报。

高年段学生写小组日志，并定期开展"日志分享"活动，这可以看作是新闻播报的延伸。不同的是，"日志分享"活动所分享的是班上新闻，日志内容是合作组成员轮流创作的，对学生表达能力的要求更高一些。以前学生举手才能点评，现在自己抢夺话语权。有些学生一听完日志就想发言，可能一下子站起来四五个学生，争先恐后地说"我觉得……"。为了让"日志分享"活动更好地开展下去，我告诉学生，发言时声音越响亮，抢夺到的机会就越高，并要求学生学会谦让：当别人已经站起来发言时，自己要自觉地坐下去；女生和男生站在一起时，当然是女生优先，男生就自觉地坐下去。在这个分享的时间段里，学生自己当主持人，包括开场白、中间的过渡语和穿插点评，都是由学生自主完成，我只在一边提醒一下，维持一下秩序，关注一下学生表达的情况。

第二，"张嘴就来"。出口成章、信手拈来、现编现演是汪老师的学生在"六（4）班的一天"活动中表现出来的风采。这种口头表达能力是如何练就的？汪老师这样说：

　　我经常对学生说，你们即将步入中学，相当于"出口产品"，我希望你们以最优的表现走出去。"张嘴就来"活动每周一个主题，训练学生即兴表达、自信表达。第一周的主题是"梦想"，我给全班一分钟的时间思考，每个人用一句话来说说自己心中的梦想。结果那天的情形真是令人震撼，很多孩子结合自身实际，真情表达，真是精彩极了。第二周的主题是"时间都去哪儿了"。孩子们以合作组的方式自己编排，利用班会课表演。这个活动点燃了孩子们的激情，他们创作诗、采访、表演小品，用各种各样的文艺形式来表现"时间都去哪儿了"这个主题，让我很震撼。第三周的活动以"三八妇女节"为主题。考虑到只有半天准备时间，因此那次打破常规，不按小组，孩子们自选伙伴、自由组合。其中，有七位女生集体创作了一首诗，她们把师生在一起六年的日子和她们的成长变化用诗的形式表现出来，让我震撼。还有两位男生，现场编小品，没有稿子，却引来大家笑声一片，更让我震撼。学生即兴创作，真情表达，这就是我理想中"张嘴就来"的样子。

第三，自主班会。自主班会是六（4）班学生的最爱，因为它可以综合当下流行的多种文艺节目的表现形式，让学生的才艺得到充分体现。自主班会受学生喜欢的另一个重要原因还在于汪老师的"零参与"——完全放手由学生策划，让学生强烈的表现愿望得到满足。

　　每周开班会，汪老师只给我们一个题目（主题），有时候连题目都不给，由我们自己定。题目确定后，她就撒手不管了，全部交给我们，让我们自己组织节目报名、写作、串场、排练（等工作），有点像做导演。除了准备节目，我们还要找班上的同学做节目展示的PPT，包括音乐啊，图片啊，有时候还要做手工，画画剪剪，做一些头饰、道具之类的。开一次自主班会，要调动全班的力量，把每个人的特长都用上，可不是那么容易的，但是挺有意思。自主班会展示的时候，汪老师总是坐在教室后面看，可能是由于我们表演得太投入，也太高兴了，有时候根本没有想到汪老师在场。班会开完了，汪老师做一个简单的点评，主要是表扬我们，有时候也讲一些道理或者提出一些要求。

——摘自学生访谈实录

六（4）班开过的自主班会的主题有"学习雷锋好榜样""保护环境""保卫地球""食品安全""班级好声音""责任""一站到底""感恩教师""劳动最光荣""元旦好习惯节""'六一'庆祝会""'三八'妇女节""珍惜时间""感恩的心"。

自主班会是一个综合性的活动，组织它，至少要有三种能力：策划组织能力、写作创编能力和才艺表演能力。由于汪老师的"放养"，学生的组织策划能力和写作创编能力得到了锻炼。至于才艺表演能力，则得益于汪老师把班上所有的学生推荐到了学校二十几个学生社团，使他们的兴趣、爱好和特长得到了发展。

除了上述新闻播报、"张嘴就来"和自主班会以外，汪亭老师创造的表现力教育课程还有很多其他活动形式。那么，这种表现力教育课程的培养目标是什么？它是如何分阶段实施的？它与语文课堂教学又有什么关系？这些是我们解读汪亭老师课堂改革经验时需要回答的问题。通过反复阅读访谈资料和实物材料，并与汪亭老师多次访谈，我们最终梳理出一个学生表现力阶段培养目标与活动设计的框架，如表2-3-2所示。

表2-3-2　学生表现力课程阶段培养目标与活动框架

年段	培养目标	活动设计
低年段	培养学生正确、流利地朗读，大声、自信地说话	读故事 讲故事 晒书会

年段	培养目标	活动设计
中年段	在低年段的基础上，培养学生说话时抓住要点，把话说简洁、有层次，适当注意说话时的仪表	读书分享 新闻播报 读书小报 学生讲坛 学生社团
高年段	在中低年段的基础上，培养学生说话的理趣（哲理、情趣）、文采和创新思维，培养优雅的仪表	日志分享 张嘴就来 自主班会 学生社团

汪老师反复强调，相对于上一届学生来说，在这一届学生的教育教学中，她在"做减法"——只保留了她在上一届学生教育活动中最基本的习惯养成教育以及读书活动，并将很多德育活动，如晨会、班会、节日庆典、社团活动等，整合为培养学生表现力的语文活动课程，并与语文教学相沟通。因此，汪亭老师的语文观是以学生表现力培养为中心的大语文观。学生表现力的形成，既得法于语文教学，也增益于语文课堂，推动了语文及其他学科教学的改革，使课堂别样精彩。在这个意义上，汪老师的语文教学确切地说应该是语文教育——基于表现力培养的语文教育。

2. 学习小组建设

小组合作学习带来课堂教学的系列变革，它的诞生是课堂教学的一场深刻的革命。崇仁路小学在参与学习中心课堂建设的研究过程中，提出建立"伙伴学习课堂教学模式"（以下简称伙伴课堂），其核心特征就是倡导在个体自主学习基础上的小组合作学习。汪亭老师在参与学校课题研究中，对学习小组建设进行了很多的探索。

（1）小组组建

伙伴课堂实验是从组建合作组开始的。汪亭老师组建合作组的标准与方法有她的独特之处。首先，在小组成员的搭配上，组长由教师任命，组员则由组长挑选。

　　我首先选了 11 个学习成绩好，尤其是品行比较优秀的学生担任组长，让他们各自邀请 1 个好朋友加入小组，接着让他们在班上挑选组员，要求他们组建小组时兼顾性别和伙伴关系。小组组建完成之后，我让他们自己设计组名、组牌、合作宣言，确定小组内的分工，然后开展"走进我的小组"宣讲活动。各小组用一周的时间做准备，向全班介绍自己的合作组，小组 5 个人，人人都要发言。有了这个任务，小组内部就开始分工了，每个人都说一遍，再由写作能力强的学生把 5 个人说的话写下来，之后讨论每个人怎么说，按什么顺序说，最后小组内进行排练，忙得不亦乐乎。

——摘自汪亭老师 2014 年 3 月 16 日座谈实录

　　其次，开展小组文化建设。围绕"走进我的小组"这一宣讲活动，11 个小组沸腾起来了。一周内，除了上课，小组成员几乎把所有的时间都用到了活动准备中：小组起一个时尚而且寓意深刻的组名是头等大事，小组口号（汪老师称为"合作宣言"）要响亮，小组名片和组牌设计也要别具一格，更要根据小组成员的特点进行分工与演练。一周以后，11 个小组在"走进我的小组"主题活动中展示了自己的风采，以下呈现的是"一号合作组"的文化：

一号合作组

　　组名：向日之星

　　组长：刘××

　　组员：郭××、蔡××、陈××、黄××

　　合作宣言：太阳是一个具有勃勃生命力的美好事物。在这个美好事物的引领下，我们向着阳光快乐奔跑。

　　在"沐浴阳光，健康成长"理念下，我们对自身的身心做了全方位的洗涤，让自己愈来愈阳光向上！

　　接受磨砺，自信自强！在生活中，我们要勇于接受困难与挫折，勇敢地面对挑战，让自己在跌落、爬起的过程中成长，渐渐变得自信！让个人的力量越来越强大！

　　虽然我们每个人都不是完美的，但我们坚信：没有完美的个人，只有完美的团队！

　　我们互相帮助、团结友爱。在这个小小的合作组中，我们渐渐融合，让合作组慢慢变成一个大大的家庭！

　　让我们做心智卓越的强者，更做心智卓越的一号组！

　　通过开展"走进我的小组"主题活动，班级完成了小组的基本建设。主题活动的准备过程增强了小组的凝聚力，锻炼了小组长的领导力，增进了小组成员的分工与合作意识。而浓墨重彩的宣讲仪式，增加了每个小组成员之间的互相信赖和荣誉感。

　　合作组的建立改变了学生班级生活的方式。合作组成为课堂学习和班级管理的基本单位，让教与学的方式在不知不觉中发生着变化。学生之间的情谊如同藤蔓一样，慢慢地把触须伸向每个小组成员的心灵，成为维系他们学习与生活的纽带。

　　（2）小组管理

　　第一，运用评价进行管理。合作组的运行并非一帆风顺，其间也产生过不少的问题。在合作组组建初期，汪亭老师实施小组自主管理制度，制订"小组评价细则"，开展小组内的管理与评价活动。"小组评价细则"包括"课堂表现""小组日志""眼保健操""早读纪律"和"个人职责"五个项目，如表2-3-3所示。

表2-3-3　小组评价细则

评价项目	评价标准
课堂表现	本项由教师评定。 1. 表扬，加10分。 2. 批评，不加不减。 3. 既不"表扬"也不"批评"，加5分。
小组日志	本项由记录员记录。 1. 发言加1分。 2. 发言精彩加分。

评价项目	评价标准
眼保健操	本项由记录员记录、管理员管理。 1. 提醒三次扣分，普通批评扣 3 分。 2. 再提醒一次扣分，严重批评扣 5 分。 3. 再提醒两次扣分，严重批评扣 10 分。
早读纪律	本项由早读负责员评定。 同"眼保健操"扣分标准。
个人职责	本项由记录员记录。 包括"当家""擦黑板"等，忘记一次扣 2 分。

说明：两周考评一次，根据小组总分排名，优胜的小组优先选择座位。

在运用小组评价细则进行评价的过程中，由于小组的总分排序决定着座位优先选择权，有些小组为了得高分而弄虚作假，甚至出现"以权谋私"的现象。

以前我们组长为了得高分，在给小组同学记分的时候故意加分，如某某同学明明只应加 2 分，组长却说加 10 分。组长还告诉组员，给别的小组多扣分，这样就能保证自己小组排名靠前。我觉得这样做不好，心里总觉得有鬼似的，就告诉了汪老师，把这件事情给戳穿了。我们小组取名"向日之星"，我希望组员都积极向上，不能为了分数而不择手段。这个情况其他组也有，小组之间因为这样的事关系变得非常紧张，一些好朋友也不讲话了。

汪老师把我举报的情况在班上讲了，表扬了我的诚实行为，还给我们小组加了特别诚信分。汪老师告诉大家，小组评价一定要诚实，诚信是做人的最基本素质，如果说谎话，就会被人轻视、看不起。汪老师还告诉我们，有类似的情况可以写在小组日志上，也可以直接找她举报。小组日志可以反映小组的好人好事，也可以反映不良现象。这以后小组考评中再没有出现这种事了。

通过诚信教育，建立"日志举报"的监督机制，汪亭老师解决了小组评价中因为消极竞争而产生的弄虚作假、同学关系紧张等问题，使小组管理与评价恢复正常。

第二，小组成员调整。在访谈中，我们了解到六（4）班的合作组每学期要做1—2次微调。为什么要调整？又是怎么调整的？访谈中，汪老师说：

> 每个学期，我要从两个方面对合作组进行一到两次微调。组长的调整，有三种情况。其一是正常的调整。一些组长在一个小组待的时间长了，换一个小组当组长，有利于提高工作能力。其二，有些组长身兼数职，既是大队委，又是学习委员，还担任班上的其他工作，实在忙不过来。在这种情况下，我要跟其谈话，经本人同意后，免去其组长职务，另选拔优秀学生当组长，或从其他组调小组长过来。其三，有些小组长能力比较弱，所带的小组在一段时间的考评中成绩不理想。遇到这种情况，我就会把这个小组的组长调到比较强的小组当组员，让他跟能力强的小组长学习一段时间后，再调回原来的小组当组长。进行这类的任免时，我总要在小组内开一个会，向小组成员说明原因，请大家先把掌声送给前任组长，感谢他为小组所做的贡献，再把掌声送给新任组长，希望他团结小组成员，把这个小组带得更好。这样，新旧组长之间、小组同学之间相处就融洽了。

从汪老师的叙述中，我们不难发现，对合作组进行适时的调整，使小组之间保持着动态平衡，促进了小组之间的良性互动。一方面，新的小组环境有利于培养小组长适应不同环境的工作能力；另一方面，这可以尽量缩小不同小组在评价之中暴露出来的差距，使各个小组始终保持蓬勃向上的氛围，也使小组之间保持你追我赶的良性竞争。在访谈中，汪老师再三强调，小组的调整——无论是调整小组长，还是调整组员，都要体现公正公平，使大家有安全感。

（3）小组融合力建设

小组刚开始运行时似乎很顺畅，但很快便产生矛盾与冲突。因为在小组合作的开始，学生在小组中有自己要好的伙伴，大家上课一起学，下课一起玩，有事晚上还通电话，这种全新的学习与生活方式引起学生极大的兴趣，让他们兴奋了好长一段时间。但小组毕竟还是要用"小组评价细则"来进行管理与评价，时间一长，问题开始暴露。由于小组评价采取的是个人表现与小组评价相捆绑的方式，那些成绩不好的学生不能为小组加分，纪律不好的学生由于违纪常常被扣分，使小组的排名受到影响，失去了选择座位的优先权；组长或组员调动之后，受到新的小组成员的排斥；……在这些情形下，矛盾开始产生，冲突开始升级。请看以下两则学生讲述的合作组中的故事：

"你们到底说不说？"她愤怒地瞪着我们。

无人应答……

那天，老师要求每个小组介绍自己，她要求我们几个人背她准备的台词。

可她话音刚落，H张口就说"不背"。虽然我口头上保持沉默，但心里却暗暗赞同H，根本不愿听从她的命令。

说实话，她每次都会安排好我们要做的事、要说的话，根本没有我们发挥的空间，仿佛她是主角，而我们只是可有可无的配角。

所以，我坚决不背。

"这次按组号来说！"老师的这句话就像闪电一样击中了我。

只有她一个人知道如何介绍，而我们呢？

我们很不情愿地上台了。全程只有她一人侃侃而谈，而我们四人却站在旁边呆若木鸡，像一个个摆设。

这种无聊的小组合作我已经厌倦透了！

我讨厌合作！更讨厌她——组长L。

——摘自陈×× 《我和我的小组的故事》

五年级我们实行了小组合作。在实行初期，汪老师做了一些简单的调整，我怀着喜悦的心情来到了三号组。

我在心里高兴地说："哈哈，我来了!"可是迎接我的只有排斥、指责。组里就像是有两派在互相争斗，做错了事就互相推诿，总是在小事上发生争吵。我懵了，这是什么? 这不是我想要的三号组! 结果我们组总是最后一名，在一次做清洁过程中，我们几个人为了分工大吵了一架，之后汪老师只好介入调解。

——摘自肖×× 《我和我的小组的故事》

类似的故事有很多。这些故事向我们再现了合作组组建之初的情形。前文谈到汪亭老师对合作组进行了微调，这是一个重要的原因。针对合作组暴露出来的种种矛盾和冲突，汪亭老师在班上进行了融合力教育。

又是一年新学期的开始，我在思考：这学期，班级工作如何开展?

中央电视台《开学第一课》"美在你身边"中的小故事，给我很大启示。

2008年，被誉为"黄金一代"的中国男子体操队勇夺奥运会体操男子团体冠军，当年的中国队拥有"全能王"杨威、"吊环王"陈一冰、"鞍马王子"肖钦、跳马名将李小鹏，以及初出茅庐但单杠、自由体操实力不凡的邹凯。

四年后，这时的中国队早已没有了当年的强大阵容：别了杨威，辞了小鹏，失了肖钦，老了一冰，当年的"黄金一代"已不复存在。但在伦敦，一个离故土有七小时时差、近万千米的异乡，他们证明了自己。中国，骄傲;中国人，自强!

夺得伦敦奥运会体操男团冠军的小伙子们流下了激动的泪水。赛后，队长陈一冰激动地说："没有完美的个人，只有完美的团队!"

这个故事深深触动了我和班级学生，利用班会，我们展开讨论：这个故事带给我们什么启示?

有学生表示，我们班的同学也应该相亲相爱，要像最近背诵的志愿服务理念倡导的那样，做到"学习雷锋，奉献他人，提升自己"，加强成员间的融合，共创优秀班集体。

我也将学校学习型组织的相关理念渗透进去，告诉学生："没有完美的个人，却有完美的团队！""相互补台，好戏连台；相互拆台，都要垮台。"学生个个激情澎湃，看来"团队融合力"这个词已触动每个人的心弦。

——摘自汪亭老师的教育随笔《加强团队"融合力"，共创优秀班集体》

早在2005年，崇仁路小学在进行学习型组织建设时就倡导"一个目标、一条心、一股劲、一家人"的团队精神。这一理念深入人心，成为崇仁路小学"团结协作的团队精神"的思想内核。汪亭老师在这种文化氛围中濡染至深。她在这篇随笔中所说的"融合力"实际上就是这种团队意识。六（4）班团队意识或融合力的形成，除了因为价值引领之外，更得益于超越合作组的团队考评制的实施，它打破了个人和小组的"小我"局限，消解了合作组间由于竞争所导致的狭隘的"团体意识"甚至"团伙意识"，帮助学生逐步树立起"大我"的团队意识。这种从"小团体"到"大团队"考评方式的转换，促使合作组健康发展。

班级与小组融合力的建设迅速地改变了学生个体和小组的心智模式，使合作组走出"合而不作"的瓶颈。

李××脾气有点古怪，有一段时间曾经沉迷于动漫，上课的时候老在课桌下面画动漫，多次挨老师批评，小组也被扣了很多分。男生都不理她，组里也没有人喜欢她，大家不让她参加小组的任何活动，小组内的好多事情都不跟她分享。我到了这个组当组长后，给小组取了"企业号"这个名称，寓意我们组能团结一心。组员慢慢同意了我的看法，开始融合起来。我们对李××说："你的动漫画得好，能不能负责给小组日志画插图，为小组争分啊？上课就不要画了，好吗？"从那天开始，李××上课再也没有画动漫，人也融入了我们合作组，成为合作组中的一员。

——摘自2014年3月18日张××访谈实录

像这样的故事有很多。主人公都是合作组的组长，他们在六（4）班融合力建设的大背景下，以不同的方式做着小组的融合工作。

（4）小组日志

利用小组日志进行合作组的建设，是汪亭老师的一个创造。小组日志是合作组的一个重要的自我教育机制，汪亭老师是从五年级组建合作组时开始要求学生写小组日志的。

> 在五年级之前，我也让学生写班级日志，不过那只是少数学生的事。成立合作组之后，我让小组每个学生都写，一人一天，一组共用一本本子。他们把写小组日志当作至高无上的荣誉和奖励。孩子们在家里把自己关在房里，写小组一天里发生的事情，表达自己的真实感受。有些家长告诉我，有时候他们看见孩子放学回家后关着房门，不放心，便推门进去看看究竟在做什么。孩子见家长进来，迅速合上小组日志，急切地说："别进来，别进来，我在写小组日志。"孩子把自己关在房间里写日志，不让家长打扰，更不给家长看，可见他们对写小组日志的重视程度。
>
> 我没有规定小组日志中要写些什么和怎么写，写什么都可以，怎么写都行，对小组日志的内容和形式没有什么限制。这样，一些写作能力稍弱的学生就用表格记录当天小组同学课堂上的表现，特好的打★★★★★，好的打★★★★，一般的打★★★，然后用三言两语提醒小组同学要注意的问题；而一些写作能力强的学生，会洋洋洒洒写下小组的故事，表达自己的观点。他们有写记叙文的，有写散文的，也有写诗歌的。
>
> ——摘自 2014 年 4 月 16 日汪亭老师座谈实录

除了记小组日志以外，更重要的是开展小组日志交流。所谓"交流"，就是利用晨会时间，让学生读自己小组的日志，然后由其他学生进行自由点评。当然，能够在全班进行交流的小组日志，除了能够真实地反映小组或班级的一些情况之外，还要发表自己独到的看法。日志交流活动推动了小组建设，深受学生喜爱，渐渐发展为六（4）班每周一次的"日志分享"活动，成为学生进行自我教育的一个重要的机制。

从 2012 年 1 月 6 日到 2014 年 6 月 13 日，六（4）班学生以合作组为单位，坚持以接力的方式写小组日志，累计 80 余万字。

这些日志记录了合作组成长的历程，给我们描绘了一幅幅童话世界里的生活图景，是如此丰富多彩，诗意盎然：有家庭生活中与家长的冲突，有班级生活中同学之间的"趣事"，有课堂教学中合作学习的精彩片段，有对小组同学的期许和勉励的话语，也有以一事一议的形式表达的对世事和人生的感悟……学生小组日志中充盈着童稚，也不乏深刻并富有哲理的思想。学生把他们在日志分享活动中呈现的"经典语言"收集起来，称之为"小组日志之学生语录"。

> 当你真正融入课堂时，只有你和老师；当你没有融入时，只有你和同学以及你们的嬉笑。
>
> ——余××
>
> 你是浮躁的，周围的一切都会是浮躁的；你是安静的，周围的一切自然也会是安静的。
>
> ——张××
>
> 静致远，静达慧。心静才能致远，心静才能到达另一个境界。
>
> ——蔡××
>
> 在我跌入深渊绝望时，我总会想起"No dream is too big, and no dreamer is too small"（没有遥不可及的梦想，小人物也有追逐梦想的权利）。
>
> ——杨××

小组合写和全班交流小组日志，使得小组日志成为六（4）班伙伴课堂实验中合作组建设的一个重要机制。这一机制的运行，产生了多重教育效果。

效果之一，实现自我教育。小组日志记录了 11 个合作组成长的历程。通过追索我们发现，这个成长是通过自我反思与同伴互助实现的。汪亭老师在这一过程中实现了由"教师"向"导师"的角色转型，发挥的是价值引领作用。

效果之二，促进情智互动。小组日志的撰写与分享，在小组和班级中形成了情智的接力与互动效应，使小组的每个成员都能细致地观察、深刻地反思、真实地表达、真诚地分享，既促进了学生情感的交流，又锻炼了写作能力。

效果之三，创生班级文化。"小组日志之学生语录"所体现的价值观念，成为班级文化的精神内核。"日志分享""自主班会"等活动，用故事传播文化，用文艺演绎文化，具有多重教育功能，促进了班级主流文化的形成。

3. 课堂教学的探索

崇仁路小学伙伴课堂的研究与变革，是在华中师范大学陈佑清教授的学习活动理论和学习中心教学理论指导下进行的，其要义是设计与组织丰富多样的学习活动，建构以学习为中心的课堂。汪亭老师也正是在这些理论指导下，通过大量的课例研究，初步建构了体现学习中心教学理念的小学语文阅读课"核心问题探究"教学模式。

（1）预习"六字诀"

六（4）班学生在课堂上优异的表现，在一定程度上是因为他们课堂预习得充分和深入。而汪亭老师从二年级起就开始重视培养学生的预习能力。

之所以如此，这里面有汪亭老师关于预习的思考。

从一年级起，我就训练学生在语文书上勾画。正式预习是从二年级开始的。预习作业是"标—读—圈—画—思—查"，具体要求分别是：标自然段；读课文三遍；圈出课后生字；画下词语；思考课后问题；查字典，写出部首和词意。

到了五年级，我将预习要求明确为六个字：标、读、思、找、写、查。

标：标自然段。

读：读书三遍，做到正确、流利、有感情。

思：思考课后习题。质疑问难，将问题写在课题上方。

找：找好词圈起来，在好句旁写批注。

写：将生字表中的易错字放大书写（把易错的字放大 1.5—2 倍来书写）；形近字组词；多音字组词。

查：查词典理解字词意思；查资料补充。

将预习作业写在书上，学生作业负担减轻，很多学生认真、"超额"地完成作业。因为预习充分，学生课堂上发言非常积极。因此，到了六年级，我们班的课堂仍然是"小手如林、书声琅琅、议论纷纷"。

——摘自汪亭老师随笔

学习中心教学的一个突出特征是"先学后教"，即在上课之前，先让学生进行自主学习。因此，如何引导学生课前自学，是学习中心课堂建设的一个关键问题。在这方面，国内大部分学校的经验是利用导学案引导学生自学。但导学案的编制需要花费教师大量的时间和精力，且有的导学案也会增加学生课前自学的负担。汪亭老师通过培养学生运用"六字诀"进行课前自学的习惯，有效地解决了利用导学案引导自学可能产生的增加师生负担的问题，既简单易行，效果也很好。

（2）课堂教学过程改革

2014 年 9 月，汪亭老师接手三（6）班，开始了她的第二轮教学改革研究。为了全面、具体研究汪亭老师的教学改革经验，在 2014 年 9 月到 2016 年 5 月的一年零八个月的时间内，笔者深入三（6）班做田野研究，重点关注了汪亭老师的阅读教学。通过对比发现，汪亭老师在小学三、四年级的阅读教学中，保留了原来"核心问题探究"教学模式的基本特征，但对围绕"核心问题探究"展开的学习活动的设计更加简约、灵活，因课文文体不同而出现了很多变式，这说明原来四个环节的学习活动流程（"交流预习，进行汇报演练—强化字词，把握主要内容—品词析句，解决核心问题—读中学写，揣摩表达方式"）还有进一步优化的可能。如何进行优化？2016 年 5 月，笔者指导汪亭老师全面总结了近四年（2012—2016年）的阅读教学经验，申报武汉市 2016 年教师个人课题"小学语文阅读课'核心问题探究'教学模式研究"。在此课题研究中，我们挑选了汪亭老师执教的 10 节有代表性的小学中、高年级课例，运用归纳法，对她的语文阅读教学改革经验进行了提炼总结，发现汪亭老师在语文阅读教学中形成了以"核心问题探究"为特征的教学模式。

①核心问题的内涵与特征。

"核心问题"是驱动教学过程，指向文本核心知识，即直指文本思想内容和表达方法，聚焦课文语言文字运用（以下简称"语用"），能对文本的学习起到牵一发而动全身作用的问题。"核心问题"有两个要义。

第一，指向核心知识。一篇课文中的语文知识分为"语料知识"（语言材料，如字词)、"语义知识"、"语段知识"（构段方式)、"语篇知识"（布局谋篇)、"语辞知识"（修辞）等。这些知识都是显性的、静态的。学生学习语文，主要是学习运用这些知识，即学习如何识字写字，如何阅读，如何进行口语交际，如何运用语文进行综合性学习。简言之，就是学习如何运用语言的程序性知识、策略性知识[1]。阅读教学中的核心知识，或者说课文中的核心知识，不是语义、语法、语辞知识，而是语用知识（如何运用语言）。而正确运用语言文字的能力，就是根据情境和需要尽可能完美地组织言语形式的能力[2]。

第二，驱动教学过程。所谓核心问题，是指能激发和推进学生主动活动，能整合教学中应该学习的重点内容和关键内容，能与学生生活实际和思维水平密切关联，能贯穿整节课的客观问题或客观任务。核心问题，不同于课堂上随意的提问、简单的追问和习惯性的碎问，而是从教学内容整体的角度提出的，能引发学生整体参与思考、讨论、理解、探究的"牵一发而动全身"的问题。阅读教学中的核心问题要具备"三力"：吸引学生参与的牵引力，在教学过程中形成一个教学板块的支撑力，在课堂活动方面让学生共同参与、广泛交流的凝聚力。核心问题要新，要深，要能迅速提挈全篇的学习，要能奋力带动学生的思维。

所谓核心问题探究，指的是阅读教学围绕一两个指向文本内容与表达方式、聚焦语言文字运用的大问题，组织学生通过个人自学、小组学习、互动展示等方式而开展的探究性学习。

②教学结构和教学策略。

其一，教学结构。笔者基于对汪亭执教的不同文体的典型课例的梳理，提炼出汪亭老师阅读教学"核心问题探究"教学模式的基本结构，如图2-3-1所示。

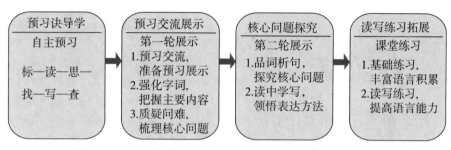

图2-3-1　阅读教学"核心问题探究"教学模式的基本结构

在此模式中，"预习诀导学"环节中的"思"，除了思考课后问题外，还包括"提出问题"；"预习交流展示"环节除了交流预习成果和强化字词学习以外，还专门安排"质疑问难、梳理核心问题"；"核心问题探究"是该模式的核心环节，主要围绕核心问题对文本内容及其表达方法进行理解和领悟；"读写练习拓展"环节除了基础性练习外，还围绕核心知识进行读写练习，实现读、写方法的迁移。

上述教学结构适用于不同文体课文的教学。而不同文体课文教学的差异，主要体现在教师对其教学价值的研判及核心问题的设计上。

其二，教学策略。在按照上述教学结构组织教学时，汪亭老师主要运用了如下策略。

第一，教材文本解读。

文本解读是为了萃取核心知识、确定教学内容的重点。汪亭老师在解读文本时，特别关注以下三个方面内容。

文体特征。不同的文体，在结构形式和语言表达上所呈现的具体样式不一样，具有不同的教学价值。王荣生指出："阅读是一种文体思维，不同体式（文体），其阅读方式、阅读方法均有所不同。不同体式的阅读，有其相应的教学内容，以及相匹配的教学方法。"[3]

语言特色。这里的"语言"指的是课文中那些关键的字、词、句、段、篇，甚至包括标点符号。那些精妙传神的词语、特别的句式表达、别出心裁的结构等，反映的是文章的个性特征，是"这一篇"文章区别于"那一篇"文章的所在，也是"这一篇"文章教学的核心价值所在。

写法特点。小学语文课文采用了许多写作方法，如使用叙述、描写、说明、抒情、议论等表达方法，想象、联想、类比、象征、烘托、对比、渲染等表现手法，以及比喻、拟人、排比、反问、夸张等修辞手法，这些也是我们需要关注的。

在解读文本、关注课文以上三方面特征的基础上，教师要根据课标及年段教学要求，结合学情，选择语言点作为教学内容，从而萃取课文的核心知识。汪老师认为，语言点的选择要做到"三看"：一看哪个语言点最具个性，能够代表这篇课文的语言特征；二看哪个语言点最为核心，有统领全文的功能；三看哪个语言点最容易迁移，能够在新的语境中运用。

第二，预习分工前置。

预习分工前置有三个要义。一是在开学时将全册书的课文预习展示工作按小组进行分工，由2—3个小组共同展示一篇课文的预习成果。二是对具体的课文，每个小组的成员都要按照相关的要求做充分预习。三是预习汇报前，小组成员要进行预习交流，并根据交流情况进行分工演练，为小组互动展示做准备。

第三，梳理核心问题。

在"预习交流展示"环节，教师安排学生质疑问难，指导学生提出有价值的问题，并梳理出核心问题。核心问题的确定，要遵循"以学生的问题为起点，以课后问题为参照，以教师的问题为引导"的原则，但在不同的年段，侧重点可以有所不同。

第四，学生领袖互派。

每篇课文上完第一课时后，根据预习和展示情况，由学生推荐产生一名学生领袖，第二课时时他们被派往其他小组，以指导、督促核心问题探究。在合作组中，组长管理事务性工作，如纪律、评价、协调等，学生领袖是外派的，只负责指导问题探究。

第五，小组互动展示。

在小组预习交流、分工协作演练之后，便是小组展示活动。小组展示是为了促进课堂多维互动，从而实现对知识的建构。因此，一个小组围绕核心问题展示汇报的内容应该相对集中一些，涉及的点不宜过多，这样有利于小组成员相互补充，达到对语言、思维、情感的深度挖掘与体验。

第六，训练倾听表达。

在课堂展示中，汪老师一以贯之地要求展示小组"找、说、读"，其他小组"听、记、评"，重视对学生进行倾听和表达训练。具体的做法是，在预习汇报及核心问题探究汇报中，注意训练学生倾听的习惯和表达的方法：倾听要静心、抓要点，并做必要的记录；表达要简洁、有条理，力求有新意，不要重复别人说过的话。

第七，读写训练结合。

阅读教学中教师要指导学生在理解思想内容的基础上揣摩作者的表达方式，找准读写结合的训练点，做到读中学读、读中学写。

"读"的训练结合核心问题探究进行，基本的方法是"整体阅读抓要点，局部品读析词句"和"画句—圈词—写批注"。这些阅读方法的训练在汪亭老师的教学中非常普遍。

"写"的训练分两种情况。一是结合文体的特征进行表达方法的迁移训练。例如，在说明文《荷兰风车》一课的教学中，让学生模仿作者运用"先概括后具体"的方法写武汉的热干面。二是结合文章的情节内容进行合理的想象补充。例如，在散文《童年的小花狗》一课的教学中，教师要求学生站在作者的角度，把文章情节的省略处——"我"的复杂的感情写出来。

第八，教师串联点睛。

课堂教学各环节之间的过渡、对学生学习方法与学习状态的评价、对学习重难点的强化等，都需要教师以精练的语言进行"串联"，并做到过渡自然、启发思考、激励情感、引发创新，真正起到画龙点睛的作用。汪亭老师的教学"串联语"极其丰富与精当，在她的课堂教学实录中俯拾即是。

（三）汪亭老师课堂教学改革的方法论

课堂教学改革的方法论主要揭示课堂教学改革的价值取向、改革内容、改革过程（所选择的改革路线、使用的改革策略和方法）以及改革环境（环境所提出的需求及所提供的支持）之间的关系。每一个投身课堂教学改革的教师，都会有自己的改革方法论，只是多数教师的改革方法论以"默会"状态被遮蔽在感性操作之中，因缺乏反思、批判而不能进行理性的言说，从而影响了其教学改革经验的有效传播。因此，揭示汪亭老师教学改革经验背后的方法论，对于深入理解和借鉴她的经验具有重要的意义。汪老师教学改革的方法论主要有以下几个方面内容。

1. 既改班，又改课

从汪亭老师教学改革的历程来看，六（4）班的改革，她是先改班，后改课；三（6）班的改革，她是既改班，又改课。以"班课一体化"的方式推进教学改革，是汪亭老师教学改革的基本方法论。汪亭老师通过班级学习教育和学习小组建设，将学习中心课堂所需要的学生学习素养，如自主学习习惯、表现力、合作意识等放在"班"中培养，做到了班级建设与学科教学的整合与统一。

2. 既研究学科，又研究学习

汪亭老师对课堂教学的研究，做到了"既研究学科，又研究学习"。比如，她的阅读教学模式，实现了让阅读教学聚焦于"适宜的教学内容"和"有效的学习活动"。"研究学科"指的是为彰显语文学科的语用特征而进行不同文体的教学研究，主要研究不同文体课文的核心教学价值，由此确定核心知识和核心问题，从而彰显语文学科的语用特征。"研究学习"，指的是在学习中心教学理论的指导下，研究阅读教学中的学习活动的选择及其指导策略，实现教与学方式的变革，凸显学习中心课堂的特征。

3. 以务实和简洁的方式引导学生课前自学

汪亭老师教学改革中一个具有方法论意义的创新是，以"六字诀"引导学生自学，而不是使用流行的学案导学。学案导学是当前课堂教学改革的"普遍"经验，但其日渐显现出局限性。其一，对预习的内容与方法规定过死，没有弹性，压制了学生的个性化学习，也容易导致学生不怎么看教材而直接做导学案；其二，导学案设置了大量的练习，增加了学生的课业负担。汪亭老师用结构化的"六字诀"引领学生自学教材，既培养了学生的自学习惯和能力，也规避了上述导学案的局限性。它启示我们，尽管学案导学在国内十分流行，但引导学生自学还可以有其他更简单、适用的方法，只要我们独立思考和大胆尝试，总可以找到新的教学思路和方法。

参 考 文 献

[1] 王荣生．语文课程与教学内容［M］．北京：教育科学出版社，2015：70.

[2] 叶小平．最初的心永远的事：小学语用教学的实践与思考［M］．宁波：宁波出版社，2014：9.

[3] 王荣生．阅读教学设计的要诀：王荣生给语文教师的建议［M］．北京：中国轻工业出版社，2014：165.

四、武汉市长春街小学学习中心课堂整体建构的行动研究报告①

按照总课题组的设计，在有关学校对学习中心课堂建设的一些基础性问题进行研究的基础上，武汉市江岸区长春街小学对小学学习中心课堂的整体建构进行了研究。本报告拟对长春街小学的这一研究进行总结。

（一）研究方案设计

1. 研究目标

本研究拟实现三个目标：

第一，帮助教师形成体现学习中心教学理念的教学观念、习惯及

---

① 课题负责人为杨红。本报告由中南民族大学张琼博士执笔撰写。

能力。

第二，探寻小学学习中心课堂的教学过程组织的策略，包括教师指导学生自主学习、合作学习和全班集体研讨的策略。

第三，促进小学生自主学习品质与合作学习品质的发展。

2. 研究内容

围绕"小学学习中心课堂的整体建构"这一主题，我们主要探讨如下几个问题。

（1）教师学习中心教学理念形成及行为转变研究

这一研究具体从学习中心课堂建设的必要性、学习中心课堂的基本特征、学习中心课堂教学过程组织、学习中心课堂中教与学的关系等方面，引导教师树立以学习为中心的课堂教学观念，并形成对应的教学行为习惯。

（2）小学学习中心课堂教学过程组织研究

在研究学习中心教学过程组织的基本逻辑和策略的基础上，本课题从教师引导学生个体自主学习、小组合作学习和全班集中研讨等环节，探讨小学学习中心课堂教学过程的具体组织或实施。具体研究内容包括引导学生进行自主学习的导学单（案）的设计与使用、学生小组建设及合作学习过程的指导、在个体自学和小组互学之后的全班集中研讨过程的组织等。

（3）学习中心课堂中小学生自主学习与合作学习意识及能力培养研究

学习中心课堂要以学生能动的学习作为教学过程的中心，学生能动学习有自主学习和合作学习两种形式，因此，本课题要按照学习中心教学过程组织的要求，对小学生自主学习与合作学习品质的培养进行研究。

3. 研究方法

针对不同的研究内容，我们采用有针对性的研究方法。

（1）行动研究法

行动研究是本课题采用的主要研究方法。本课题主要运用行动研究探索"小学生自主学习的组织及其品质的培养""小学生小组学习的组织及合作品质培养""学习中心课堂中教师的指导策略"等问题。行动研究的基本过程如下：①围绕相关研究内容，从日常教学情境中确定并形成问题。②课题组成员进行初步讨论，形成问题意向。③查阅并学习相关文献资料，汲取经验教训。④对问题进行重新确认。⑤选择研究程序（如改编教材内容、设计教学过程、选择学与教的方法）并分析其可行性。⑥实施研究。⑦总结经验、反思实施过程并评价实施效果。

（2）访谈调查法

该方法主要运用于研究教师教学观念与行为的转变，以及对参与课题研究的认识。访谈对象主要是课题组成员，包括学校领导和骨干教师（访谈提纲参见附录2-4-1）。

（3）问卷调查法

该方法主要运用于两方面内容的研究：一是与访谈法相结合，用于了解参与课题研究的骨干教师的教学观念与行为的转变以及对参与课题研究的认识；二是与实验研究相结合，用于了解学习中心课堂建构中小学生的自主学习品质和合作学习品质的发展情况。问卷分为教师问卷（参见附录2-4-2）和学生问卷（参见附录2-4-3），其中学生问卷的内容包括学生对学习中心课堂建构的整体情况的看法、学生自主学习品质发展情况、学生合作学习品质发展情况。

（4）实验法

本课题主要运用实验法研究学习中心课堂建构中学生的自主学习品质和合作学习品质的发展情况。实验研究步骤如下：第一步，在一至六年级中每个年级随机选择1—2个实验班和1—2个对照班；第二步，进行前测，了解实验班学生和对照班学生自主学习和合作学习品质发展的起始状态；第三步，在实验班开展学习中心课堂教学研究；第四步，进行后测，收集相关数据并进行对比分析，为判断学习中心课堂整体建构的成效提供研究信息和数据。

此外，本课题研究还运用了文献研究法收集、梳理国内外相关理论研究成果和教学改革实验成果，在行动研究中结合运用了课堂观察法、案例分析法等。

（二）研究过程

长春街小学学习中心课堂的整体建构，依次经历了研究准备、方案拟定、初步实践探索、深入实践探索、研究总结五个阶段。

1. 研究准备阶段

此阶段的主要任务是明确研究主题，重建教学理念，做好前期准备工作。该阶段以学校领导、各教研室负责人为研究主体，具体完成了如下任务。

第一，总结学校相关研究经验和成果，明确将建构小学学习中心课堂作为学校"十二五"时期课题研究的方向。

第二，学校主要领导同陈佑清教授研究团队一起，赴山东省杜郎口中学、昌乐二中、即墨市第二十八中学，考察和观摩他们的课堂教学改革。

第三，以"构建小学学习中心课堂"为主题，申报武汉市教育科学"十二五"规划重点课题并在立项后积极推进项目，为本课题研究积累经验、奠定基础。

第四，对教师和学生进行前测，内容包括教师参与课题研究的意向、教师对学习中心课堂建构的理解和态度、教师开展教学研究的习惯和能力、课堂上学生自主学习与合作学习的现状等。这不仅为课题方案的拟定和实施效果的测评提供了现实参照和依据，也使课题方案更具针对性。

2. 方案拟定阶段

此阶段的主要任务是拟定研究方案、组建研究团队、培训教师，为课题研究科学有序地推进做准备。为此，课题研究采取了"U-S"合作模式，由高校专家和小学教师合作完成。高校方面，华中师范大学教育学院陈佑清教授进行教学理论层面的指导和介入，中南民族大学教育学院张琼博士负责教学理论研究与小学实践探索之间的协调。小学方面，成立了长春街小学学习中心课堂建设研究团队，并确立了团队核心成员，其中，校长杨红、书记邹君负责部署和组织教学改革的整体推进，副校长吴颖（后由刘伟接替）负责任务落实、活动组织和各学科教研组的协调工作，教科室主任主要负责各教研组活动的组织和开展，学科带头人和骨干教师主要担负行动研究任务。

此阶段主要完成了如下任务。

其一，形成小学学习中心课堂整体建构的行动方案。具体内容包括：明确研究总目标和各阶段子目标，并根据研究目标确定具体的研究内容，以及各阶段研究的重点和拟突破的难点问题，等等。

其二，组织教师系统学习与培训。通过系统学习陈佑清教授主编的国家级精品资源共享课配套教材《有效教学》，引导教师深入理解并适应现代教学价值取向的调整，深入认识课堂教学从"以教为中心"向"以学为中心"转变的意义，并从学生观、学习观、课程观等方面确立学习中心教学的理念。

3. 初步实践探索阶段

此阶段的主要任务是初步探索小学学习中心课堂中学生个体自主学习的引导和小组合作学习的指导策略。研究人员以一线教师为主，同时也注重专家引领。研究方法以行动研究、课例研究为主，同时也注重理论介入。为顺利完成本阶段研究任务，课题组采取了一系列举措，如邀请专家做讲座，针对教师在导学单设计和小组合作学习组织中遇到的问题进行专题培训和指导；做好课堂教学个案研究，及时发现行之有效的经验，并予以优化、展示和推广；对课堂教学改革成效进行全程监控和中期测评。具体完成的任务如下。

（1）以导学单研究为抓手，促进和落实学生的自主学习

此项行动研究首先从高年级段进行试点，然后向中低年级段辐射推进。在导学单设计上，将引导学生课前自学作为导学单设计的重点，然后逐步延展和丰富，将自主学习检测、小组展示、拓展延伸、实践应用等多样化的学习活动涵盖进来。为避免国内不少学校将导学案设计成习题汇编的不足，我们对导学单进行了比较多的研究，问题涉及导学单的功能、导学单的设计原则、导学单的内容与基本框架等。

（2）以小组建设研究为重点，突出小组合作学习在教学过程中的运用

在部分骨干教师的示范和引领下，长春街小学制定出《小组建设指导意见》，在35个教学班组建了学习小组，教师也探索出一套行之有效的小组合作学习的组织与管理策略，包括"组内异质、组际同质"的组建原则，"各司其职、共有愿景"的团队精神，"善于倾听、积极讨论"的交流礼仪，"合作分享、以评促学"的评价方式，"肯定欣赏、人人进步"的奖励机制。在教学过程的组织上，在学生完成个体自主学习的基础上，教师注重引导和组织学生以小组合作的方式学习，以发挥人际交流、协商

合作对学生学习和发展的促进作用。

课堂学习方式和组织管理也发生了较大变化：在教与学的时间分配上，教师课堂讲授时间越来越少，学生学习、展示、交流的时间更为充足。

（3）在个体自学和小组互学的基础上，初步探索学习中心课堂教学过程的组织策略

学习中心课堂的教学过程组织的一个显著特征是，课堂教学全过程以学生主动学习为中心，而学生主动学习的形式包括个体学习、合作学习及全班学习。首先，通过导学单引导学生个体自学；然后，在个体学习的基础上，进入小组互学，以解决个体自学中不能解决的疑难问题；最后，在小组互学的基础上，进入全班共学，以解决大部分学习小组不能解决的疑难问题。对于学习中心课堂教学过程的组织，很多参与研究的教师一开始很不适应，主要表现为，很多教师还是习惯了讲授，对如何引导、组织、帮助学生开展个体自学、小组互学和全班共学不熟悉。

（4）着力引导教师转变观念与行为，以适应学习中心课堂教学过程的调整

针对实验教师在课例研究中反复出现的喜欢讲、讲得过多，而对学生独立、主动学习的组织和引导过少或不当等问题，课题组专家以理论讲解、典型引路、互动研讨等方式，与实验教师深入交流，以促进教师自觉转变教学观念和教学行为。这其中，主要促进教师形成如下观念和行为：学习中心课堂中教师发挥的作用主要应指向对学生能动学习活动的激发、组织和帮助；教师发挥作用的主要方式是对学生能动参与学习活动进行动机激发、情绪调动，对学生有效完成学习过程进行方法指导、动作示范、反馈评价、互动交流、解答疑难等；学习活动的过程需要学生独立主动地完成，教师不能代替学生学习，也不应占用学生独立主动学习所需要的时间和内容空间；讲授既不是学习中心教学所需要的主要的教导行为，更不是全部的或唯一的教导行为。为帮助教师明确讲授的界限，我们提出"三个不教和一个教"原则：学生能自学的，不教；小组能互学的，不教；全班能共学的，不教；自学、互学、共学完成不了的内容，可以教。

4. 深入实践探索阶段

此阶段的主要任务是以学生自主学习、合作学习意识和能力的提升为着眼点，全面深入地探索小学学习中心课堂的教学活动结构（教学模式）和实施策略。本阶段主要采取行动研究的方法，但有别于初步实践探索阶段点状突破的行动研究。为了使教师的行动研究更有成效，我们围绕本阶段任务采取了一系列措施。例如：针对小学学习中心课堂建设和操作中的问题，组织开展了专题讲座和研讨；召开课题推进会，通过对比课堂教学改革前后的变化，探讨实践成效，使教师坚定建设小学学习中心课堂的信念；以学科教研组为单位，在落实学习中心课堂教学理念和教学模式上实现逐一突破①，进而产生整体变革效应；鼓励教师在参加区、市和全国优质课比赛时运用学习中心课堂教学模式进行教学，通过外部积极评价和反馈，增强教师信心，推动教师的专业发展；深化课题研究，收集整理资料并进行统计分析，举办中期总结暨学术交流展示活动；等等。具体完成的任务如下。

（1）对导学单进行调整，明确导学单的结构与设计要求

在总结前期教师设计和使用导学单经验的基础上，课题组集中研讨和确定了新的导学单的结构和设计要求。导学单由"教学活动背景分析"和"学生个体自学过程设计"两部分构成，每个部分包含若干个内容要素。"教学活动背景分析"旨在落实以学定教的教学理念，要求教师在选择和设计教学活动时，综合考虑教学内容的特性及其发展功能、学生学情及其决定的学习可能性、教学目标的定位及其实现的需要、教学活动进行的时空及物质条件等因素。"学生个体自学过程设计"强调"任务导学"，即以任务（或问题）来驱动自主学习活动。在设计时，将学生应该完成的学习内容分层设计为若干个学习任务，在每项任务中设计和组织若干个学习活动，学生完成与这些任务对应的学习活动，就能完成自学的过程。

（2）建构小学学习中心课堂教学模式和实施策略

在学习总课题组专家提出的学习中心课堂教学过程组织的逻辑及其实

---

① 经过专家组一个学期的多轮观课和集体评议，2016 年 10 月，长春街小学语文学习中心课堂教学模式得到校内外专家一致认可。同年 11 月、12 月，数学学科、英语学科的学习中心课堂教学模式分别取得突破。

现策略之后，参加行动研究的教师开始有意识地按照学习中心课堂教学过程组织逻辑的要求，在教学过程组织上坚持以学生问题为导向和以学生活动为本体，并建构了"两段三环节"的学习中心教学结构。"两段"包括导学单引导下的个体自学阶段和教师直接指导下的群体研学阶段；"三步"包括学生个体自学、小组互学、全班共学。经过连续两年多每周一次（每次两节课）的上课和课后研讨，参加行动研究的教师比较熟练地掌握了学习中心教学的"两段三环节"结构。以此为总的教学模式，各学科教研组结合各自学科的特点，探索出适合不同学科内容的学习中心课堂教学模式和实施策略。

（3）改进教学评价的实施策略，促进学生更主动和有效地学习

学习中心课堂教学的评价强调以下要点：以激励式评价为主，帮助学生保持良好的学习状态和自信心；以及时评价为主，对学生个体自学、小组互学、全班共学的状况给予及时有效的评价；以多元评价为主，增加学生自评、学生互评等；适度增加非言语评价，如教师的点头或微笑，亲切、热情的肯定；等等。

5. 研究总结阶段

此阶段的主要任务是归纳和提炼小学学习中心课堂的教学模式，评价其成效，做好结题工作。一方面，通过在不同学科、不同年段、不同课型、不同教师的课堂中广泛推广和运用学习中心课堂教学模式，检验模式的可行性，对模式进行调整和修正；另一方面，采用有针对性的方法对课题开展的成效进行检测，对课题成果进行归纳总结。例如：通过问卷调查对学生自主学习品质和合作学习品质进行测评分析；通过问卷、访谈和教学行为分析，对教师教学行为转变、专业发展水平等进行测评分析；通过搜集和整理相关数据评估学校办学水平；通过对近几年教师的典型课例（含导学单设计和课堂实录）进行搜集和整理、指导教师撰写感悟性论文等，对小学学习中心课堂研究的实践成果进行整理归纳；撰写课题研究报告，做好课题结题汇报展示和评审工作。

（三）研究成效

1. 学习中心课堂对学生学习与发展的影响

为了解学生学习与发展情况，课题组自编《小学学习中心课堂建设调查问卷（学生卷）》，采用分层整群抽样方式，选取二至六年级共 14 个班的学生进行问卷调查（其中二年级 2 个班，三年级 2 个班，四年级 3 个班，五年级 2 个班，六年级 5 个班），共发放问卷 579 份，回收 579 份，剔除无效问卷后，得到有效问卷 427 份，总有效率为 73.7%。有效被试构成情况如下：男生 212 人，女生 213 人，缺失值为 2 人；二年级 88 人，三年级 62 人，四年级 119 人，五年级 57 人，六年级 101 人；小组长 169 人，非小组长 254 人，缺失值为 4 人；学生干部 201 人，非学生干部 223 人，缺失值为 3 人。学生问卷由三部分构成，第一部分主要考查学习中心课堂建设的一般状况，第二部分重点测评学生自主学习素养水平，第三部分重点测评学生合作学习素养水平。其中，在自主学习素养测评部分，自主学习意识分量表、能力分量表、情感与态度分量表的内部一致性分别为 0.816、0.837 和 0.583；在合作学习素养测评部分，合作学习意识分量表、能力分量表、情感与态度分量表的内部一致性分别为 0.887、0.808 和 0.625。

此外，课题组还在教师问卷中增设了相关内容，通过教师对学生发展的评价，进一步获取学习中心课堂对小学生自主学习素养与合作学习素养发展的影响成效的相关信息。教师问卷调查以参与课题研究的小学教师为对象，共发放《学习中心课堂建设调查问卷（教师卷）》28 份，回收有效问卷 28 份，总有效率为 100%。

调查结果显示，学习中心课堂不仅提高了小学生的学习兴趣、学习成绩和成功体验，也促进了小学生自主学习品质、合作学习品质的发展。

（1）学习中心课堂使小学生的学习兴趣增强了

调查显示，94.4%的小学生觉得在学习中心课堂中自己的学习兴趣增强了（表2-4-1）。其中，68.6%的小学生认为自己的兴趣变浓了，更爱学习了；25.8%的小学生认为自己的学习兴趣有所增强，对学习不排斥了；3.3%的小学生认为自己的学习兴趣没有变化；仅有2.3%的小学生认为自己的学习兴趣变淡，不太喜欢学习了。

表2-4-1 学生学习兴趣变化状况

选项	人数（人）	百分比（%）
学习兴趣变淡了，不太喜欢学习了	10	2.3
学习兴趣没有变化，还是害怕学习	14	3.3
学习兴趣提高了，不讨厌学习了	110	25.8
学习兴趣变浓了，更爱学习了	293	68.6

调查发现，在学习中心课堂中，小学生学习兴趣的变化受年段、家庭结构影响不大，但因性别、职务、身份等的不同存在一定差异。其中，不同年段、不同家庭结构的小学生学习兴趣变化不存在显著差异，独生子女略优于非独生子女。不同性别、不同职务、不同身份学生学习兴趣变化存在显著差异，女生略优于男生，小组长优于组员，学生干部比非学生干部学习兴趣更浓（表2-4-2）。可见，在学习中心课堂中，担任班级或小组职务有助于学生学习兴趣的提高。

表2-4-2 不同群体学生学习兴趣变化的差异性检验

类别	均值	标准差	t/F	p
总体得分	3.61	0.668	—	—
性别（男/女）	3.53/3.69	0.741/0.581	-2.455	0.014
年段（低/中/高）	—	—	1.857	0.157
身份（是/否）	3.69/3.53	0.616/0.703	2.462	0.015
职务（是/否）	3.72/3.54	0.568/0.715	2.815	0.007
家庭结构（是/否）	3.66/3.53	0.632/0.719	1.809	0.060

（2）学习中心课堂使学生的学习成绩提高了

调查显示，85.2%的小学生觉得在学习中心课堂中自己的学习成绩提高了（表2-4-3）。其中，50.6%的小学生认为自己的学习成绩提高很大，34.6%的小学生认为自己的学习成绩提高较大，只有2.1%的小学生认为自己的学习成绩完全没有提高。

表 2-4-3　学生学习成绩变化状况

选项	人数（人）	百分比（%）
完全没有提高	9	2.1
提高不太大	54	12.7
提高较大	147	34.6
提高很大	215	50.6

注：缺失值为2。

　　调查发现，在学习中心课堂中，小学生学习成绩的提高受年段、性别、家庭结构影响不大，但因职务、身份等的不同存在一定差异（表2-4-4）。其中，不同性别、不同家庭结构的小学生在学习成绩变化上不存在显著差异。从年段看，低段学生与中段学生、低段学生与高段学生学习成绩变化不存在显著差异，低段学生成绩提高最为明显，但中段学生和高段学生学习成绩变化存在显著差异。不同职务、不同身份的小学生学习成绩变化存在显著差异，小组长高于组员，学生干部高于非学生干部。可见，担任班级或小组职务有助于学生提高学习成绩。

表 2-4-4　不同群体学生学习成绩变化的差异性检验

类别	均值	标准差	t (F)	p
总体得分	3.34	0.778	—	—
性别（男/女）	3.26/3.40	0.816/0.736	-1.921	0.055
年段（低/中）	3.43/3.23	0.754/0.788	1.921	0.056
年段（低/高）	3.43/3.42	0.754/0.770	0.037	0.970
年段（中/高）	3.23/3.42	0.788/0.770	-2.232	0.026
身份（是/否）	3.42/3.26	0.746/0.800	2.181	0.030
职务（是/否）	3.45/3.26	0.689/0.830	2.608	0.012
家庭结构（是/否）	3.37/3.27	0.804/0.733	1.217	0.224

　　（3）学习中心课堂增强了学生的成功体验

　　调查显示，84.5%的小学生觉得自己在学习中心课堂中能够获得成功体验（表2-4-5）。其中，55.9%的小学生通过学习中心课堂获得了较好的成功体验，28.6%的小学生比较能够获得成功体验，仅有5.4%的小学生完全不能或不太能够获得成功体验。

表2-4-5　学生获得成功体验状况

选项	人数（人）	百分比（%）
完全不能	6	1.4
不太能够	17	4.0
不确定	43	10.1
比较能够	122	28.6
非常能够	238	55.9

注：缺失值为1。

调查发现，在学习中心课堂上，小学生获得的成功体验与其年段、性别、家庭结构等关系不大，但担任班级或小组职务有助于学生成功体验的提升。如表2-4-6所示，不同年段、不同性别、不同家庭结构的小学生在获得成功体验上不存在显著差异。不同职务、不同身份的小学生获得的成功体验存在显著差异，小组长高于组员，学生干部高于非学生干部。

表2-4-6　不同群体学生获得成功体验的差异性检验

类别	均值	标准差	t/F	p
总体得分	4.34	0.914	—	—
性别（男/女）	4.29/4.38	0.917/0.913	−1.009	0.314
年段（低/中/高）	4.39/4.36/4.28	—	0.645	0.525
身份（是/否）	4.45/4.24	0.813/0.985	2.409	0.016
职务（是/否）	4.48/4.24	0.837/0.952	2.779	0.006
家庭结构（是/否）	4.34/4.34	0.931/0.886	−0.023	0.982

（4）学习中心课堂使学生的自主学习素养提高了

调查显示，在学习中心课堂中，小学生自主学习的自觉性和能力均有显著提高，自主学习的态度变积极了（表2-4-7、表2-4-8、表2-4-9）。

其中，87.5%的小学生认为自己自主学习的自觉性明显提高，认为完全没有提高的为1.4%；89.0%的小学生认为自己自主学习能力明显提高，认为完全没有提高的为1.9%；92.7%的小学生自主学习积极性明显提高，仅有0.5%的小学生很不愿意进行自主学习。

表2-4-7 学生自主学习自觉性变化状况

选项	人数（人）	百分比（%）
完全没有提高	6	1.4
提高不太大	46	11.0
提高较大	126	30.1
提高很大	240	57.4

注：缺失值为9。

表2-4-8 学生自主学习能力变化状况

选项	人数（人）	百分比（%）
完全没有提高	8	1.9
提高不太大	39	9.1
提高较大	140	32.8
提高很大	240	56.2

表2-4-9 学生自主学习态度变化状况

选项	人数（人）	百分比（%）
很不愿意	2	0.5
不太愿意	29	6.8
比较乐意	144	33.7
非常乐意	252	59.0

调查显示，在学习中心课堂中，不论是小学生的自主学习意识、能力、情感与态度，还是小学生总体的自主学习素养，均达到了较高水平。如表2-4-10所示，小学生自主学习意识因子有7个测评项目，项目均值

为 4.50；自主学习能力因子有 25 个测评项目，项目均值为 3.90；自主学习情感与态度因子有 4 个测评项目，项目均值为 4.33；自主学习素养共有 36 个测评项目，项目均值为 4.07。

表 2-4-10　学生的自主学习素养状况

因子	项目数	最小值	最大值	平均值	标准差	项目均值
自学学习意识	7	7.00	35.00	31.34	4.38	4.50
自主学习能力	25	52.00	125.00	96.87	15.71	3.90
自主学习情感与态度	4	4.00	20.00	17.26	2.93	4.33
自主学习素养	36	85.00	180.00	145.47	19.18	4.07

调查发现，在学习中心课堂中，小学生自主学习素养的提高与年段、性别等关系不大，但担任班干部或小组长、属于独生子女的小学生自主学习素养提高得更为明显。如表 2-4-11 所示，不同年段、不同性别的小学生在自主学习素养的得分上不存在显著差异。不同身份、不同职务、不同家庭结构的小学生自主学习素养的得分存在显著差异，学生干部（149.35）显著高于非学生干部（142.17），小组长（150.55）显著高于非小组长（142.34），独生子女（147.46）显著高于非独生子女（142.08）。

表 2-4-11　不同群体学生自主学习素养的差异性检验

类别	均值	标准差	t/F	p
总体得分	145.47	19.18	—	—
性别（男/女）	143.73/147.11	19.363/18.932	-1.817	0.070
年段（低/中/高）	141.63/146.52/146.40	—	2.236	0.108
身份（是/否）	149.35/142.17	19.426/18.439	3.900	0.000
职务（是/否）	150.55/142.34	17.010/19.648	4.574	0.000
家庭结构（是/否）	147.46/142.08	19.382/17.890	2.772	0.006

在对教师进行的问卷调查中，教师普遍认为学习中心课堂提高了学生的自主学习素养。调查显示，85.7%的教师认为学生自主学习自觉性和自主学习能力有大幅度的提高（表 2-4-12、表 2-4-13）。

表 2-4-12　教师对学生自主学习自觉性变化状况的认识

选项	人数（人）	百分比（%）
完全没有提高	0	0
提高不太大	4	14.3
提高较大	21	75.0
提高很大	3	10.7

表 2-4-13　教师对学生自主学习能力变化状况的认识

选项	人数（人）	百分比（%）
完全没有提高	0	0
提高不太大	4	14.3
提高较大	22	78.6
提高很大	2	7.1

（5）学习中心课堂使学生的合作学习素养提高了

调查显示，在学习中心课堂中，小学生合作学习的自觉性、倾听能力、表达能力、交往能力均有显著提高。89.6%的小学生认为自己合作学习的自觉性提高了，90.9%的小学生认为自己倾听能力提高了，89.2%的小学生认为自己表达能力提高了，88.3%的小学生指出自己人际交往能力提高了，95.1%的小学生喜爱合作学习（表 2-4-14、表 2-4-15、表 2-4-16、表 2-4-17、表 2-4-18）。

表 2-4-14　学生合作学习自觉性变化状况

选项	人数（人）	百分比（%）
完全没有提高	9	2.1

续表

选项	人数（人）	百分比（%）
提高不太大	35	8.2
提高较大	123	28.9
提高很大	258	60.7

注：缺失值为2。

表2-4-15　学生合作学习中倾听能力变化状况

选项	人数（人）	百分比（%）
完全没有提高	11	2.6
提高不太大	28	6.6
提高较大	149	34.9
提高很大	239	56.0

表2-4-16　学生合作学习中表达能力变化状况

选项	人数（人）	百分比（%）
完全没有提高	10	2.3
提高不太大	36	8.4
提高较大	126	29.5
提高很大	255	59.7

表2-4-17　学生合作学习中交往能力变化状况

选项	频次	百分比（%）
完全没有提高	13	3.0
提高不太大	37	8.7
提高较大	105	24.6
提高很大	272	63.7

表 2-4-18　学生参与合作学习的态度变化状况

选项	频次	百分比（%）
很不喜欢	5	1.2
不太喜欢	16	3.7
比较喜欢	125	29.3
非常喜欢	281	65.8

调查显示，在小学学习中心课堂中，不论是学生合作学习的意识、能力、情感与态度，还是学生总体的合作学习素养均达到了较高水平。如表 2-4-19 所示，学生合作学习意识因子有 7 个测评项目，项目均值为 4.50；合作学习能力因子有 23 个测评项目，项目均值为 4.11；合作学习情感与态度因子有 3 个测评项目，项目均值为 4.47；合作学习素养共有 33 个测评项目，项目均值为 4.36。

表 2-4-19　学生的合作学习素养状况

因子	项目数	最小值	最大值	平均值	标准差	项目均值
合作学习意识	7	7.00	35.00	31.30	5.127	4.50
合作学习能力	23	51.00	130.00	93.69	15.007	4.11
合作学习情感与态度	3	2.00	15.00	13.35	2.369	4.47
合作学习素养	33	61.00	180.00	138.33	19.96	4.36

调查发现，在小学学习中心课堂中，小学生合作学习素养的提高与性别、年段关系不大，但担任班干部或小组长、属于独生子女的小学生合作学习素养提高得更为显著。如表 2-4-20 所示，不同性别、不同年段的小学生合作学习素养的得分不存在显著差异。不同身份、不同职务、不同家庭结构的小学生合作学习素养的得分存在显著差异，学生干部（141.76）显著高于非学生干部（135.38），小组长（142.18）显著高于非小组长（136.06），独生子女（140.18）显著高于非独生子女（135.56）。

表 2-4-20　不同群体学生合作学习素养的差异性检验

类别	均值	标准差	t/F	p
总体得分	138.33	19.96	—	—
性别（男/女）	138.16/138.41	19.070/20.887	−0.128	0.898
年段（低/中/高）	134.63/138.86/139.41	—	2.018	0.134
身份（是/否）	141.76/135.38	19.146/20.281	3.316	0.001
职务（是/否）	142.18/136.06	17.924/20.604	3.156	0.002
家庭结构（是/否）	140.18/135.56	19.702/19.575	2.294	0.022

在对教师进行的问卷调查中，教师普遍认为学习中心课堂提高了学生的合作学习素养。调查表明，92.8%的教师认为学习中心课堂中学生合作学习自觉性有明显提高（表 2-4-21），96.4%的教师认为学习中心课堂中学生合作学习能力有明显提高（表 2-4-22）。

表 2-4-21　教师对学生合作学习自觉性变化状况的认识

选项	频次	百分比（%）
完全没有提高	0	0
提高不太大	2	7.1
提高较大	23	82.1
提高很大	3	10.7

表 2-4-22　教师对学生合作学习能力变化状况的认识

选项	人数（人）	百分比（%）
完全没有提高	0	0
提高不太大	1	3.6
提高较大	25	89.3
提高很大	2	7.1

2. 学习中心课堂对教师发展的影响

为考察学习中心课堂对教师发展的影响，课题组采取了两种研究方法：一是通过问卷调查和访谈了解学习中心课堂对教师的教学理念转变和教学能力提升的影响；二是通过观察和分析学习中心课堂中学生的课堂学习行为的变化，反观教师课堂教学行为的转变。

在观察与分析学生课堂学习行为的基础上，课题组自编学习中心课堂学生学习行为编码表，任选四节小学学习中心课堂的研讨课，以 2 秒为取样单位，利用 Matlab 软件对学生行为编码进行提取分析，以探析教师课堂教学结构的变化情况。学生学习行为编码表包括 6 个一级指标，即无关事件、倾听、朗读、观看、操作和言说。其中，编码 0 代表无关事件，即课堂中出现的与学习不相关或对学生学习无直接影响的事件，如学生等待教师调试课件、等待教师收集作业、等待展示小组上台等。"倾听"下设 5 个二级指标，即听组织管理（编码 1）、听教师提问（编码 2）、听知识呈现与讲解（编码 3）、听反馈强化（编码 4）、听学习策略指导（编码 5）。"朗读"下设 3 个二级指标，即读字词（编码 6）、读课文（编码 7）、读概念（编码 8）。"观看"下设 3 个二级指标，即看板书范例（编码 9）、看图片视频（编码 10）、看课本（编码 11）。"操作"下设 4 个二级指标，即习题演练（编码 12）、写作（编码 13）、勾画课文（编码 14）、教具操作（编码 15）。"言说"下设 4 个二级指标，即提出疑惑（编码 16）、活动组织（编码 17）、学习成果展示（编码 18）、问题讨论（编码 19）。

从总体调查结果来看，小学学习中心课堂的建设不仅从根本上转变了教师的教学理念，改变了教师"满堂灌"的传统教学方式，增强了教师让学生独立自学的意愿，也使教师的教学能力获得了较大提升。

（1）学习中心课堂建设改变了教师以"教"为中心的传统教学理念

第一，教师减少课堂讲授行为的意愿很强。调查显示，92.9%的教师认为有必要减少课堂中的讲授行为（表 2-4-23）。其中，64.3%的教师认为非常有必要减少课堂中的讲授行为，28.6%的教师认为比较有必要减少课堂中的讲授行为，仅有 7.1%的教师认为不太有必要减少课堂中的讲授行为。

表 2-4-23　教师对减少讲授行为的看法

选项	人数（人）	百分比（%）
完全没必要，教师的讲授是确保学生学习效果的关键因素	0	0.0
不太有必要，有些问题非得教师讲，学生才能弄明白	2	7.1
比较有必要，教师讲了学生不一定就学了，还是要让学生自己学	8	28.6
非常有必要，只有确立学生学习活动在教学过程中的中心地位，才能取得好的教学效果	18	64.3

调查发现，教师对减少课堂讲授行为的认识与教师的性别、教龄、执教的学科与年段均没有太大关联。如表 2-4-24 所示，男教师的得分（4.00）略高于女教师（3.58），短教龄教师的得分（4.00）高于较长教龄教师（3.00）和长教龄教师（3.70），但均不存在显著差异。数学教师的得分（3.67）高于语文教师（3.50）和其他学科教师（3.50），中年段教师的得分（3.75）略高于低年段教师（3.50）和高年段教师（3.50），但并不具有显著差异。

表 2-4-24　不同群体教师对减少讲授行为看法的差异性检验

类别	均值（分）	标准差	t/F	p
总体得分	3.57	0.634	—	—
性别（男/女）	4.00/3.58	0/0.643	0.645	0.525
教龄（短/较长/长）	4.00/3.00/3.70	—	3.010	0.069
年段（低/中/高）	3.50/3.75/3.50	—	0.476	0.627
学科（语/数/其他）	3.50/3.67/3.50	—	0.543	0.657

第二，教师让学生独立自学的意愿很强。调查显示，在学习中心课堂建设过程中，96.3%的教师愿意让学生独立自学（表 2-4-25）。其中，18.5%的教师非常愿意让学生独立自学，77.8%的教师比较愿意让学生独立自学，仅有3.7%的教师不太愿意让学生独立自学。

表 2-4-25　教师让学生独立自学的意愿

选项	人数（人）	百分比（%）
很不愿意，让学生自己学效果不好	0	0.0
不太愿意，让学生自己学，学生有时会抓不住重点	1	3.7
比较愿意，让学生自己学调动了学生学习的积极性	21	77.8
非常愿意，让学生自己学往往效果更好	5	18.5

注：缺失值为 1。

调查发现，教师让学生独立自学的意愿与其性别、教龄、执教的年段与学科均无太大关联。如表 2-4-26 所示，在让学生独立自学的意愿上，男教师得分（4.00）略高于女教师（3.12），长教龄教师得分（3.20）高于较长教龄教师（3.16）和短教龄教师（3.00），但均不存在显著差异。高年段教师得分（3.20）高于中年段教师（3.17）和低年段教师（3.00），数学教师得分（3.18）高于语文教师（3.14）和其他学科教师（3.00），但是并不具有显著差异。

表 2-4-26　不同群体教师让学生独立自学的意愿的差异性检验

类别	均值	标准差	t/F	p
总体得分	3.15	0.456	—	—
性别（男/女）	4.00/3.12	0/0.440	1.963	0.061
教龄（短/较长/长）	3.00/3.16/3.20	—	0.070	0.933
年段（低/中/高）	3.00/3.17/3.20	—	0.195	0.824
学科（语/数/其他）	3.14/3.18/3.00	—	0.081	0.970

（2）学习中心课堂建设实现了教师的教学行为从以系统讲授为主向以组织与引导学生自主学习为主的转变

课题组以随机选取的四节课［《吆喝》（语文）、《童年的小花狗》（语文）、"搭配（二）"（数学）、"三角形的认识"（数学）］的课堂实录为分析对象，运用自编的学生学习行为编码表，对学生课堂上的学习行为进行分析，并以此为参照分析了解教师的课堂教学行为。

分析结果显示，在四节课上，学生的四大主导学习行为均为"问题讨论""学习成果展示""听反馈强化"和"听组织管理"（图2-4-1）；在课堂时间的占用上，"问题讨论"与"学习成果展示"的时间多于"听反馈强化"和"听组织管理"，即学生的言说行为多于倾听行为。

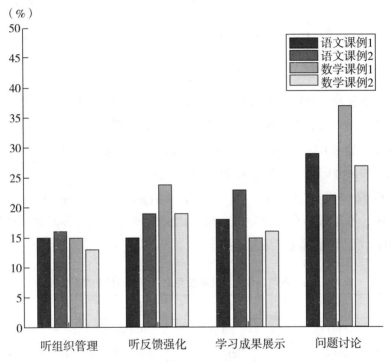

图 2-4-1　课堂主导学习行为占用课堂时间的比例

由图2-4-2、图2-4-3、图2-4-4、图2-4-5也可以看出，学生大部分的学习活动是以"言说"（编码16—19）的形式进行的，同时也有较多的"倾听"行为（编码1—5）穿插其中。这表明，学生在现阶段的学习中心课堂里大致保持一种自主能动的学习状态。由此反观教师的课堂教学行为，可以推测出，教师在教学过程中系统讲授的教学行为大幅度减少，且教学行为更加丰富和多样。可见，教师的教学行为从以系统讲授为主开始转变为以引导和组织学生自主学习为主。

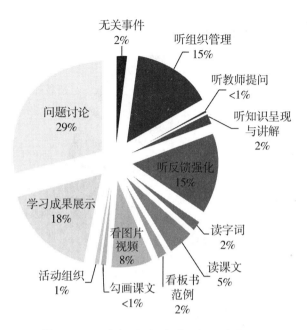

图 2-4-2 《吆喝》课堂学习行为统计图

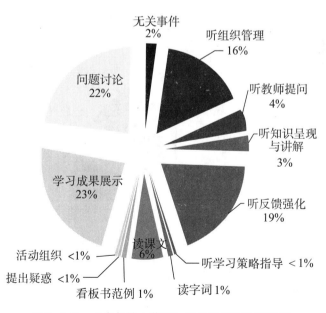

图 2-4-3 《童年的小花狗》课堂学习行为统计图

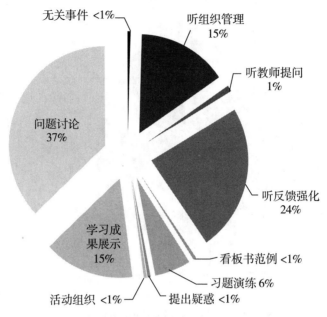

图 2-4-4 "搭配（二）"课堂学习行为统计图

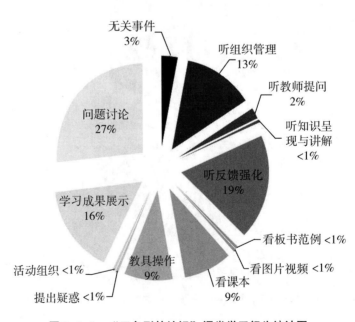

图 2-4-5 "三角形的认识"课堂学习行为统计图

（3）学习中心课堂建设提高了教师教学能力

调查显示，与学习中心课堂建设之前相比，教师诊断学生学习问题、组织教学活动、研究课堂教学等方面的能力均有大幅度的提高（表2-4-27、表2-4-28、表2-4-29）。其中，85.7%的教师认为自己诊断学生学习问题的能力显著提高，所有的教师都认为自己组织教学活动的能力有显著提高，85.7%的教师认为自己研究课堂教学的能力显著提高。

表2-4-27　教师诊断学生学习问题能力提高状况

选项	人数（人）	百分比（%）
完全没有提高	0	0
提高不太大	4	14.3
提高较大	23	82.1
提高很大	1	3.6

表2-4-28　教师组织教学活动能力提高状况

选项	人数（人）	百分比（%）
完全没有提高	0	0
提高不太大	0	0
提高较大	25	89.3
提高很大	3	10.7

表2-4-29　教师研究课堂教学能力提高状况

选项	人数（人）	百分比（%）
完全没有提高	0	0
提高不太大	4	14.3
提高较大	22	78.6
提高很大	2	7.1

调查发现，教师教学能力的变化状况与其性别、教龄、执教的年段与学科均无太大关联。其中，男教师得分（3.33）略高于女教师（2.97）；

随着教龄的增加，教师的得分呈上升趋势；低年段教师得分（2.92）略低于中年段教师（3.11），略高于高年段教师（2.87）；语文教师得分（3.05）高于数学教师（2.92）和其他科目教师（2.80）（表2-4-30）。

表2-4-30 不同群体教师教学能力的差异性检验

类别	均值	标准差	t/F	p
总体得分	2.98	0.313	—	—
性别（男/女）	3.33/2.97	0/0.311	1.121	0.273
教龄（短/较长/长）	2.67/2.93/3.02	—	0.625	0.554
年段（低/中/高）	2.92/3.11/2.87		1.831	0.183
学科（语/数/其他）	3.05/2.92/2.80	—	0.681	0.573

3. 学习中心课堂建设对学校的影响

学习中心课堂的整体建构，不仅使长春街小学学生的自主学习品质获得了发展，教师的专业水平获得提高，也明显地促进了学校教研文化建设、教师队伍优化和学校整体办学水平的提升。

（1）学习中心课堂建设孕育了新型的教研文化

在学习中心课堂的建设过程中，学校提出了"让学生成为教师专业成长的最大受益者"的教师发展观，将教师专业发展的最终目标指向服务学生和发展学生。为此，学校制定了一系列教科研制度，将常规教育教学工作和课题研究结合起来，并为教师的教研活动提供多种渠道的支持。例如，邀请教学理论专家和学科课程专家对教师专业发展进行指导和引领；组建多种形式的教师学习共同体，促进教师共同学习与成长；组织教师参加各级培训，近五年来，教师已参加国家级、省市级培训达385人次；为每一位教师购买教育理论书籍，开展自主学习、读书交流和专家讲解等活动；把教师教学实践中的问题作为教研的主要课题；使每周开展的课例研究和每位教师轮流上研究课成为教研活动的常态；等等。通过开展与学习中心课堂建设密切结合的理论学习、课例研讨、观摩借鉴等，学校形成了一种基于研究进行教学变革的教研文化。

（2）学习中心课堂建设推动了教师队伍的整体优化

在学习中心课堂建设过程中，学校涌现出 2 名武汉市魅力教师、3 名市百名优秀班主任、2 名首席班主任。学校教师在各级各类学科活动中，先后承担了 134 节区级及以上优质课授课工作，其中区级优质课授课 82 节、市级优质课授课 36 节、省级优质课授课 4 节、国家级优质课授课 12 节。在不断进行的行动研究和课例研究中，各类骨干教师快速成长、脱颖而出。学校现有特级教师 1 名，市学科带头人 2 名，区学科带头人和市区优秀青年教师 33 名，区级及以上骨干教师占全校专任教师的 39%。

（3）学习中心课堂建设促进了学校整体办学水平的稳步提升

从综合办学水平来看，长春街小学原来在武汉市江岸区属于一般学校。但是，近几年以学习中心课堂建设为抓手的课题研究，带动了教师的学习和研究的热情，达到了科研兴校的效果。现在，长春街小学成为江岸区发展最快、社会声誉显著提升的学校，学校综合办学水平已跻身武汉市名校行列。学校成为中国教育学会武汉市江岸教改实验区实验校、教育部现代学校制度建设研究市级试点校、湖北省省级数字化校园示范校、湖北省"课内比教学、课外访万家"先进学校、武汉市素质教育特色学校、武汉市首批"教育云"工程试点学校、武汉市小学标准化建设合格学校、武汉市教育科研实验基地学校等。

（四）研究反思及设想

目前，课题研究的阶段性任务已基本完成，但存在如下有待深化和完善之处。

1. 扩大学习中心课堂建设的广度，使更多的教师参与课堂变革实践

长春街小学学习中心课堂建设的主体主要是各学科的骨干教师，相关研究成果也主要来自这些教师及其执教的课堂，而团队之外的教师虽然对学习中心课堂有所了解，但了解得还不够全面、深入和透彻。因此，学校今后还会着力将学习中心课堂建设的主体从部分骨干教师扩展到不同专业发展水平的教师，使学校的学科带头人、骨干教师、青年教师和新入职教

师等都能够参与课题研究和课堂变革实践。

2. 加大学习中心课堂建设的力度，使学习中心理念渗透到每一门学科中

长春街小学学习中心课堂建设的实践探索，主要集中在语文、数学、英语、科学等学科中，尤其以语文和数学学科为主，而其他学科虽也进行了学习中心课堂建设的探索，但积累的经验较为零散、片面，所进行的研究也缺乏一定的系统性和连贯性。这导致各学科在探索和实施学习中心课堂方面存在力度不一致和不平衡的状态。因此，学校还将采取措施，将学习中心课堂建设从语文、数学学科拓展到科学、音乐、美术、体育、道德与法治、综合实践活动等各门学科，使学习中心的理念深入学校的每一门学科和课程。

3. 增加学习中心课堂建设的深度，使学生真正成为课堂学习的主体

尽管学习中心课堂建设使参与课题研究的骨干教师在教学行为上发生了巨大的转变，他们的课堂讲授行为显著减少，组织和引导学生自主学习的教学行为大幅增加，但部分教师的课堂还存在传统教学的痕迹，尤其是少数善于讲授、深谙传统课堂教学之道的教师，在促进学生自主学习上"放"得还不够。这些骨干教师在教师中的影响力较大，他们的行为极有可能被其他教师效仿和照搬，因此，学校将提供专业支持，帮助这些教师把学习中心课堂建设起来。

此外，在学习中心课堂建设中，还存在其他一些有待深入思考的问题。例如：是不是所有内容的学习都必须遵从"先独立学，后小组学"的次序？如何使小组合作学习更加高效？如何看待课堂展示的作用？如何通过教学评价促进教师有效地改进教学？……这些问题还有待我们进一步研究。

附录 2-4-1　访谈提纲

教师访谈提纲

1. 建构学习中心课堂，需要教师改变旧的教学习惯（如满堂讲）。您

觉得改变旧习惯难在哪里？您是如何改变旧习惯的？

2. 您感觉小学生开展自主学习的主要困难在哪里？您是如何指导他们开展自主学习的？

3. 您感觉小学生开展合作学习的主要困难在哪里？您是如何指导他们开展合作学习的？

4. 针对一般教师的访谈：在学习中心课堂建设中，有很多事情教师原来没有做过，做起来难度也比较大，需要花费比较多的时间和精力重新学习，如编写导学单、指导学生自学、组织学生合作学习和全班展示等。在学习做这些事情的过程中，您有没有感觉到很难、很纠结、很痛苦？您觉得有失败的风险吗？您想不想放弃？您是如何战胜这些困难、纠结、痛苦并坚持下来的？

针对优秀教师的访谈：在学习中心课堂建设中，教师要不断地从过去的教学自信中走出来，不断否定已有的教学自我，通过学习和实践重建新的教学自我。很多教师在这个转变过程中产生过这样的体验：纠结、挣扎、自我革命、脱胎换骨。您是否经历过这种过程？您有过什么样的体验和感悟？

5. 相比于个人单独进行教学研究，您认为团队合作研究对于您学习和适应以学习为中心的课堂教学有哪些帮助？

学校领导访谈提纲

1. 相比于传统的以讲授为中心的教学，您觉得开展学习中心课堂建设的主要意义和价值体现在哪里？

2. 在目前的条件下，学校进行学习中心课堂的研究和实践遇到了哪些困难？您觉得应该采取哪些措施来克服这些困难？您的学校采取了哪些实际措施引导教师参与学习中心课堂的研究和实践？

3. 根据您的观察，学习中心课堂建设对学生的学习产生了哪些影响？

4. 根据您的观察，学习中心课堂建设对教师的教学和教师自身发展产生了哪些影响？

5. 如果下一步要对学习中心课堂进行深化研究，您认为要重点解决哪些问题？

附录 2-4-2 学习中心课堂建设调查问卷（教师卷）

亲爱的老师：

您好！

本调查旨在了解学习中心课堂建设的现状，相关信息仅用于科学研究。问卷调查采取不记名方式，不会对您产生任何不利影响，请按您的真实情况和想法作答。

答题请注意：

（1）除特别说明外，问卷中的客观题均为单选题，请在所选答案的字母上打"√"。

（2）若您选择了"其他"项，请在题干后的横线上写下您的看法。

谢谢您的积极参与和配合！

学习中心课堂建设课题组

您的基本情况：

性别：A. 男　　　　　　　B. 女

教龄：A. 5 年及以下　　　B. 6—15 年　　　C. 16 年及以上

主要执教学科：A. 语文　　B. 数学　　　C. 英语　　　D. 其他

主要执教年级：A. 1—2 年级　B. 3—4 年级　C. 5—6 年级

　　　　　　　D. 7—9 年级

1. 您觉得什么是学习中心课堂？

A. 是一种要求减少教师作用的课堂

B. 是一种强调学生学习主动性的课堂

C. 是一种将学生独立、主动学习置于教学过程中心地位的课堂

D. 其他_____

2. 您觉得学习中心课堂的典型特征是什么？（可多选）

A. 教师讲授减少了，学生自主学习增多了

B. 学生先独立学习，然后通过小组研讨和全班交流解决学生自学中

遇到的问题

C. 比较强调学生的独立学习和互动交流

D. 教师的作用不是很重要

3. 您觉得建设学习中心课堂有必要吗？

A. 传统讲授中心课堂已被社会大众认可，没有必要建设学习中心课堂

B. 学习中心课堂建设难度过大，若不成功则会产生不好的社会影响

C. 建构学习中心课堂是我国课堂教学改革的方向，值得去努力

D. 中小学生的自主学习能力非常有限，以学习为中心会导致教学的低效甚至无效

4. 在课堂教学过程的组织上，您觉得学习中心课堂采用"个体自学—小组研讨—全班交流"的主要价值是：

A. 为了减少教师的讲授

B. 改变单纯使用讲授方式，使教学形式多样化

C. 为了更好地落实"以学生问题为教学过程的导向，以学生的活动解决学生的问题"的原则

D. 这是一种教学模式，教师可以更方便地进行教学操作

5. 与传统课堂相比，在学习中心课堂中，您觉得教与学的关系要做出哪些改变？（可多选）

A. 以学为本　　B. 少教多学　　C. 先学后教　　D. 以学论教

6. 在学习中心课堂建设过程中，您觉得学生的学习行为要做出哪些改变？（可多选）

A. 增强学习行为的针对性，使学习行为与教学目标、内容、条件及学情相匹配

B. 增强学习行为的能动性，使学生主动参与学习活动并积极进行内部信息加工

C. 增加学习行为的多样性，选用与教学目标、内容、条件相适应的多样化行为

D. 增加学习行为的选择性，使学生可根据学情进行学习行为的选择

7. 在学习中心课堂建设过程中，您觉得教师在教学行为上要做出怎

样的改变？（可多选）

A. 给予学生更多的自主学习的时间

B. 善于发现学生独立自学、合作互学所不能解决的问题

C. 积极选用不同的学习组织形式，如个体自学、小组互学和全班共学等

D. 善于运用动机激发、方法指导、反馈评价等方式促进学生有效展开学习

8. 在课堂教学中，目前您采用的教与学的方式主要是：

A. 围绕教师提出的问题展开教学活动，以教师讲、学生听为主

B. 围绕教师提出的问题展开教学活动，学生跟随教师对问题及信息进行加工理解

C. 围绕学生的问题展开教学活动，学生直接接受教师对问题的解释

D. 围绕学生的问题展开教学活动，教师引导学生主动探究问题的答案

9. 对于在课堂上减少教师面向全班讲授行为的做法，您怎么看？

A. 完全没必要，教师的讲授是确保学生学习效果的关键因素

B. 不太有必要，有些问题非得教师讲，学生才能弄明白

C. 比较有必要，教师讲了学生不一定就学了，还是要让学生自己学

D. 非常有必要，只有确立学生学习活动在教学过程中的中心地位，才能取得好的教学效果

10. 在课堂教学中，您会有意识地控制自己面向全班讲授的行为吗？

A. 从没想过要控制

B. 试图控制，但根本控制不了

C. 有人听课就控制一下，没人听课就随意些

D. 一直坚持控制

11. 在课堂教学中，您愿意放手让学生独立自学和小组互学吗？

A. 很不愿意，让学生自己学效果不好

B. 不太愿意，让学生自己学，学生有时会抓不住重点

C. 比较愿意，让学生自己学调动了学生学习的积极性

D. 非常愿意，让学生自己学往往效果更好

12. （1）在学习中心课堂的建设过程中，在组织和指导学生学习方

面，您遇到的最大的挑战来自哪个环节？

A. 个体自学　　B. 小组互学　　C. 全班共学　　D. 其他

（2）在此环节您遇到的具体困难是_____

_____

13. 在学习中心课堂建设过程中，您最大的困扰是：

A. 控制自身讲授行为有困难，不知不觉就多讲了

B. 在学生自主学习上有担忧，总是担心学生自主学习落实不好

C. 在学生合作学习上有困扰，总是觉得学生参与不够、效果不佳

D. 在学生全班展示上有麻烦，总是无法兼顾不同层次的学生

14. 在学习中心课堂建设过程中，您积累的有效经验有哪些？（可多选）

A. 充分相信学生，还学习权给学生

B. 严格控制课堂讲授时间，少讲精讲

C. 充分发挥学生小组的作用

D. 精心设计导学案是成功的前提

E. 其他_____

15. 就自身而言，您觉得建立学习中心课堂面临的最大的难题是：

A. 转变教学观念，树立以学生发展为本的教学价值观

B. 改变教学行为，真正做到以学生学习活动作为教学过程的中心

C. 改变教学习惯，摆脱课堂上讲授过多的思维定势和做法

D. 其他_____

16. 在学习中心课堂建设过程中，您承受了哪些方面的巨大压力？（可多选）

A. 改变旧的教学习惯的艰难

B. 承担走弯路或失败的风险

C. 学习新的教学行为难度太大

D. 忙于应付日常工作，没有时间和精力学习、思考和实践学习中心课堂

17. 在学习中心课堂建设过程中，您觉得自己需要哪些力量的支持？（可多选）

A. 领导支持　　B. 同事互助　　C. 专家引领　　D. 学生喜欢

18. 就学校层面而言，您觉得学习中心课堂建设需要建立以下哪些配套机制？（可多选）

A. 常态机制，如教学研讨日常运行机制等

B. 保障机制，如时间保障、条件支持等

C. 激励机制，如评优评奖、减免工作量等

D. 专业引领机制，如专家指导等

19. 通过学习中心课堂的建设，您发现自己诊断学生学习问题的能力有提高吗？

A. 完全没有提高   B. 提高不太大

C. 提高较大   D. 提高很大

20. 通过学习中心课堂的建设，您针对学生学习的问题组织教学活动的能力有提高吗？

A. 完全没有提高   B. 提高不太大

C. 提高较大   D. 提高很大

21. 通过学习中心课堂的建设，您研究课堂教学的能力有提高吗？

A. 完全没有提高   B. 提高不太大

C. 提高较大   D. 提高很大

22. 在学习中心课堂建设过程中，您的收获主要有哪些？（可多选）

A. 改变了以讲授为主的教师作用观

B. 觉得学习中心课堂能帮助学生更好地学习

C. 体会到课堂改革的成就感

D. 提高了课堂教学研究的能力

E. 提高了教学设计能力

F. 感到教学更有意思了

G. 其他

23. 在学习中心课堂建设过程中，学生自主学习的自觉性提高了吗？

A. 完全没有提高   B. 提高不太大

C. 提高较大   D. 提高很大

24. 在学习中心课堂建设过程中，学生自主学习的能力提高了吗？

A. 完全没有提高   B. 提高不太大

C. 提高较大　　　　　　　　D. 提高很大

25. 在学习中心课堂建设过程中，学生合作学习的自觉性提高了吗？

A. 完全没有提高　　　　　　B. 提高不太大

C. 提高较大　　　　　　　　D. 提高很大

26. 在学习中心课堂建设过程中，学生合作学习的能力提高了吗？

A. 完全没有提高　　　　　　B. 提高不太大

C. 提高较大　　　　　　　　D. 提高很大

27. 在学习中心课堂建设过程中，学生进行全班展示的自觉性提高了吗？

A. 完全没有提高　　　　　　B. 提高不太大

C. 提高较大　　　　　　　　D. 提高很大

28. 在学习中心课堂建设过程中，学生进行全班展示的能力提高了吗？

A. 完全没有提高　　　　　　B. 提高不太大

C. 提高较大　　　　　　　　D. 提高很大

29. 整体而言，相比传统课堂，您所任教的学习中心课堂发生了哪些变化？（可多选）

A. 教师讲得更少了　　　　　B. 学生自学时间更长了

C. 小组合作学习使用得更频繁了　D. 教学效果明显提高了

E. 学生参与课堂学习的兴致或主动性提高了

F. 其他 _____

30. 在建构学习中心课堂的过程中，您遇到过哪些难题？您是如何克服这些难题的？

_____

_____

_____

31. 对于建构学习中心课堂，目前您还存在哪些困难或疑惑？

_____

_____

_____

32. 为了更好地建构学习中心课堂，目前您还希望得到哪些方面的支持或帮助？

_____

_____

_____

谢谢您的积极参与！

附录 2-4-3 小学学习中心课堂建设调查问卷（学生卷）

亲爱的同学：

你好！

本调查旨在了解小学学习中心课堂建设现状，相关信息将用于科学研究。问卷填写采取不记名方式，不会对你产生任何不利影响，请按你的真实情况和想法作答。

谢谢你的积极参与和配合！

学习中心课堂建设课题组

你的基本情况：

性别（　　）　　A. 男　　B. 女	是否是独生子女（　　）A. 是　B. 否
是否是学生干部（　　） A. 是　　B. 否	是否是小组长（　　）　　A. 是　B. 否
所在年级（　　）　　A.1—2 年级　　B.3—4 年级　　C.5—6 年级	
所在班级人数（　　）A.35 人及以下　　B.36—54 人　　C.55—70 人	

第 一 部 分

答题请注意：除特别说明外，问卷中的题目均为单选题，请将所选答案的字母填入相应的括号内。

1. 课堂上遇到困难时，你最希望进行什么样的学习？（　　）

A. 自己独立学　　　　　　　　　B. 与同伴一起学

C. 听老师仔细讲解　　　　　　　D. 直接放弃，不学了

2. 你觉得什么是小组合作学习？（　　）

A. 小组成员坐在同一张桌子上互相交谈，却各自完成各自的任务

B. 个别优秀成员完成小组任务，其他成员紧紧跟随即可

C. 小组成员各自单独完成一个任务，先完成的同学去帮助做得慢的同学

D. 小组成员有共同的目标和明确的任务分工，互帮互助，共同完成任务

3. 你对实施小组合作学习之后的课堂教学的看法是（　　）

A. 很不喜欢　　B. 不太喜欢　　C. 比较喜欢　　D. 非常喜欢

4. 相比以往老师从头讲到尾的课，你对开展合作学习的课堂（　　）

A. 完全没兴趣　　　　　　　　　B. 不太感兴趣

C. 比较感兴趣　　　　　　　　　D. 非常感兴趣

5. 现在你乐意进行自主学习吗？（　　）

A. 很不愿意　　B. 不太愿意　　C. 比较乐意　　D. 非常乐意

6. 你对在课堂上开展合作学习的一般看法是（　　）

A. 完全没必要，只会是浪费宝贵时间

B. 不太有必要，还不如听老师讲解

C. 比较有必要，同学间能够互帮互助

D. 非常有必要，能够全面提高学习效果

7. 课堂上开展自主学习和小组合作学习以后，你的学习兴趣有变化吗？（　　）

A. 学习兴趣变浓了，更爱学习了

B. 学习兴趣提高了，不讨厌学习了

C. 学习兴趣没有变化，还是害怕学习

D. 学习兴趣变淡了，不太喜欢学习了

8. 在平时的课堂教学中，合作学习分组的情况一般是（　　　）

A. 老师让学生自由分组

B. 老师按座位分组

C. 老师按学生的学习成绩分组

D. 老师综合考虑学生的性别、性格、成绩等多方面的情况分组

9. 进行合作学习时，你对自己的学习任务和小组分工清楚吗？（　　　）

A. 很不清楚，经常不知道具体要做什么

B. 有时不太清楚，需要老师进一步指导

C. 基本清楚，能较快地进入小组角色

D. 非常清楚，能够快速进入小组角色

10. 你认为自己在小组合作学习中的学习情况是（　　　）

A. 被动参与，能够应付就行

B. 会参与，但不是很主动

C. 会积极主动参与

D. 积极主动参与并能做出贡献

11. 你和你小组的其他成员相处得怎么样？（　　　）

A. 很不和谐，不乐意与他们相处

B. 不太和谐，有时会有矛盾

C. 比较和谐，基本没有矛盾

D. 非常和谐，乐意与他们相处

12. 在小组讨论时，你所在小组的学习状况一般是（　　　）

A. 漫无目的，随便闲谈

B. 想讨论但是不知怎么讨论

C. 基本能按照要求进行分工合作

D. 能快速分工合作，有时还能提出新问题

13. 教师进行小组合作学习评价的一般情况是（　　　）

A. 从来没使用过评价

B. 有人听课就评价一下，没人听课就不评价

C. 一直坚持使用评价

D. 不太清楚

14. 在开展合作学习时，老师对小组成绩或表现的评价主要是
（ ）

A. 没有评价   B. 分数评价   C. 等级评价   D. 口头表扬

15. 你在意自己小组成绩的高低和表现的好坏吗？（ ）

A. 从不在意   B. 不太在意   C. 比较在意   D. 非常在意

16. 当你所在的小组成绩落后时，你一般会（ ）

A. 特别着急，努力寻找机会并采取行动，为小组加分

B. 比较着急，期望自己能为小组加分，但总是找不到合适的机会

C. 不太着急，比赛时总会有分低、分高的情况，这很正常

D. 不着急，分低、分高不关我的事

17. 在开展合作学习之前，先进行个人自学并完成预习导学单，你觉
得有必要吗？（ ）

A. 完全没必要   B. 不太有必要

C. 比较有必要   D. 非常必要

18. 你在小组合作学习之前会进行独立思考吗？（ ）

A. 从来不会   B. 偶尔会   C. 经常会   D. 总是会

19. 你对课堂上老师布置自主学习任务的看法是（ ）

A. 很不赞成，老师自己想偷懒

B. 不太赞成，还是希望听老师讲解

C. 比较赞成，自主学习锻炼了我的独立解决问题的能力

D. 非常赞成，自主学习提高了我的学习成绩和学习效果

20. 在课堂上，当老师提出自学任务时，你一般会（ ）

A. 充满自信，能迅速完成

B. 力争快速完成，然后帮助同组同学

C. 尽力完成，不拖小组后腿

D. 完成有困难，只能等待同伴帮助

21. 老师在评讲试卷时，一般做法是（ ）

A. 老师会把所有题目从头到尾讲一遍

B. 老师会根据大家的出错情况，直接选讲其中比较难的几道题

C. 老师会让大家先通过小组互学解决问题，再对小组不能解决的问

题进行个别辅导

D. 老师会让大家进行独立自学和小组互学，再对多数小组解决不了的问题进行全班讲解

22. 老师在课堂上讲你已经懂了或会做的习题时，你的感受和做法是（　　）

A. 没有意思，完全是浪费时间，只能私下干点别的事

B. 再没有意思，也要耐心地听着

C. 再没有意思，也会跟着老师的节奏集中注意力听

D. 很有意思，会津津有味地再听老师讲一遍

23. 课堂上，以小组为单位进行全班学习交流和展示，你觉得有必要吗？（　　）

A. 完全没必要　　　　　　　B. 不太必要

C. 比较必要　　　　　　　　D. 非常必要

24. 你愿意代表小组向全班进行汇报或展示吗？（　　）

A. 很不愿意，这个任务我不擅长

B. 不太愿意，没准备好也让我上

C. 比较愿意，想尝试让自己变得更优秀

D. 非常愿意，这个任务我能完成得很好

25. 代表小组进行全班展示后，你的感受是（　　）

A. 很难为情，下次不参加了

B. 很有趣，下次还想试试

C. 很激动，展现了个人才能，还会继续参加

D. 得到了他人认可，很有成就感，会争取机会多多参加

26. 与不使用合作学习相比，使用小组合作学习后你的倾听能力有提高吗？（　　）

A. 完全没有提高　　　　　　B. 提高不太大

C. 提高较大　　　　　　　　D. 提高很大

27. 与没有突出自学相比，突出自学后你的自主学习能力有提高吗？（　　）

A. 完全没有提高　　　　　　B. 提高不太大

C. 提高较大   D. 提高很大

28. 与不使用合作学习相比，使用小组合作学习后你的表达能力有提高吗？（   ）

A. 完全没有提高   B. 提高不太大

C. 提高较大   D. 提高很大

29. 与没有突出自学相比，突出自学后你进行自主学习的自觉性有提高吗？（   ）

A. 完全没有提高   B. 提高不太大

C. 提高较大   D. 提高很大

30. 与不使用合作学习相比，使用小组合作学习后你的人际交往能力有提高吗？（   ）

A. 完全没有提高   B. 提高不太大

C. 提高较大   D. 提高很大

31. 课堂上开展自主学习和小组合作学习以后，你的学习成绩有提高吗？（   ）

A. 完全没有提高   B. 提高不太大

C. 提高较大   D. 提高很大

32. 与不使用合作学习相比，使用小组合作学习后你进行合作学习的自觉性有提高吗？（   ）

A. 完全没有提高   B. 提高不太大

C. 提高较大   D. 提高很大

33. 现在，老师在课堂上采用的教与学的方式主要是（   ）

A. 老师围绕主题一个人讲，同学们只管听

B. 同学们完全按老师要求学习和理解知识

C. 由同学提出问题，大家直接接受老师对问题的解答

D. 由同学提出问题，大家主动地探究出问题的答案

34. 课堂上开展自主学习和小组合作学习以后，你体验到了成功吗？（   ）

A. 完全不能   B. 不太能够

C. 不确定   D. 比较能够

E. 非常能够

35. 代表小组进行全班展示后，你的收获有哪些？（可多选）（   ）

A. 更加自信了，敢于在公开场合表现自己

B. 增强了集体荣誉感

C. 展现了个人的才能，同学为我点赞

D. 增加了个人的成功体验，我更爱学习了

36. 你觉得开展自主学习和小组合作学习以后，课堂上有哪些变化？（可多选）（   ）

A. 老师讲得更少了

B. 学生自学时间更长了

C. 小组合作学习使用得更多了

D. 个人和小组展示的机会更多了

E. 课堂上老师与学生、学生与学生之间的交流与互动增多了

37. 在开展自主学习和小组合作学习的课堂中，你觉得自己的收获主要有哪些？（可多选）（   ）

A. 提高了学习成绩   B. 学会了独立思考

C. 学会了合作交流   D. 掌握了自主学习的方法

E. 学会了组织管理   F. 能够反思和改进自己的学习

38. 你希望老师在自主学习和小组合作学习中还做出哪些改变？（可多选）（   ）

A. 老师在课堂上给学生留出更多的自主安排的时间

B. 小组成员的任务分工更明确

C. 老师对小组表现的评价更科学、更公平

D. 老师能提供更多的小组展示的机会

E. 老师加强对学习小组的个别指导

F. 老师对小组学习效果的反馈更清晰、更具体

G. 老师能增加组与组之间的竞争，使每个小组内部的合作更加紧密

第 二 部 分

请评定下列项目描述的情况与你的相符程度，并在你选中的数字上打

"√"。

每题只选一个答案，请不要多选或漏选。

1 表示"完全不符合"，2 表示"比较不符合"，3 表示"不确定"，4 表示"比较符合"，5 表示"完全符合"。

编号	项目	完全不符合	比较不符合	不确定	比较符合	完全符合
1	相同的知识，通过个体自学和小组合作获得的，比通过直接听老师讲解，我记得更牢固	1	2	3	4	5
2	相比于掌握知识，掌握自主学习的方法对我更有帮助	1	2	3	4	5
3	自己动脑筋解答难题，是一种乐趣	1	2	3	4	5
4	平时我独立学习时做对的题目，考试时遇到了不会做错	1	2	3	4	5
5	独立完成一个原以为完成不了的任务，让我感到骄傲和自豪	1	2	3	4	5
6	对于第二天要学习的内容，即使老师不做要求，我也会提前预习	1	2	3	4	5
7	在自学过程中，我会通过做笔记记忆知识	1	2	3	4	5
8	除了老师和家长的推荐外，我平时还会自己挑选一些课外书来读	1	2	3	4	5
9	若老师下发导学单，我会按要求自觉完成	1	2	3	4	5
10	虽然有些任务和作业老师并不检查，但我还是会认真完成	1	2	3	4	5
11	上课时，我会注意听老师提出的学习要求	1	2	3	4	5
12	如果老师不提醒，我会忘记预习新课	1	2	3	4	5
13	考试前，我会制订复习计划	1	2	3	4	5
14	我平时不制订学习计划，一切听老师安排	1	2	3	4	5
15	今天的学习任务，我不会留到明天去完成	1	2	3	4	5

编号	项目	完全不符合	比较不符合	不确定	比较符合	完全符合
16	学习成绩要达到什么水平，我会听父母的要求	1	2	3	4	5
17	晚上睡觉前，我会想想第二天要学什么内容	1	2	3	4	5
18	做习题时，我会先做容易的题，再做较难的题	1	2	3	4	5
19	我需要老师指定学习的内容和范围	1	2	3	4	5
20	上课时尽管感到不舒服，我仍会注意听课	1	2	3	4	5
21	完成老师布置的作业后，我不会再给自己增加作业	1	2	3	4	5
22	做自己不擅长的作业时，脑子会不自觉地开小差	1	2	3	4	5
23	试卷做完后，我会先检查，然后再交给老师	1	2	3	4	5
24	在答题过程中，我会来回查看答题步骤是否有遗漏或错误	1	2	3	4	5
25	一天的学习时间如何安排，我从不费心去思考	1	2	3	4	5
26	我很难说清楚一学期以来自己哪些方面有进步	1	2	3	4	5
27	因玩的时间太长，作业拖到深夜才做完	1	2	3	4	5
28	自主选择学习内容并安排学习进程，让我身心愉悦	1	2	3	4	5
29	遇到做不出的难题时，我会寻求他人的帮助	1	2	3	4	5
30	写作文（写话）时，我通常不会在心中拟定写作思路	1	2	3	4	5

续表

编号	项目	完全不符合	比较不符合	不确定	比较符合	完全符合
31	自学时，我会把课本上的重点内容用各种符号标出来	1	2	3	4	5
32	我学习时，很难自觉地远离各种干扰	1	2	3	4	5
33	学习书上的知识时，我会用自己的话来表述	1	2	3	4	5
34	作业只要认真做完了，我就不再细致地检查	1	2	3	4	5
35	自己学得好不好，主要看老师和父母怎么评价	1	2	3	4	5
36	遇到难题时，我愿意先自己尝试解决，这能显示出我的聪明才智	1	2	3	4	5

第 三 部 分

本部分答题要求同第二部分。

编号	项目	完全不符合	比较不符合	不确定	比较符合	完全符合
1	小组成员间的分工合作，让我增强了学习的责任感和集体归属感	1	2	3	4	5
2	在合作学习中，帮助别人学习，让我很开心	1	2	3	4	5
3	合作学习为我提供了表现的机会，增强了我的学习自信心和表现欲	1	2	3	4	5
4	小组讨论时，倾听他人的发言，让我了解了很多不同的观点	1	2	3	4	5
5	掌握与老师、同学进行合作交流的技巧和策略，对我以后与人打交道有帮助	1	2	3	4	5

续表

编号	项目	完全不符合	比较不符合	不确定	比较符合	完全符合
6	在合作学习中,我很少赞扬表现好的同学	1	2	3	4	5
7	在小组合作中,对于我能够承担的工作,我会自告奋勇地去做	1	2	3	4	5
8	当老师抽查小组学习情况时,我会积极主动地代表小组发言	1	2	3	4	5
9	面对小组共同的任务,我总能主动发挥自己的作用	1	2	3	4	5
10	相比独立自学,合作学习让我更有成就感	1	2	3	4	5
11	别人发言时,我会全神贯注地听,不会随便打断别人的话	1	2	3	4	5
12	听别人发言时,我老是抓不住重点	1	2	3	4	5
13	小组讨论时,我会放低声音,不干扰其他小组学习	1	2	3	4	5
14	听别人发言时,如果有疑问,我会立即打断他并提出问题	1	2	3	4	5
15	别人发言时,我会站在他的立场上考虑问题	1	2	3	4	5
16	在讨论时,我发言谈看法,表达清楚,有理有据	1	2	3	4	5
17	在小组讨论中,我能够围绕主题发言,不东拉西扯	1	2	3	4	5
18	别人对我的发言提出质疑时,我很难心平气和地进行解释	1	2	3	4	5
19	学习上有困难时,我会虚心请教同学	1	2	3	4	5
20	我对自己和小组负责,能完成自己承担的那部分小组任务	1	2	3	4	5
21	我不会与他人分享我的学习资源、观点及经验	1	2	3	4	5

续表

编号	项目	完全不符合	比较不符合	不确定	比较符合	完全符合
22	我很少耐心帮助学习有困难的同学	1	2	3	4	5
23	在小组学习中,我会遵守纪律,不随便离开座位	1	2	3	4	5
24	小组交流时,我常常会讲一些与学习无关的话	1	2	3	4	5
25	小组讨论时,我会支持别人正确的见解——即使我们的看法不一样	1	2	3	4	5
26	我会提醒开小差或违反纪律的小组成员	1	2	3	4	5
27	当小组讨论偏离主题时,我不会阻止	1	2	3	4	5
28	小组合作学习时,我会提醒参与不够的同学	1	2	3	4	5
29	讨论时,我很少主动提出问题,使交流更加深入	1	2	3	4	5
30	在合作学习中,我会总结和评价自己的表现	1	2	3	4	5
31	我很少总结和反思自己在合作学习中的不足	1	2	3	4	5
32	我会对小组合作学习情况进行评价,总结成功与失败之处	1	2	3	4	5
33	合作学习显示了我与众不同的才干,让我很开心、很自豪	1	2	3	4	5

五、武汉市杨园学校学习中心课堂整体建构的行动研究报告[①]

按照总课题组的研究设计,在有关学校对小学生自主学习意识与能力

[①] 课题负责人为周少勤。本报告由湖北大学向葵花副教授执笔撰写。

培养以及小学学习活动设计等问题研究的基础上，武汉市杨园学校（具体为初中部）承担了初中学段学习中心课堂整体建构的研究工作。本报告拟对杨园学校承担的这一工作进行总结。

（一）研究方案设计

初中段学习中心课堂建设的研究方案与小学段是相似的。不同的是，它要基于初中段学生的年龄特征和学习任务来研究学习中心课堂的建设问题。

1. 研究目标

本研究拟实现三个目标：

一是帮助初中教师形成体现学习中心教学理念的教学观念、习惯及能力。

二是探寻初中学习中心课堂的教学过程组织的策略，包括教师指导学生自主学习、合作学习和全班集体研讨的策略。

三是促进初中学生自主学习品质与合作学习品质的发展。

2. 研究内容

围绕初中学习中心课堂建构这一主题，本研究主要探讨了如下几个问题。

第一，体现学习中心教学理念的教师观念及教学行为转变研究。具体研究内容是从学习中心课堂建设的必要性、学习中心课堂的基本特征、学习中心课堂教学过程组织、学习中心课堂中教与学的关系等方面，引导教师重建课堂教学观念，并形成对应的教学行为习惯。

第二，初中学习中心课堂"两段三环节"教学过程结构具体落实的研究。在对学习中心教学过程组织的基本逻辑及其实现策略进行理论研究的基础上，从教师引导学生个体自主学习、小组合作学习和全班集中研讨等环节，探讨初中学习中心课堂教学过程的具体组织或实施。具体研究内容包括引导学生进行自主学习的导学案的设计与使用、学生小组建设及合作学习过程的指导、在个体自学和小组互学之后的全班集中研讨过程的组织等。

第三，学习中心课堂中初中学生自主学习与合作学习的意识及能力培养研究。在学习中心课堂中，学生独立、主动的学习有自主学习和合作学习两种形式，因此，本课题要按照学习中心教学过程组织的要求以及初中生的年龄特征，对初中学生自主学习与合作学习品质的培养进行研究。

3. 研究方法

第一，行动研究法。采取大学研究者与中小学密切互动的行动研究方法，经过多轮课例研究，在合作研讨中不断改进学习中心课堂建设的研究方案，探索导学案设计的核心要素与基本规范，提炼个体自学、小组互学和全班共学的具体组织与实施策略。

第二，课堂观察法。该方法主要用于考察教室空间布局、教师教学过程组织与实施、学生能动学习活动的设计与组织以及学生的学习状态等。

第三，问卷调查法和访谈调查法。该方法主要用于考察学习中心课堂建设过程中学生的学习需求、学习成效与感悟，以及教师在建设学习中心课堂过程中的做法、收获、困惑及诉求。

第四，案例研究法。该方法主要用于搜集、整理并分析学习中心课堂建设中的典型课例和教师研究叙事。

（二）研究过程

杨园学校课题研究工作主要分四个阶段进行，每个阶段均有明确的目标和任务，研究过程扎实有效。

1. 研究方案准备

该阶段主要围绕课题研究方案展开工作。具体工作有四项：一是确立课题研究的核心问题。总课题组负责人与杨园学校领导通过一起研讨决定顺应当今我国课堂教学改革的潮流，以初中学习中心课堂的建构作为学校课堂教学变革的方向。二是调查教师教学现状，遴选研究骨干。总课题组负责人通过随机听课、问卷调查等方式对教师课堂教学现状进行摸底调查，并遴选出有一定研究基础和较高研究热情的青年教师，作为项目研究核心成员。三是组建 U-S 协作研究共同体。为使学校行动研究能顺利开展，组建由大学研究人员与杨园学校领导及骨干教师组成的 U-S 协作研究共同体。其中，大学研究人员由华中师范大学教育学院陈佑清教授、湖北大学教育学院向葵花博士等人组成，杨园学校成立项目研究领导小组和教师团队。四是对接总课题研究工作。杨园学校作为子课题实验学校之一，是在总课题研究启动两年之后进入课题研究的。在明确研究方向、确立研究团队之后，杨园学校就迅速对接总课题研究工作，如参加总课题研讨例会，了解总课题前期研究进展、取得的经验与存在的问题，并结合本校实际情况确立课题研究的切入口。

2. 教师学习与培训

该阶段主要结合该校教师教学中的问题，开展有针对性的教师学习与培训。具体工作有三项：一是调研教师教学中存在的问题。总课题组负责人及其工作团队前往杨园学校，以拟参加学习中心课堂建设行动研究的教师的课堂为研究对象，考察该校在此前推行的"Fs五步（引学、自学、互学、求学和展学）快乐高效课堂教学模式"运行情况，并对照学习中心教学的理念，初步诊断教师在课堂教学理念层面和实际操作层面存在的问题。二是开展观摩学习。课题组负责人组织教师前往武汉市第六十四中学参加"爱心课堂·互助学习"模式实践研讨会。该校的这一教学模式是在借鉴山东省即墨市第二十八中学的经验基础上形成的，其主要特征是突出个人自学基础上的两人（师傅和学友）互助学习，是体现学习中心教学理念的一种典型教学模式。观摩学习增进了实验教师对小组合作学习的价值认同，对学习中心教学操作规程的直观感知。三是解析优秀课例，引导教师进行对比反思。课题组负责人带领教师观看洋思中学典型课例视频，围绕教师的教学方式和学生的学习状况开展研讨，引导教师在对比中反思自身课堂教学行为，进一步明确课堂教学改革方向，即实现课堂重心下移，减少教师直接讲授行为，增加学生自主学习活动。

3. 重构课堂教学结构

该阶段主要围绕课堂教学结构的重建展开研究工作，目的在于帮助教师跳出"Fs五步快乐高效课堂教学模式"的藩篱，建立体现学习中心教学理念的新的课堂教学结构。具体工作有两项：一是课堂教学行为重构。课题组负责人及其工作团队继续立足课堂，开展听评课活动，对教师使用"Fs五步快乐高效课堂教学模式"的行为进行解析，指出他们在引学、自学、互学、求学和展学环节存在的具体问题，并提出改进意见，同时引导教师理解行为改进背后的教学理念。二是课堂教学理念重构。课题团队针对课堂教学实践中存在的共性问题，进行深入的理性分析。如围绕"导学案的设计""合作学习的组织""全班活动的安排"等问题邀请专家做专题报告，并就个体自学、小组互学和全班共学的关系及其实施等开展互动研讨。同时，引导教师运用新的教学理念改进自身教学实践。经过多轮的反复磨合和打造，实现了新的教学理念与新的教学实践之间的相互对接和融通，最终帮助教师在吸收过去好的经验的同时，解构了"Fs 五步快乐高效课堂教学模式"的基本结构，初步建构了基于个体自学、小组互学和全班共学的新的教学活动结构。

4. 教学结构的定型和完善

在前期研究的基础上，本阶段主要对学习中心课堂的教学结构进行定型和完善。具体工作有四项：一是完善学习中心课堂的教学结构。总课题组结合对国内教学改革经验的研究和对参与实验研究的教师经验的反思，对学习中心课堂教学过程组织的逻辑及其实现策略进行了提炼和总结，并组织教师一起进行了学习和研讨。在此基础上，参加实验研究的教师自觉遵循学习中心课堂教学过程组织逻辑的要求，在教学过程组织上坚持以学生问题为导向和以学生活动为本体，建立了学习中心课堂的"两段三环节"教学结构。经过连续一年多每周一次（每次两节课）的课例研讨，参加实验研究的教师比较熟练地掌握了学习中心课堂的基本结构。二是校外观摩，改进提升。课题组负责人及其工作团队带领教师前往湖北省华一寄宿学校参观访问，开展听评课活动，了解该校借鉴湖北省荆州市北门中学经验所进行的课堂教学改革的整体思路以及教师进行课堂教学改革的具体做法，并就课改中出现的普遍问题及其解决策略进行深入交流。该活动开阔了教师的眼界，激发了教师打造学习中心课堂精品课的决心。三是关注细节，精益求精。课题组继续推进"两段三环节"课堂教学结构变革，并就其中出现的细节问题（如学生座位的多样化排列、学习展示牌的有效使用、合作学习的多元化评价、教学材料的合理选择等）进行深入研讨，力图打造学习中心课堂精品课。四是反思总结，凝练成果。在课题组负责人及其工作团队的指导下，教师反思自身近四年来的研究经历，梳理典型成功课例，撰写研究小论文。学校则对近四年的研究工作进行全面总结，形成研究报告。

（三）研究成效

1. 学习中心课堂建设促进了学生学习与发展

为了解学生学习与发展情况，课题组自编《学习中心课堂建设调查问卷（学生卷）》，采用分层整群抽样方式，选取七年级和八年级各2个实验班的学生进行问卷调查。调查共发放问卷160份，回收160份，剔除无效问卷后，得到有效问卷142份，有效率为88.8%。有效被试构成情况如下：男生69人，女生72人，缺失值为1；七年级学生70人，八年级学生72人；小组长24人，非小组长118人；学生干部39人，非学生干部102人，缺失值为1。问卷由三部分构成：第一部分主要考察学习中心课堂建设的一般状况，第二部分重点测评学生自主学习素养水平，第三部分重点测评学生合作学习素养水平。其中，在自主学习素养测评部分，自主学习意识分量表、能力分量表、情感与态度分量表的内部一致性分别为0.79、0.86和0.60；在合作学习素养测评部分，合作学习意识分量表、能力分量表、情感与态度分量表的内部一致性分别为0.82、0.84和0.59。

（1）学习中心课堂建设激发了学生的学习兴趣

如表2-5-1所示，在学习中心课堂建设过程中，47.9%的学生学习兴趣变浓了，变得更爱学习了；45.1%的学生学习兴趣有所提高，对学习不排斥了；6.3%的学生学习兴趣没有变化，对学习仍有畏难情绪；仅有0.7%的学生学习兴趣变淡了，不太喜欢学习了。可见，93.0%的学生学习兴趣有所提高。整体而言，学习中心课堂促进了学生学习兴趣的提升。

表2-5-1 学生学习兴趣变化状况

选项	人数（人）	百分比（%）
学习兴趣变浓了，变得更爱学习了	68	47.9
学习兴趣有所提高，对学习不排斥了	64	45.1
学习兴趣没有变化，对学习仍有畏难情绪	9	6.3
学习兴趣变淡了，不太喜欢学习了	1	0.7

不同年级学生学习兴趣变化状况存在显著差异。在学习兴趣变浓选项上，七年级、八年级学生选择的比例分别为 16.9% 和 31.0%；在学习兴趣有所提高选项上，七年级、八年级学生选择的比例分别为 27.5% 和 17.6%。可见，八年级学生学习兴趣提升状况要整体优于七年级学生。

不同职务学生学习兴趣变化状况不存在显著差异。担任小组长的学生选择学习兴趣变浓、学习兴趣有所提高、学习兴趣没有变化、学习兴趣变淡选项的比例分别为 66.7%、29.2%、4.2% 和 0.0%，没有担任小组长职务的学生选择上述选项的比例分别为 44.1%、48.3%、6.8% 和 0.8%。担任小组长的学生学习兴趣提高的占 95.9%，没有担任小组长的学生学习兴趣提高的占 92.4%。这说明不论学生是否担任小组长，学习兴趣均有明显提高。

不同身份学生学习兴趣变化状况不存在显著差异。学生干部选择学习兴趣变浓、学习兴趣有所提高、学习兴趣没有变化、学习兴趣变淡选项的比例分别为 48.7%、43.6%、7.7% 和 0.0%，非学生干部选择上述选项的比例分别为 47.1%、46.1%、5.9% 和 1.0%。不难看出，学生干部学习兴趣提高的占 92.3%，非学生干部学习兴趣提高的占 93.2%。这说明不论学生是否担任学生干部，学习兴趣均有明显提高。

（2）学习中心课堂建设提高了学生的学习成绩

如表 2-5-2 所示，在学习中心课堂建设过程中，对于自身学习成绩的变化情况，36.2% 的学生认为提高很大，48.9% 的学生认为提高较大，13.5% 的学生觉得提高不太大，1.4% 的学生觉得完全没有提高。

表 2-5-2　学生学习成绩变化状况

选项	人数（人）	百分比（%）
完全没有提高	2	1.4
提高不太大	19	13.5
提高较大	69	48.9
提高很大	51	36.2

注：缺失值为 1。

不同年级学生学习成绩变化状况存在显著差异，八年级学生（3.36）显著高于七年级学生（3.03）。不同性别学生学习成绩变化状况不存在显著差异，男生、女生的得分分别为 3.26 和 3.14。不同职务学生学习成绩变化状况不存在显著差异，小组长和非小组长的得分分别为 3.25 和 3.19。不同身份学生学习成绩变化状况不存在显著差异，学生干部和非学生干部的得分分别为 3.13 和 3.23。不同家庭结构学生学习成绩变化状况不存在显著差异，独生子女和非独生子女的得分分别为 3.29 和 3.10。可见，不论年级、性别，也不论学生是否是小组长、学生干部或独生子女，学生自我报告的学习成绩均有显著提升，尤其是八年级学生学习成绩的提升状况优于七年级学生。

（3）学习中心课堂建设增加了学生的成功体验

如表 2-5-3 所示，在学习中心课堂上，48.6% 的学生非常能够获得成功体验，43.6% 的学生比较能够获得成功体验，7.9% 的学生不太能够获得成功体验。这说明，学习中心课堂有助于学生获取成功体验。

表 2-5-3　学生获得成功体验情况

选项	人数（人）	百分比（%）
完全不能	0	0.0
不太能够	11	7.9
比较能够	61	43.6
非常能够	68	48.6

注：缺失值为 2。

不同年级、不同家庭结构学生获得成功体验的状况存在显著差异，八年级学生（3.51）显著高于七年级学生（3.30），独生子女（3.55）显著高于非独生子女（3.22）。不同性别、不同职务、不同身份学生获得成功体验的状况均不存在显著差异。可见，不论年级、性别，也不论是否是小组长、学生干部或独生子女，绝大多数学生自我报告能获得成功体验，尤其是八年级学生获得的成功体验多于七年级学生，独生子女获得的成功体验多于非独生子女。

（4）学习中心课堂建设提高了学生的自主学习素养

与以前教师没有突出自学相比，在学习中心课堂中，学生选择自主学习自觉性完全没有提高、提高不太大、提高较大和提高很大选项的比例分别为 1.4%、11.3%、44.7% 和 42.6%，学生选择自主学习能力完全没有提高、提高不太大、提高较大和提高很大选项的比例分别是 0.7%、9.9%、48.2% 和 41.2%。由此可见,分别有 87.3% 和 89.4% 的学生认为学习中心课堂提高了自身自主学习的自觉性和能力。学生选择非常乐意、比较乐意和不太乐意进行自主学习选项的比例分别为 45.4%、47.5% 和 7.1%。可见,学生参与自主学习的自觉性和态度,以及自主学习的能力均有大幅度的提高。

如表 2-5-4 所示,学生自主学习意识因子有 8 个测评项目,项目均值为 4.15;自主学习能力因子有 28 个测评项目,项目均值为 3.74;自主学习情感与态度因子有 4 个测评项目,项目均值为 4.24;自主学习素养共有 40 个测评项目,项目均值为 3.87。这说明,从整体上看,不论是学生自主学习的意识、能力、情感与态度,还是学生总体的自主学习素养,均达到了较高水平。

表 2-5-4　学生自主学习素养状况

因子	项目数	最小值	最大值	平均值	标准差	项目均值
自主学习意识	8	21.00	40.00	33.19	4.85	4.15
自主学习能力	28	73.00	140.00	104.79	15.55	3.74
自主学习情感与态度	4	8.00	20.00	16.95	2.88	4.24
自主学习素养	40	107.00	200.00	154.93	21.19	3.87

不同年级学生自主学习素养的得分存在显著差异,八年级学生(160.85)显著高于七年级学生(148.83)。不同职务学生自主学习整体素养的得分存在显著差异,小组长(165.44)显著高于非小组长(152.79)。不同性别、不同身份和不同家庭结构学生的自主学习素养得分不存在显著差异。

(5)学习中心课堂建设提高了学生的合作学习素养

在学习中心课堂中,在合作学习自觉性上,学生选择完全没有提高、提高不太大、提高较大和提高很大选项的比例分别为 1.4%、10.0%、43.6% 和 45.0%。也就是说,88.6% 的学生较为认同学习中心课堂提高了自身合作学习的自觉性。在倾听能力上,学生选择完全没有提高、提高不太大、提高较大和提高很大选项的比例分别为2.1%、9.9%、51.8%和36.2%。也就是说，88.0%的学生较为认同学习中心课堂提高了自身的倾听能力。在表达能力上，学生选择完全没有提高、提高不太大、提高较大和提高很大选项的比例分别为2.1%、14.3%、45.7%和37.9%。换句话说，83.6%的学生较为认同学习中心课堂提高了自身的表达能力。在人际交往能力上，学生选择完全没有提高、提高不太大、提高较大和提高很大选项的比例分别为2.1%、15.6%、36.2%和46.1%。可见，82.3%的学生较为认同学习中心课堂提高了自身人际交往能力。而对于当前在学习中心课堂中实施的合作学习，表示非常喜欢、比较喜欢、不太喜欢和很不喜欢的学生分别占56.7%、38.3%、4.3%和0.7%。不难看出，学生对合作学习的喜爱程度较高。

如表2-5-5所示，学生合作学习意识因子有8个测评项目，项目均值为4.14；合作学习能力因子有26个测评项目，项目均值为3.97；合作学习情感与态度因子有4个测评项目，项目均值为4.19；合作学习素养共有38个测评项目，项目均值为4.03。这说明，从整体上看，不论是学生合作学习的意识、能力、情感与态度，还是学生总体的合作学习素养，均达到了较高水平。

表2-5-5　学生合作学习素养状况

因子	项目数	最小值	最大值	平均值	标准差	项目均值
合作学习意识	8	15.00	40.00	33.14	5.59	4.14
合作学习能力	26	72.00	130.00	103.19	14.13	3.97
合作学习情感与态度	4	10.00	31.00	16.76	2.94	4.19
合作学习素养	38	106.00	188.00	153.08	20.08	4.03

不同年级学生合作学习素养的得分存在显著差异，八年级学生（157.28）显著高于七年级学生（148.76）。不同职务学生合作学习素养得分存在显著差异，小组长（165.74）显著高于非小组长（150.51）。不同身份学生合作学习素养得分存在显著差异，学生干部（158.66）显著高于非学生干部（150.85）。不同性别、不同家庭结构学生的合作学习素养不存在显著差异。

2. 学习中心课堂建设促进了教师专业发展

（1）学习中心课堂建设使教师的课堂教学行为得到转变

学习中心课堂在教学过程的组织逻辑上强调以学生的问题作为教学过程的导向，以学生的活动作为教学过程的本体。如表 2-5-6 所示，在学习中心课堂的教师教学方式上，2.1% 的学生认为当前的课堂仍然是围绕教师提出的问题展开教学活动，以教师讲、学生听为主。19.1% 的学生认为课堂上主要围绕教师提出的问题展开教学活动，学生只需跟随教师对问题及信息进行加工理解。4.3% 的学生认为当前的课堂主要围绕学生的问题展开教学活动，学生直接接受教师对问题的解答。74.5% 的学生认为当前的课堂是围绕学生的问题展开教学活动，教师引导学生主动探究出问题的答案。不同年级学生对教师教学方式变化的感知不存在显著差异。可见，在学生眼中，教师的教学行为发生了较大的变化，大部分教师课堂上能围绕学生问题展开教学活动，并采用主动、探究性的学习方式。

表 2-5-6　教师教学方式变化状况

选项	人数（人）	百分比（%）
围绕教师提出的问题展开教学活动，以教师讲、学生听为主	3	2.1
围绕教师提出的问题展开教学活动，学生跟随教师对问题及信息进行加工理解	27	19.1
围绕学生的问题展开教学活动，学生直接接受教师对问题的解答	6	4.3
围绕学生的问题展开教学活动，教师引导学生主动探究出问题的答案	105	74.5

注：缺失值为 1。

（2）学习中心课堂建设改变了教师的课堂教学结构

依据孟凡玉设计的学习中心课堂学生学习行为编码表，课题组任选两节学习中心课堂的研讨课，以 2 秒为取样单位，对课堂中实际发生的学生行为进行编码记录，以探析教师课堂教学结构的变化情况。其中，学生学习行为编码表由 6 个一级指标（无关事件、倾听、朗读、观看、操作和言说）构成，包含 20 个行为编码。其中，编码 0 代表无关事件，即课堂中出现的与学习不相关或对学生学习无直接影响的事件，如学生等待教师调试课件、等待教师收集学生作业、等待展示小组上台等。"倾听"下设 5 个二级指标，即听组织管理（编码 1）、听教师提问（编码 2）、听知识呈现与讲解（编码 3）、听反馈强化（编码 4）、听学习策略指导（编码 5）；"朗读"下设 3 个二级指标，即读字词（编码 6）、读课文（编码 7）、读概念（编码 8）；"观看"下设 3 个二级指标，即看板书范例（编码 9）、看图片视频（编码 10）、看课本（编码 11）；"操作"下设 4 个二级指标，即习题演练（编码 12）、写作（编码 13）、勾画课文（编码 14）、教具操作（编码 15）；"言说"下设 4 个二级指标，即提出疑惑（编码 16）、活动组织（编码 17）、学习成果展示（编码 18）、问题讨论（编码 19）。

①数学课"一次函数与等腰直角三角形"中学习行为与课堂教学结构分析。

如表 2-5-7 所示，表中每行有 30 个行为编码，因每个编码以 2 秒为取样单位，所以每行的编码代表学生在 1 分钟之内的学习行为。不同的颜色区域依次表征本节课"学习准备""任务一""任务二"三个阶段的教学安排。

表 2-5-7 　"一次函数与等腰直角三角形"学习行为编码表

1	1	1	1	1	1	1	1	1	1	1	1	1	1	1	1	1	1	1	1	1	1	1	1	1	1	1	1	1	1
1	1	1	1	1	1	1	1	1	1	1	1	1	1	1	1	1	1	1	1	19	19	19	19	19	19	19	19	19	19
19	19	19	19	19	19	19	19	19	19	19	19	19	19	19	19	19	19	19	19	19	19	19	19	19	19	19	19	19	19
19	19	19	19	19	19	19	19	19	19	19	19	19	19	19	19	19	19	19	19	19	19	19	19	19	19	19	19	19	19
19	19	19	19	19	19	19	19	19	19	19	19	19	19	19	19	19	19	19	19	19	19	19	19	19	19	19	19	19	19
19	19	19	19	19	19	19	19	19	19	19	19	19	19	19	1	1	1	1	1	1	1	1	1	1	1	1	1	1	1
1	0	0	0	0	0	0	0	0	0	0	1	1	1	1	1	1	0	0	0	0	0	0	0	0	0	0	0	0	0
18	18	18	18	18	18	18	18	18	18	18	18	18	18	18	18	18	18	18	18	18	18	18	18	18	18	18	18	18	18
18	18	18	18	18	18	18	18	18	18	18	18	18	18	18	18	18	18	18	18	18	18	18	18	18	18	18	18	18	18
18	18	18	18	4	4	4	4	4	0	1	1	0	0	0	0	0	0	0	0	0	0	0	19	19	19	19	0	4	4
4	4	0	0	0	0	2	2	4	4	1	0	0	0	0	0	0	0	0	0	0	0	0	0	0	0	0	0	0	0
19	19	19	19	19	19	19	19	19	19	19	19	19	19	19	19	4	4	4	4	4	4	1	1	1	1	2	2	1	

续表

0	0	0	0	0	1	1	0	18	18	18	18	18	18	18	18	18	18	18	18	18	18	18	18	18	18	1	18	18
18	18	18	18	18	18	18	18	18	18	18	18	18	18	18	18	18	18	18	18	18	18	18	18	18	18	18	18	18
18	18	18	18	18	18	18	18	18	18	18	18	18	18	18	18	18	18	18	18	18	18	18	18	18	18	18	18	18
18	18	18	18	18	18	18	18	18	18	18	18	18	18	18	18	18	18	18	18	18	18	18	18	18	18	18	18	18
18	4	4	4	1	0	0	0	4	4	4	4	4	4	2	2	2	2	19	19	19	19	0	0	4	4	4		
4	0	19	19	19	19	19	19	19	19	19	19	4	4	4	19	19	2	19	19	19	19	19	4	4	4	4	4	4
4	1	19	19	0	0	0	0	0	0	0	0	0	0	0	4	0	0	0	0	18	18	18	18	18	18	18	18	
18	18	18	18	18	18	18	18	18	18	18	18	18	18	18	18	1	19	19	19	19	19	19	19	19	19			
19	19	19	19	19	19	19	19	1	4	4	4	4	4	4	0	0	0	0	0	18	18	18	18	18	18	18		
18	18	18	18	18	18	18	18	18	18	18	18	18	18	18	18	4	18	18	18	18	18	18	2	0	0			
4	4	4	4	4	4	4	4	4	4	4	2	2	4	2	0	0	2	18	18	18	18	18	18	18	18	1	0	
19	19	19	19	19	19	19	19	19	19	19	19	19	19	19	19	19	4	4	0	0	0	0	0	0	0	0		
0	0	0	4	4	0	0	0	0	4	4	0	0	0	18	18	18	18	18	18	18	18	18	18	18	18	18	18	
18	18	18	18	18	18	18	18	18	18	18	18	18	18	18	18	18	18	18	18	18	18	18	18	18	18	18	18	18
18	18	18	18	18	18	18	18	18	18	18	18	18	18	18	18	18	18	18	4	4	2	0	0	0	0			
0	0	4	0	0	18	2	2	0	0	0	0	0	1	18	18	18	18	18	18	18	18	16	18	18	16	18	18	
18	18	18	18	18	18	18	18	18	18	18	4	4	4	4	4	4	4	4	2	18	2	2	0	18	18	18	18	
4	4	4	2	3	3	4	2	4	4	4	4	4	4	4	2	4	2	0	0	0	0	0	0	0	0	1	0	0
0	19	19	19	19	19	19	19	19	0	0	0	18	18	18	18	18	18	18	18	18	18	18	18	18	18	18		
18	18	18	18	18	18	18	18	18	18	18	18	18	18	18	18	18	18	18	18	18	18	18	18	18	18	18		
18	18	18	18	18	18	18	18	18	18	18	18	18	18	18	18	18	18	18	18	18	18	18	18	18	18	18	18	
18	18	18	18	18	18	18	18	18	18	18	18	18	18	18	18	18	4	4	0	0	0	2	0	0	0	1	0	
19	19	19	19	19	19	19	19	19	19	19	19	19	19	19	19	4	2	0	0	1	19	19	19	19	19			
19	4	0	4	4	4	4	4	4	4	4	4	4	4	4	16	16	1	1	1	1	1							

从教学活动所涉及的行为类型来看，"学习准备"阶段是课堂导入环

节，用时 1 分 40 秒，学习任务是明确教学安排和学习要求，学生的学习行为具体表现为听教师组织管理。"任务一"阶段用时 16 分 22 秒，学习任务是探究平面直角坐标系中求点坐标的解法，学习行为主要涉及问题讨论、学习成果展示、无关事件、听组织管理和听反馈强化。也就是说，学生在求解平面直角坐标系时，教师对教学活动的设计与组织并不是让学生听教师直接讲解解法，而是让学生在独立思考的基础上借助小组讨论、全班展示来主动探究不同解题思路和方法。"任务二"阶段用时 23 分 42 秒，学习任务是对上一阶段呈现的试题进行改编，借以训练学生举一反三的思维能力和问题解决能力，涉及的学习行为主要有学习成果展示、问题讨论、听反馈强化和无关事件。相比上一阶段，该阶段的学习任务难度有所增加，需要学生运用所学知识改变坐标系中的条件和问题进行求解，教学活动的组织与上一阶段相同，也是让学生在组内互学、集思广益后进行全班展示。纵观整个课堂教学活动，教师单向讲授行为大幅减少，学生独立自学、小组互学和全班展示的学习行为占据主体地位。

从教学活动的时间分配来看，学生学习行为时间占比如图 2-5-1 所

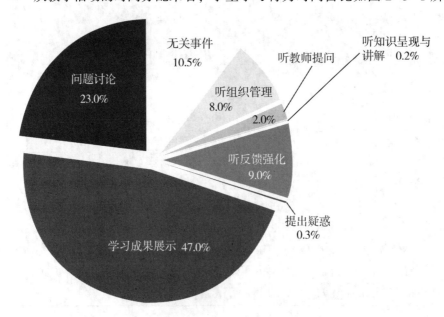

图 2-5-1 "一次函数与等腰直角三角形"课堂学习行为统计图

示。在这节近 42 分钟的数学课上，无关事件占 10.5% 的时间，学生听组织管理、听教师提问、听知识呈现与讲解、听反馈强化的时间分别占总时长的 8.0%、2.0%、0.2% 和 9.0%，提出疑惑、学习成果展示、问题讨论的时间分别占总时长的 0.3%、47.0% 和 23.0%。也就是说，整堂课 19.2% 的时间用于学生倾听教师讲解，70.3% 的时间用于学生的言说。可见，在整个课堂教学时间的分配上，无关事件用时 4—5 分钟，教师单向讲解用时 8 分钟，学生言说用时 29 分钟。这节课大幅减少了教师单向讲授的时间，增加了学生自主性言说活动的时间。

可见，这堂数学课突破了以教师活动为本体的课堂教学结构，实现了课堂重心的下移，体现了以学生学习为中心的教学理念。当然，在这节课上，教师还应加强学习活动的组织及相关训练，增强课堂教学的流畅性，尽量减少与学习无直接相关的学习行为。

②语文课《芦花荡》中学习行为与课堂教学结构分析。

如表 2-5-8 所示，表中每行有 30 个行为编码，每个编码占时 2 秒，每行的编码代表学生在 1 分钟之内的学习行为。不同的颜色区域依次表征本节课"新课导入""任务一"和"任务二"三个阶段的教学安排。

表 2-5-8　《芦花荡》课堂学习行为编码表

1	1	1	1	1	1	1	1	1	1	1	1	1	1	1	1	1	1	1	1	1	1	1	1	1	1	1	1	1	1
1	1	1	1	1	1	1	1	1	1	1	1	1	1	1	1	8	8	8	8	8	8	8	8	8	8	3	3	3	3
3	3	2	18	18	4	3	3	3	3	3	3	3	3	3	3	3	3	1	1	1	2	2	11	11	11	11	11	11	11
11	1	1	1	11	11	11	1	1	1	1	1	1	1	11	11	11	1	1	11	11	11	11	11	11	11	11	11	11	11
11	11	11	11	11	11	11	11	11	11	11	11	11	11	11	11	11	11	11	11	11	11	11	11	11	11	11	11	11	11
11	11	11	11	11	11	11	11	11	11	11	11	11	11	11	11	11	11	11	11	11	11	11	11	11	11	11	11	11	11
11	11	11	11	11	11	11	1	1	1	19	19	19	19	19	19	19	19	19	19	19	19	19	19	19	19	19	19	19	19
19	19	19	19	19	19	19	19	19	19	19	19	19	19	19	19	19	19	19	19	19	19	19	19	19	1	1	19	19	19
19	19	19	19	19	19	19	19	19	19	19	19	19	1	1	1	19	19	19	19	19	19	19	19	19	19	19	19	19	19
19	19	19	19	19	19	19	19	19	19	19	19	19	19	19	19	19	19	19	19	19	19	19	19	19	19	19	19	19	19
19	19	19	19	19	19	19	19	19	19	19	19	19	19	19	19	19	19	19	19	19	19	19	19	19	19	19	19	19	19

续表

19	19	19	19	19	19	19	19	19	19	19	19	19	19	19	19	19	19	19	19	19	19	19	19	19	19	19	19
19	19	19	19	19	19	19	19	19	19	19	19	19	19	19	19	19	19	19	19	19	19	19	19	19	19	19	19
19	19	19	19	19	19	19	19	19	19	19	4	4	19	19	19	19	19	4	4	4	1	1	1	19	19	4	1
1	1	1	18	18	18	18	1	1	1	1	18	18	18	18	18	18	18	0	0	18	18	1	1	1	1	18	18
18	18	18	18	18	18	18	18	18	3	3	3	3	3	3	18	18	18	18	18	18	18	18	18	2	18	4	4
18	18	2	4	4	18	3	3	3	3	3	3	3	3	3	3	3	0	0	1	1	1	1	19	19	19	19	19
1	1	19	19	19	19	19	19	19	19	19	19	19	19	19	19	19	19	19	19	19	19	19	19	19	19	19	19
19	19	19	19	19	19	19	19	19	19	19	19	19	19	19	19	19	19	19	1	1	1	0	0	0	1		
18	18	18	18	18	18	18	18	18	18	18	18	18	18	18	18	18	18	18	18	18	18	18	18	18	18	18	18
18	18	18	18	18	18	18	18	18	18	18	2	2	2	1	1	1	1	1	2	2	0	0	1	1	0	0	0
1	1	1	2	2	19	19	19	19	19	19	19	19	19	19	19	19	19	19	19	1	1	18	18	18			
4	4	4	4	4	4	4	4	4	4	4	4	4	4	1	1	19	19	19	19	19	19	19	19	19	19	19	19
19	19	19	19	19	19	4	4	4	3	3	3	3	2	18	3	3	3	3	3	3	3	3	2	18	3	3	4
4	4	4	1	1	1	1	1	4	19	19	19	19	19	19	19	19	19	19	19	19	19	19	19	19	19	19	19
19	19	19	19	19	19	19	19	19	19	19	19	19	19	19	19	19	19	19	19	19	19	19	19	19	19	19	1
1	1	19	19	19	19	19	19	19	19	19	19	19	19	19	19	19	19	19	19	19	19	19	19				
19	19	19	19	19	19	19	19	19	19	19	2	0	0	0	1	1	0	0	1	1	0	0	0	1	1		
1	1	1	1	18	18	18	18	18	18	18	18	18	18	18	18	18	18	1	1	0	0	0	0	4	4	0	18
18	18	18	18	18	18	4	4	4	4	0	1	18	18	18	18	18	18	18	18	18	18	18	18	18	18	18	18
0	2	0	1	1	0	0	0	2	2	1	18	18	18	2	1	1	1	1	1	0	0	2	4	4	0	0	0	1	1
1	1	1	1	1	1	1	1	1	1	19	19	19	19	19	19	19	19	19	19	19	19	19	19	19	19	19	19
19	19	19	19	19	19	19	19	19	19	19	19	19	19	19	19	19	19	19	19	19	19	19	19	19	19	19	19
19	19	19	19	19	19	19	19	19	19	19	19	19	19	19	19	19	19	19	19	19	19	19	1	0	0	1	1
18	18	18	18	18	18	18	18	18	18	1	1	1	1	0	18	18	18	18	18	18	18	18	18	18	1	18	18	18	18
18	18	18	1	18	18	18	18	18	0	1	18	18	18	18	18	18	18	2	1	1	1	4	4	1	1	1	1	1	2
18	18	18	2	18	4	3	3	0	0	0	0	0	0	0	0	0	0	0	3	3	3	3	3	1	1	1	1	1	1
4	4	4	4	4	4	4	4	4	4	4	4	4	4	4	4	4	4	4	4	4	4	4	4	4	4	4	4
4	4	4	4	4	4	4	4	4	4	4	4	1	1	1	1	1											

从教学活动所涉及的行为类型来看，"新课导入"阶段用时 1 分 52 秒，学习任务主要是听教师的组织管理，明确学习目标和要求。"任务一"阶段用时 30 分 4 秒，学习任务是熟悉课文，了解小说情节，下设分析小说情节和复述小说情节两个活动，采用的学习行为主要有问题讨论、学习成果展示、听组织管理、看课文、听反馈强化等。在分析小说情节活动中，教师没有直接向学生呈现小说情节脉络，而是让学生在独立阅读与思考的基础上开展小组讨论，然后通过展示讨论结果引发全班共学，进而厘清小说的情节结构。在复述小说情节的活动中，教师采取了组内复述、组间展示与评点的方式，让学生用自己的语言复述故事，进而深刻理解和把握小说故事情节。"任务二"阶段用时 7 分 40 秒，学习任务是细读课文，把握人物性格特点，学生的学习行为主要涉及问题讨论、听反馈强化、学习成果展示、听组织管理等。"任务二"需要学生从语言描写、行动描写、心理描写和神态描写四个方面概括人物的性格特点，因此在学生小组讨论和成果展示的基础上，教师用了较多的时间对学生的回答进行反馈和强化，以帮助学生梳理知识，把握人物形象以及对人物的描写方法。

从教学活动的时间分配来看，学生学习行为时间占比如图 2-5-2 所

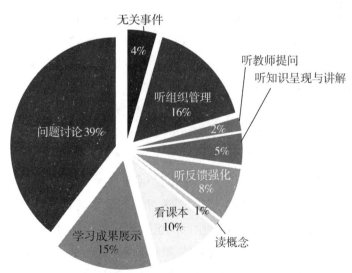

图 2-5-2　《芦花荡》课堂学习行为统计图

示。在这节近 40 分钟的语文课上，无关事件用时 1 分 36 秒，占整堂课时长的 4%；学生听组织管理、听教师提问、听知识呈现与讲解、听反馈强化的时间分别占总时长的 16%、2%、5% 和 8%，亦即学生听讲用时 12 分钟；学生读概念和看课文用时分别为 24 秒和 4 分钟，分别占总时长的 1% 和 10%；学生进行学习成果展示和问题讨论的时间分别占总时长的 15% 和 39%，亦即学生言说共用时 22 分钟。可见，以学习中心理念构建的语文课堂，大幅减少了教师单向讲授的时间，把更多的学习时间用于学生朗读、观看和言说，体现了以学生自主活动为本体的教学过程组织理念。

纵观整堂课的教学活动安排，教师的单向讲授行为主要涉及组织管理和反馈强化，而知识的获取、问题的讨论与学习成果的展示大多是通过学生合作学习完成的，且占据绝大部分教学时间。这节课在结构上发生了巨大变化，建立起了以学生的学习活动为中心的课堂教学结构。当然，这节课还存在改进空间，比如学生问题讨论耗时较长，但讨论结果的呈现方式较为单一，小组合作学习的深度和广度还有待进一步提升。

（3）学习中心课堂建设提高了教师的课堂教学能力

为考察学习中心课堂建设中教师专业发展情况，课题组特对参与课题研究的教师进行问卷调查和访谈调查，发放《学习中心课堂建设调查问卷（教师卷）》13 份，回收有效问卷 12 份，回收率为 92.3%。教师问卷具体涉及五个方面的问题：一是教师对学习中心课堂的认识与理解；二是教师建构学习中心课堂的具体做法与有效经验；三是教师建构学习中心课堂的困惑、困难与挑战；四是学习中心课堂建设促进教师专业发展的状况；五是学习中心课堂建设促进学生素质发展的状况。

调查结果显示，对于诊断学生学习问题的能力，选择没有提高、提高不太大、提高较大和提高很大的教师比例分别为 0、25.0%、66.7% 和 8.3%。可见，75.0% 的教师较为认同学习中心课堂建设提高了自身诊断学生学习问题的能力。在针对学生问题组织教学活动能力方面，教师选择没有提高、提高不太大、提高较大和提高很大选项的比例分别为 0、18.2%、72.7% 和 9.1%。也就是说，81.8% 的教师较为认同学习中心课堂建设提高了自身组织教学活动的能力。在课堂教学研究能力上，选择没有提高、提高不太大、提高较大、提高很大的教师分别占 0、8.3%、83.4% 和 8.3%。这说明，91.7% 的教师较为认同学习中心课堂建设提高了自身研究课堂教学的能力。

对于课堂教学能力的提升，参与课题研究的教师在访谈中如是说：

管红刚：建构学习中心课堂，改变了以往课堂上我讲得多、学生想得少做得多的现象，让我真正解放出来，把课堂还给学生。现在，课堂上大多数问题由学生提出，答案也由学生自己发现总结，而我也慢慢学会了掌控个体自学、小组互学与全班共学的节奏，学生能独立解决的问题采取个体自学，个人解决不了的问题采取小组互学，小组解决不了的问题采取全班共学。同时，我也深深体会到了评价的重要性，明白了学生评价时要把学习过程和学习结果综合起来进行差异性分层评价，根据学生不同的发展状况制定不同的评价标准，引导学生自己与自己做比较，不断增强学生学好数学的信心。

漆白桦：在学习中心课堂建设过程中，教师的备课量大大增加。这也使得我更用心、更投入地进行备课，尤其是对开放性话题或实践活动，我会花大量精力去准备。然而，当放手让学生学之后，整个课堂在推进过程中会出现很多意料之外的情况。这就对老师提出了更高的要求，需要老师随时能对课堂进行有效干预，且知识面要宽，应变能力要强。实践两年多下来，我感觉自己在导学案设计上越来越得心应手，在课堂驾驭上也越来越游刃有余。

吴小红：在以学生学习为中心的课堂中，教师要时刻注意学生的学习状态、学习进度，及时发现问题、归纳问题和解决问题。与传统的教师一味讲的课堂相比，在学习中心课堂中，教师需要更多的智慧，需要极强的课堂应变能力和把控能力。教师唯有对教材和课标烂熟于心，才能做到这一点。这促使教师不断探索，不断变革。

章燕：参与学习中心课堂建设，使青年教师的改变特别大。青年教师改变了以往满堂灌的教学行为，把学习的主动权交给学生，课堂变得更开放了。而且，在进行教学改革的过程中，青年教师不断加强学习，思考改进措施。比如，以前导学案的设计主要聚焦于试题，但现在教师考虑更多的不是知识层面的问题，而是设计的活动怎么样、如何使重点突出，以保证学生的充分参与，促进学生学习。学习中心课堂的建设，强化了教师的自我学习和教学研究，对教师的专业素养有很大的提升作用。

参与课题研究的教师，在学习中实践，在实践中反思，在反思中迅速成长。2015 年以来，教师撰写的科研论文获省级奖项 5 项、市级奖项 6 项、区级奖项 9 项，撰写的教学案例或教学叙事获市级奖项 2 项，制作的教学课件或教学资源包获市级奖项 3 项，参与设计的教育云空间获区级奖项 1 项，教学设计获省级奖项 1 项、市级奖项 2 项，说课获区级奖项 1 项，信息技术与课程整合优质课获区级奖项 3 项，1 项课例被评为 "一师一优课、一课一名师" 活动省级 "优课"。此外，青年教师获市优秀青年教师、区优秀教研组长和优秀少先队辅导员等荣誉共计 3 项。教师的教学研究能力和业务素质得到了较大提升。

另外，近四年的学习中心课堂建设研究，通过改变教师的教学观念和教学行为、激发学生学习的内在动力、优化课堂生态环境等，有力地推动了学校改进与发展，提升了学校的整体办学水平。2016 年，学校被评为武汉市初中素质教育特色学校。截至 2017 年，学校连续 12 年荣获武昌区初中教育教学质量奖。

（四）研究反思及未来设想

杨园学校的课题研究历时近四年，研究任务圆满完成，研究取得了显著的成效。反思整个研究进程，本研究还可以从以下几个方面加以深化和拓展。

第一，强化学习中心课堂实践成果的推广研究，进一步扩大学校课堂教学改革的覆盖面，将研究成果在更大范围内推广。

第二，细化不同课型学习中心课堂的设计与实施研究，提炼出不同课型学习中心课堂的基本范式和操作规程。

第三，深化信息技术支持下学习中心课堂的建设研究，加强慕课、翻转课堂、教育云平台的运用，促进信息技术与学习中心课堂深度融合。

第三部分

学习中心课堂建构·
教师感悟

本部分呈现的是参与学习中心课堂整体建构行动研究的教师撰写的小论文。在经历了几年扎实、投入的行动研究之后，教师们对学习中心课堂产生了自己的理解和感悟。这些理解和感悟涉及教师对学习中心课堂的整体组织和其中某些问题的看法，以及参与学习中心课堂建设所经历的困惑、冲突和改变。这些小论文从教师的角度和立场，并以教师的语言再现了学习中心课堂的面貌。阅读这些文章，能使读者更亲切和真实地认识和理解学习中心课堂。以下我们按照涉及的主题，将教师的论文分为引导学生自主学习、对学生合作学习的组织、对全班交流展示的引领、教师经历的心路历程和产生的适应性改变等若干方面加以呈现。

一、关于引导自主学习

导学单的使用价值

武汉市长春街小学　　彭　捷

我曾两次执教小学语文课文《第一朵杏花》。第一次是在四年前武汉市高效课堂巡礼活动上。时隔四年，在我校小学学习中心课堂建设的研究过程中，我再次执教了这一课。这次课后，我观看了两节课的录像，发现自己的课堂发生了巨大的变化：学生成了课堂学习的主人，他们能充分发表自己的见解，说出自己的感受。学生在课堂上能有如此可喜的变化，与课前使用导学单是密不可分的。在我看来，使用导学单的价值主要表现在以下几个方面。

一、指导学生有效完成课前自学

课前自学是学习中心课堂的首要和基础性的环节。但是，由于小学生年龄小、知识经验不足，完全独立地进行自主学习的意识和能力尚不具备，因此，小学生的课前自学需要教师提供帮助和指导。导学单是我校采用的用以引导学生课前自学的工具。在语文学习中，借助导学单，学生对课前的自学就不再感到茫然：对文章的脉络会有较为清晰的认识，对文本有自己的感悟，对文中的重难点、目标也有更多的了解。

例如，在第二次执教《第一朵杏花》时，我就在导学单中设计了以下几个任务，指导学生提前预习。

任务一：突破词语关。我通过设计两个具体的活动，让学生读准字音，读通课文，读准并理解文中重点词句。

任务二：勇闯内容关。设计这个任务的目的主要是让学生提前查阅资料，了解竺可桢，为学习课文奠定基础；引导学生思考课文主要讲了什么故事，让学生对课文有具体的了解。

任务三：游戏"找不同"。这项任务是为了让学生能在课前自学的过程中，找到竺可桢看花和我们常人不同的地方，从而感受竺可桢做科学研究的严谨态度。

任务四：挑战学法关。语文教学中的两大任务是理解内容后体会文章表达的情感和学习表达。据此，我设计了这一任务，要求学生掌握文章的阅读理解方法。

我还设计了问题收集任务，要求学生在自主预习课文时，主动提出问题，看看自己还有哪些疑惑，以便师生一起在课堂上交流研讨。

因此，学生在完成导学单的过程中，就不再停留在字词的学习上，他们能够阅读文本，感悟文章的内涵，体验文章的写作方法和技巧。对中高年级的学生而言，课前自学的效果更加明显。

二、帮助学生发现自己的学习问题，提高后续学习的针对性和主动性

学生在自主完成导学单的基础上，找到了自己的疑问点，明确了教材的重难点，就会带着问题参加小组互学与全班共学，与小组和全班同学一起探究，或听教师讲解，因此，学生的学习比在传统课堂上更认真、更有针对性。另外，学生的许多疑问能够在小组内、班级内解决，减轻了学生的课业负担，提高了学生主动求知、相互合作、共同探究的能力，形成学习的良性循环。

比如，在执教三年级语文课文《一次著名的冲刺》时，我先采用讲授的方式，通过抓关键词展开想象的方法，让学生体会派特利冲刺时表现出的不屈不挠的精神。一节课下来，学生与文本的共鸣并不强烈，学得辛苦。其实，教师也教得辛苦，教学目标没有达到。于是，我在另一个班上采用了学习中心课堂的教学结构。课前学生在完成导学单的过程中，观看马拉松的视频，查找马拉松的相关资料，读通课文，勾画描写派特利冲刺的句子，再体会课文。第二天在课堂上，学生由于前一天在家进行了充分的自学，所以在小组学习时争先发言，在互相交流的过程中产生情感的共鸣。在集中汇报重点句子环节，当教师看到学生只能初步体会派特利的艰难和顽强时，就创设情境，指导学生想象画面。稍做引导后，学生就充分

感受到派特利冲刺时的不屈不挠的精神。在学生充分感知课文内容和体会课文表达的情感的基础上，教师就能更有效地进行学法的指导，学生就可以真正沉到文字中去。

正所谓"不愤不启，不悱不发"，使用导学单确实能让教学达到事半功倍的效果，让学生学得轻松扎实，让教师教得挥洒自如。

三、帮助教师了解真实的学情和安排有针对性的教学活动

在传统的教学模式中，教师备课时，经验丰富者往往用已有的教学经验来判断当下的学生学情，从而容易导致学生懂了的还在教，没懂的却错过的现象；经验不足者又会如雾里看花，在对学生学情不甚了解的情况下，只是将课文内容粗略地过一遍。在学习中心课堂上，教师课前将导学单发放给学生，通过及时批阅学生的导学单，将学生在预习中所暴露出来的问题整理好，便可以适当调整教案，有针对性地进行课堂教学，从而提高教学的有效性。

中年段学生在学习语文课文时，对课文内容的总结和提炼是一个难点。以《第一朵杏花》的教学为例，在传统课堂上，让学生概括文章主要内容时他们要么不发言，要么发言时啰啰嗦嗦、讲不到重点。在学习中心课堂上，我在集中批阅学生的导学单后发现，他们对课文内容梳理、归纳得不够简洁准确，大部分学生只是照搬原文。于是我将教学内容调整为指导学生掌握文章内容提炼六要素综合法。小组互学时，学生集中运用这个方法来概括课文内容。在全班共学后，学生继续整理自己的导学单，对归纳的内容进行反复修正，终于落实了这部分教学目标，达到了较好的学习效果。

在学习中心课堂中如何落实学生的自主学习

武汉市长春街小学　　宁　莉

培养学生自主学习的品质，是学习中心课堂建设的核心目标之一。课堂教学只有以学生的学习为中心来进行组织，把学生的学习和成长放在中

心位置，才能促进学生自主学习品质的形成。

一、用实导学单，指引有效自主学习

学习中心课堂的核心理念是"先学后教、以学定教"。我们以导学单为抓手，让学生在导学单的指导下自主学习。只有让学生正确使用导学单进行有效的自主学习，导学单才能在教学中发挥最大作用。

为此，教师一定要做好预习阶段的指导，要求学生根据导学单认真进行课本预习，积极引导学生进行独立自主学习。

一是完成导学单学习的"四步曲"。针对有的学生拿到导学单后直接翻开教科书把相关内容抄在导学单上的做法，教师可指导学生通过四步完成导学单：第一步，仔细阅读学习目标，带着目的去预习；第二步，浏览一遍导学单，做到心中大体有数；第三步，带着导学单上的问题预习教材；第四步，填写导学单。

二是用活手中的双色笔。教师可提醒学生，在完成导学单的过程中要勾画出课本上的知识点并做标注，梳理基础知识脉络。一旦遇到"拦路虎"，就把不会的问题标注出来。修改导学单上的错误时一律用红笔，以区别于原来的错误答案。如此，将来复习时只侧重看红笔改过的答案即可。

教师一方面要指导学生掌握自主学习的方法，另一方面也要引导学生学会反思的方法，养成反思的习惯。在研究中，我指导学生用"三步走"的策略完成对自主学习过程与效果的反思。

第一步：看导学单。导学单完成之后，要经常翻一翻、看一看，以加深对知识的理解。当再一次看它时，也许学生会发现"这道题原来还可以这样解答"，原来苦思不得理解的知识一下子全明白了。

第二步：想疑难点。回头看导学单时，要多想一想这些知识学习的疑难点、困惑点，反思一下：自己当时是怎样想的？哪些地方错了？为什么错了？现在如果再做还会不会？

第三步：做错题。在看和想的基础上，把容易错的题目再做一做。通过反复练习，达到巩固知识的目的。

导学单如同一根拐杖，学生借助导学单的引导可以有目标地进行独立自主学习。运用导学单完成自学过程之后，学生在课堂上就能更加有效地进行小组合作交流学习，有序地进行小组汇报展示，有针对性地进行学习评价。用实导学单，不仅可以培养学生良好的预习、思考、表达、交流等习惯，也能促进他们自主学习能力的提升。

二、运用多种学习方式，促进学生自主学习

《义务教育数学课程标准（2011 年版）》中明确指出："动手实践、自主探索、合作交流等，都是学习数学的重要方式。"在学习中心课堂的个体自学、小组互学、全班共学三个环节中，我们将多元的数学学习方式渗透其中，推动数学问题探究的深入。

如在"长方体的认识"一课的教学中，在探究长方体的特征时，我们依次采取了如下三种学习方式。

个体自学：学生依照导学单"独立探究长方体的面、棱、顶点的特征"的要求独立自主地进行探究，一方面暴露独立学习中的问题，另一方面累积学习经验。

小组互学：小组成员交流通过独立自学所发现的长方体的特征，同时提出自己独立自学时不懂的问题，请小组里会的同学解答，不能解决的问题则由组长记录下来。

全班共学：小组分别汇报学习的发现、经验，提出不能解决的问题，其他小组则进行评价，并补充、解答和质疑。

整个教学过程由个体自学、小组互学和全班共学构成。在小组互学中解决学生个体自学时解决不了的问题，并通过交流，让学生能在思维角度、思考方法、情感态度等方面互相借鉴，促进新观点、新思路、新体验的生成。在全班共学中，汇报小组上台展示，其他小组倾听并评价、补充和质疑，从而解决小组互学时仍不能解答的问题。如此，教师较好地将学习的主动权交给了学生，使学生体验到了学习数学的乐趣，从而产生积极的情感体验和探究开拓的意识；同时，也使学生运用"独立思考、合作探究"的方式解决问题，让小组合作学习落到实处。

三、正确把握教师作用，协助学生自主学习

学习中心课堂突出强调学生的能动学习，但并不否定教师的作用，相

反，学习中心课堂对教师的课堂组织协调能力和教学智慧提出了更高的要求。比如，小组互学时，教师要通过巡视观察，及时发现学生在学习方式、学习习惯、思维方式、思维习惯等方面存在的问题，以及学生学习的障碍和薄弱环节等。对学生提出的问题，教师要能够机智地、区别化地应对：对个别学生的特殊问题，教师可当场进行一对一解答；对某个小组提出的问题，教师可与该小组学生一起研讨解答；对多数小组提出的共性问题，或是学生普遍没有注意到的重要问题，教师则需归好类，及时做好准备，并在下一阶段面向全班学生进行讲解；等等。

例如，在"长方体的认识"一课的教学中，在小组互学环节，学生在独立探究的基础上讨论交流长方体的特征。我在巡视的过程中发现，学生都能自主探索出长方体的特征，但其中一个小组在回答问题"哪些面是完全相同的？哪些棱长度相等？"时，只能结合长方体物体指出来，却不知如何用语言表达。这个问题在其他小组中没有出现，属于个别问题。因此我直接参与该组讨论，指导该组的学生用"相对"一词来表述面和棱的特征。在巡视时，我还发现学生在探究长方体特征的过程中，运用了看、摸、数、量等多种活动，但都没有用比的方法，因此，在学生汇报交流完自己是如何操作探究、得出怎样的结论后，我再让全班学生观看PPT，让他们了解到还能用比的方法对长方体的面、棱的特征进行验证（相对的面完全相同，相对的棱长度相等），从而让学生对长方体的特征有了更深刻的认识，同时，也让学生学会用更多的数学方法探索数学知识。

四、巧用反馈工具，提高自主学习效率

在小组互学时，教师一般会在学生当中巡视，发现学生学习中存在的问题，并有针对性地对学生问题进行解答。但由于一个班学生人数较多，小组数量也相应较多，教师无法在有限的时间内全面了解所有小组状况，如哪些小组能够在组内解决问题，哪些小组经过交流后还存在问题，需要教师或其他同学帮助。

通过不断实践，我们采用在小组中使用反馈牌的方法，有效地解决了这一问题。例如，在"长方体的认识"这节课上，我给每个小组准备了两种颜色的标志牌，红色代表讨论结束但存在组内无法解决的问题，绿色代

表讨论结束且不存在任何问题。运用反馈牌，学生不用举手就可以获得教师的帮助，小组讨论交流的效率大大提高；同时反馈牌也让我更快地了解各组的讨论情况，从而能迅速地发现学生学习中存在的问题。

五、评价主体多元化激励学生自主学习

要使学生自主学习顺利持续地开展，评价主体的多元化是重要保障。长期以来，学生接受的主要是教师的评价，很少有来自同伴的评价，也很少进行自我评价。而实际上，学生自我评价和同伴互评，对学生自主学习活动的开展具有重要的作用。让学生进行自我表现评价是尊重学生的一种表现。学生通过自我表现评价，反思自我，教育自我，发展自我。学生之间或小组之间的交互评价，能够使学生面对面地积极互动，有机会进行解释、争辩，从而加深对所学知识的理解；更能促进学生认真听课、思考问题，培养学生的倾听习惯，使学生更加积极有效地开展自主学习。

例如，在"长方体的认识"一课教学中，当某个小组汇报配组数长方体棱的方法后，即"先数上面4条，再数下面4条，最后数左右各2条，一共12条棱"，就有小组对此进行了补充："我赞同他的观点，但我还有一种数棱的方法，比他更有序。我先数横向有4条，再数纵向有4条，最后数垂直于地面的有4条，总共也是12条。"课终，教师让学生在导学单上进行自我评价，同时还采用生生互评的方式，让学生在相互评价、相互补充的过程中自我完善、自我优化。如此，就形成了平等、民主的评价关系，真正发挥评价的激励、诊断功能，促进学生发展。

通过一次次的实践研究，我们的课堂在慢慢蜕变。我们的课堂正逐步改变以教师及其活动为中心的课堂教学结构，突出学生独立学习的中心地位，以学生自身能动学习活动落实教学目标或任务。学习中心课堂促进了学生的自主学习品质、合作意识与能力、个性化表达与展示等方面素质的发展。我们将不懈努力，继续深入研究，把学习的主动权真正还给学生，把发展的机遇真正还给学生，让学生掌握打开知识宝库的金钥匙！

学习中心课堂中学生问题意识的培养

武汉市杨园学校　　章　燕

学习中心课堂的基本特征是，以学生的问题作为教学过程组织的导向，并以组织学生活动解决学生的问题作为教学过程的本体。因此，让学生学会发现和提出自己学习中遇到的问题，是学习中心课堂建设中的一个关键环节。

一、营造良好的教学氛围，让学生敢于提问

受到传统填鸭式教学模式以及"师道尊严"等旧观念的影响，学生在学习过程中一直处于被动接受的状态。这种不自由、不平等的学习状态势必抑制学生主动提问的意识和能力。初中生充满好奇心，对一切新鲜事物都想尝试。我们应在学习中心课堂建构过程中，通过个体自学、小组互学、全班共学等形式，激发他们的好奇心和求知欲，让学生敢于提问。对于学生提出的问题，教师应给予学生充分思考讨论的时间和空间，细致耐心地倾听学生的分析，并及时给予帮助、表扬和肯定。教师应尽量让学生放下包袱，不要因为害怕问题太肤浅、问题重复或同学嘲笑而不敢提问。

在学生问题意识培养的过程中，教师要不断确立学生在课堂中的主体地位，消除其对提问的恐惧和不适感，正确认识提问在知识获取过程中的重要性，真正提高学生主动提问的能力。

二、创设生动有趣的问题情境，让学生乐于提问

数学知识具有抽象性和独特性，与其他学科知识相比，显得没那么生动有趣。教师如何让学生在学习过程中感受数学的文化，领略数学的"味"和数学的"趣"？这就需要教师在教学过程中多动脑筋，创设一些形象生动的数学问题情境，设计一些好的数学活动，激发学生学习热情，让学生带着问题去合作学习，提升学生的思维力、想象力和创造力。如上"幂的乘方"这一课时，一进教室，我就跟学生讲了一个故事并提问：国王希望用更多的金币来奖励故事中的主人公，可面对两箱写有 3^{444} 和 4^{333}

个金币的箱子很犯愁，不知道哪箱金币更多。哪个组的同学能帮助国王做出正确判断？与此同时，PPT上播放两大箱金币和国王苦恼的图片。学生的兴趣一下子就被调动起来了，纷纷拿起纸笔，看书，计算。各个小组讨论得非常激烈，都希望自己所在的组能最快得出答案。有的小组发现，硬算肯定是行不通了，便急着在课本上寻求帮助，最后推导得出幂的乘方公式，利用这个公式完满地解决了比较 3^{444} 和 4^{333} 大小的问题。

在课堂教学中，教师要善于倾听和等待，积极创设生动有趣的教学情境，充分尊重学生的主体地位，充分相信学生，给足学生思考讨论的空间和时间，进一步培养他们提出问题、分析问题、解决问题的能力，增强其问题意识。

三、注重教学引导，让学生善于提问

初中生固然有很强的好奇心和求知欲，但其思想并不成熟，对外界的认知没有达到一定高度，心理承受能力也不够强大。因此，教师在日常教学中要注意学生心理素质的培养，多鼓励他们，要让学生知道："学"和"问"是不分家的，"学问学问，勤学善问"；在小组合作学习中要敢于发表自己的意见，敢于提出自己的疑问，要树立"不懂就问"的学习观念；一定要有问题意识和科学的求证态度，养成良好的数学学习习惯和思维习惯，在小组合作中不能只做倾听者。

如"直线与圆的位置关系"这一课的课后练习题为：$\triangle ABC$ 周长为 L，面积为 S，求其内切圆半径 r（用含有 S 和 L 的式子表示）。学生经分析可以得出 $r = \dfrac{2S}{L}$。解决这个问题之后，我接着让学生完成另外一道变式题：Rt$\triangle ABC$ 中，$\angle C = 90°$，$AB = c$，$AC = b$，$BC = a$，求 Rt$\triangle ABC$ 的内切圆半径 r（用含 a，b，c 的式子表示）。我先给学生时间独立思考，再鼓励他们换个角度思考问题，找找不同的方法。在基本完成任务后进行小组互学时，大家发现：一部分同学选择用面积法，将 Rt$\triangle ABC$ 的面积转换为三个三角形的面积之和，得到的答案是 $r = \dfrac{ab}{a+b+c}$；一部分同学选用切线长定理解题，得到的答案是 $r = \dfrac{a+b-c}{2}$。"两个都有理，都没错，但是答案好像不一样啊"，学生纷纷举手示意，希望老师当裁判判断对错。我故作思考状，摇摇头说："我也不清楚。你们现在的问题是什么呢？"学生喊着："它们两个相不相等？"我接着说："怎么判断两个数的大小关系呢？""做减法！"学生说完就埋头计算，不理我了。

通过计算，学生发现这两个式子形式虽然不一样，但相减时等于 0，所以两种计算方法都没有错。《义务教育数学课程标准（2011 年版）》指出："数学教学活动，特别是课堂教学应激发学生兴趣，调动学生积极性，引发学生的数学思考，鼓励学生的创造性思维；要注重培养学生良好的数学学习习惯，使学生掌握恰当的数学学习方法。"而真正能达到这些目标的方法就是，引发学生的数学思考，培养学生善于提问的意识和能力。

四、进行正面的教学评价，让学生主动提问

学生基础知识的掌握情况，会对后续的数学学习产生影响，这些影响不只体现在接受数学知识的效率上，也体现在学生提出数学问题的能力上。在课堂上，有些基础相对薄弱的学生不能提出有价值的数学问题，这时教师同样要给予鼓励和表扬。这是因为，积极正面的评价会激励他们继续思考，让他们感受思考和质疑带来的乐趣。在教学中，我们不难发现，教师对学生的正面评价越多、越及时，激发学生提问的效果就越好。除了表扬，组织一些竞赛活动也能达到激励学生的目的。

经过一段时间的培养后，我们班的学生已经具备基本的问题意识。前不久在上新课"科学记数法"时，有学生提问："除了科学记数法，还有其他的记数法吗？""所有的大数都可以用科学记数法表示吗？比如 12345678.9876。"学生提出的这几个问题让我很惊喜，当即给予了肯定："这个小组的同学思维活跃，讨论深入，也给我们提出了很有意思的问题。除了科学记数法，还有其他的记数法吗？是不是所有的数都要使用科学记数法表示呢？"学生的好奇心瞬间被激活，我更是按捺住自己想要多讲的冲动，向学生提议：前面一个问题留作课后调查，大家自己去搜集记数法的相关资料。对后一个问题，没等我回答，已经有学生站起来："这个数直接用科学记数法表示，并没有简化多少，如果用近似值的话，就更简单了。""近似数不是我们下节课学习的内容吗？"学生你问我答，不断提出

问题，又不断解决问题。在整个过程中，我只是用眼神和表情来表示我的惊讶、关注及肯定。学生的问题意识越强，思考得就越多，就越能成为学习的主人。我想，在以学生学习为中心的课堂中，学生问题意识的培养必不可少，它是小组合作和课堂学习高效的关键所在。

如何在学习中心课堂建设中培养学生的问题意识，提高学生提出有价值的数学问题的能力，是一个值得我们广大教师仔细探讨和研究的问题。授之以鱼不如授之以渔，只有真正培养了学生的问题意识，才算"授之以渔"。一个能提出问题的人，才是在学习过程中主动思考的人，才会不断学习新的知识，解决新的问题，才会富有创造性，为自身的可持续发展奠基。

把课堂还给学生

武汉市杨园学校　　　徐曼怡

在过去三年多的课改实践中，我有幸得到华中师范大学陈佑清教授手把手的指导。经过多次的培训、上课和研讨，我深刻地理解了课堂教学改革的方向和趋势。陈教授提出的学习中心课堂，就其本质而言，就是把课堂还给学生，充分调动、发挥学生学习的主动性与积极性，让学生成为课堂的主体，把课堂变成学生展现个性与能力的舞台。在学习中心课堂的建构过程中，教师必须面对和回答好以下两个问题。

一、把课堂还给学生，教师需做哪些准备？

一是吃透教材，设计导学案导学。教师应牢牢抓住教材中的重难点，设计导学案进行导学，让学生明确自己的学习目标，突破重难点，而不是面面俱到、主次不分。预习是学生的首要任务，学生必须认真、独立地完成导学案。在导学案的引领下，学生带着问题进入学习过程。教师应教会学生预习的方法，提示学生如何进行预习。

二是关注全体学生。课堂是班内所有学生共同的学习场所，每个学生都享有接受教育、获得发展的权利。因此教师应面向班级全体学生，利用好"兵教兵""兵练兵""兵强兵"策略，全面、整体地提升学生的知识、能力、情感等。教师可让学困生向优秀生拜师学艺，结成学习对子。让优秀生辅导学困生，一方面可以帮助学困生内化知识，点燃他们的求知欲；另一方面也使优秀生在原有基础上得到提高。

三是发挥学生的主体作用。教师应创设人人参与的教学情境，恰当地组织学生开展多样化学习活动，激发学生自主学习的主动性。在各类学习活动中，每个学生基于自身不同的知识基础和生活经验，对所学的内容有不同的体验、认识、选择、评价、重组和整合，最终把知识转化为智慧。在教学过程中，教师采取灵活多样的教学形式，让学生进行游戏和表演，把枯燥的学习变为快乐的学习，同时使学生反思自己学习的方法与效果，不断自觉地完善和改进。当学生的主体地位被确立、主体作用被充分发挥的时候，学生学习的积极性、主动性和创造性就会被完全地激发和释放出来，课堂成为他们充分展现自己个性和能力的舞台。

二、在课堂上，教师把什么还给学生？

一是还给学生充足的自主学习时间与空间。杜郎口中学的"10+35"教学模式，确立了课堂上教师讲授与学生学习活动的时间比例，改变了以往课堂以教师讲授为主的局面。35分钟的时间用于学生之间相互检查、帮助、督促、争论和探讨，学生的自主性得以培养，三维目标也得以落实。我校通过采用如下教学流程，给学生自主学习提供充足的时间和空间。首先，学生借助导学案完成课前自学；其次，在个体自学基础上，学生以小组形式相互交流，解决个体自学时不能解决的问题；最后，对于学生个体自学和小组互学仍然不能很好解决的问题，运用全班共同研讨、教师点拨的方式解决。

二是还给学生提问和解决问题的机会。在课堂学习中，学生经常会遇到各种各样大大小小的问题，教师在课堂中也经常会提出问题。以往，学生自己的问题没时间问；老师提出的问题，一般学生因为思考时间不够，没把握，不敢回答。于是，要么教师自问自答，要么个别尖子生回答，其他学生只是充当"录音机"的角色。解决问题的过程，正是充分发挥学生学习积极性，培养学生知识与技能、过程与方法、情感态度与价值观必经的过程，是引导学生走向成熟、形成能力的过程。所以，教师应指导学生自己去争论、商讨、解决问题，而不是回避问题，更不宜动不动由教师代替学生解决问题。

三是还给学生自由创造的激情和空间。创造、创新是主体性最高层次的表现。学生的创造、创新不是自然而然产生的，同样需要教师的积极引导和巧妙激发，需要教师给予学生自由思考的空间与时间。教师应根据学生的能力和特点，扩大他们自由学习、活动和发展的空间，鼓励他们有自己的想法，让他们以主人翁的态度积极、主动、愉快地学习、生活和发展。这样，教学就更具有开放性，学生的创新能力、实践能力也能得到充分的展示和提高。教师不应把学生当成接受知识的"容器"，而应把学生看作能动的主体。教师给学生提供宽松的环境，给学生创设展示自我的舞台，教师把自己融入学生，用民主开放的思想和行动去开启学生的智慧，最大限度地调动学生的积极性和主动性，充分发挥学生的主体作用，从而真正实现知识与技能、过程与方法、情感态度与价值观三个维度的教学目标。

学生永远是教学活动的主体。建设学习中心课堂，把课堂还给学生，给课堂注入了强大的生命活力。教师要积极面对学习中心课堂建设中的种种挑战，充分发挥学生的自觉能动性，让学生积极参与学习过程，体验成功的喜悦，进而创造出一个又一个惊喜。

二、关于合作学习的组织

学生分组的实验探寻

武汉市长春街小学　　易　娟

小组合作学习对学生思维的发展和合作品质的形成意义重大，但要有效地开展小组合作学习，并非易事。鉴于此，我在班级尝试进行了分组的实验研究，探寻怎样分组才能达到小组讨论人人发言、小组活动人人进步的目标。

一、第一次实验

第一次实验时，我采取自然分组，即前后排四人按空间邻近原则自然组建成一个小组。

课堂观察中我发现，小组成员的发言能力存在较大差异，有的小组四个人发言能力都不强，这导致讨论时有的小组学生抢着说，还有的小组则学生说的说、听的听。

为了达到在小组讨论时人人发言的目的，我硬性要求每个学生都要张嘴，在讨论时不会说的学生可以重复别人的发言。一段时间以后，学生逐渐适应了这种形式，参与讨论的学生变多了。

随着小组讨论的踊跃开展，"告状"的人也多了。学生蔡××告状次数最多，"他们不让我说话"是他投诉最多的内容。蔡××有个特点，就是一发言就说得时间很长，而且发言内容多数重复。小组其他成员觉得他抢了自己发言的时间，都不让他说。还有的小组同学认为："他总学着别人说，我们不想听他讲。"

听了同学们的意见，我认识到问题的症结在于，一个小组人数虽然不多，但是每个人都有自己的个性，每个人也对其他成员有期待。一个组的学生是需要合理搭配的，怎样搭配才能让孩子们觉得合适呢？

为了准确地了解学生的想法，我在班级里进行了小调查。调查问题是：你想和什么样的同学在一组？你觉得什么样的小组是最好的？调查结果是：大家最想要的是会发言而且爱帮助人的同学，而不是成绩好的同学。对于小组，不同的学生有不同的期待：学习好的同学希望和学习好的在一组，但是也能接受本组有一名学习中等但发言能力强的同学和一名学习上需要帮助的同学；学习中等的同学希望和学习好的同学在一组；学习弱的同学希望本组内有学习比自己好的同学，也希望本组有学习水平和自己相当的同学。

同时，我在观察中发现，小组成员在能力均衡的情况下，互相学习、共同提高的效果较好。如果两个水平相差大的学生在一组，水平低的学生的话语权就会被压制，甚至被抢夺。学习水平低的学生并不希望和成绩太好的学生安排在同一小组，这样他们会有压抑和被孤立的感觉，他们更希望有学习同伴和学习上的帮助者。

针对调查结果和观察研究情况，我尝试将两个学习好的和两个学习中等的学生放在一组，将两个学习中等但爱帮助别人的学生和两个学习弱的学生放在一组，希望这样的分组形式能使小组的环境更宽松，同时能让每个学生在交流中都有收获。

二、第二次实验

这次实验，我改变了自然分组的形式，将全班学生按照发言能力分为四种水平：积极思维，表达准确（A）；积极思维，主动表达（B）；能在引导下思维和表达（C）；表达困难（D）。

分组时，我尽量将水平相当或水平相差不远的学生安排成同桌。同时，保证每组都有不同水平的学生。一组的成员结构可能是 AABB、BBCC、CCDD、AABC、ABBC、BBCD 和 BCCD。

经过一年的观察，我发现这样的分组方式确实促进了学生的转变。这种转变是小组成员共同努力的结果。转变最明显的是一个名叫徐××的女生。

从一年级到五年级徐××上课时从不发言，偶尔被老师叫起来也是低着头不说话，作业常常不做，和同桌蔡××经常吵架。在班上她只有宋××这么一个好朋友，其他人她也不搭理。

就是这么一个在我印象里冷脸、固执、任性、拖拉的小女生，这学期发生了极大的变化。首先，她变得爱笑了。我经常看到她下课后和后桌的吴××在一起边画画边笑。其次，她不拖欠作业了。虽然上课时依旧不发言，但是小组汇报的时候，她也不会冷场了。

究其原因，是小组合作的功劳。徐××所在的小组共四人：她的同桌王××为人宽容、成绩好又热心；吴××活泼，与她学习成绩相当；程××做作业速度快。四人中就属徐××弱一点。分好组后，她们小组成员几次告状，全因为徐××在组内不发言，导致小组汇报时总是只有三个人说话。别的组得 4 分，她们只能得 3 分。面对这样的意见，我坚决不换组，并且告诉全班，小组回答问题时，没话可说的同学有两个办法：一是重复别人的答案；二是进行朗读。于是在课堂上我渐渐听到了徐××的声音。她从重复别人的话、集体朗读到独立发言，经过了漫长的一年。

三、实验结论

通过实验，我总结出一些分组的经验。第一，小组分配是建立在同桌分配的基础上的。第二，假定将学生的水平区分为四个层次 A、B、C、D，那么在分组时，同桌之间的水平可以是 AA、BB、CC、DD、AB、BC、CD，但最好不要是 AC、AD、BD。水平差异太大，水平低的学生会觉得压力很大，水平高的学生会觉得自己只帮助别人而没有收获。第三，在一个小组内部，最好不要将 A 水平和 D 水平的学生放在一起，那样 A 会抢夺发言权，D 会觉得自己没有价值。

如何让小学生学会合作

武汉市长春街小学　　方亚琴

在学习中心课堂中，合作能力是学生之间有效交流互动必须具备的一项素质。课堂中良好的合作交流，既可营造一种学生积极参与教学的氛围，使学生主动思考、发表意见，又可活跃学生的思维，使他们从相异观点、多元方法中得到启发，从而加深对问题的理解。此外，合作交流还可以弥补教师无法同时兼顾每个学生发展的不足。学生通过彼此之间的对话与交流，相互取长补短，从而达到"人人教我，我教人人"的效果。可见，让学生学会合作，对于学习中心课堂建设意义重大。那么，教师应如何让小学生学会合作呢？通过几年的学习中心课堂的行动研究，我体会到合作能力的培养应从培养小学生的表达、倾听、辩论和协作等方面的习惯及能力入手。

一、培养学生的表达习惯和能力

良好的表达，可以使学生的内隐思维外显，有利于教师有效获取有关学生学习的信息，增强教学的针对性。那么，应该如何培养学生表达的习惯和能力呢？

首先，让学生有敢说的勇气。我要求每个小组成员不仅要认真倾听其他组员的发言，还必须勇于表达自己的观点。针对有的小组"小老师""小权威""话痨"占据绝大多数发言机会的现象，我深入小组，抛出一些简单易懂的问题，请那些基础知识较差、思维能力较弱、不善言谈的学生发言，在他们发言后及时给予肯定和鼓励，给他们表现自我、体验成功的机会。

其次，让学生掌握多种表达方法。"说"是表达的一种主要形式，但并非唯一形式。小学生由于年龄小，语言的表达有时候跟不上思维，常常出现想到了却说不出的情况。这时，表情、眼神、手势、动作、图片和符号就成了好帮手。

例如，我在执教"三角形的认识"一课时，要求学生找一找身边的三角形。四年级的学生发现，当用语言表述不清时，可以借助其他的方式表达。有的学生取下了脖子上的红领巾展示给大家看，有的学生将三角形尺举起来把边框摸一遍……在学生围绕"你的三角形有几条高？""所有三角形的高都一样多吗？"等问题进行小组合作学习时，有的小组发现，借助图形让大家边听边看，可以使大家明白"锐角三角形的三条高在三角形内，直角三角形的两条高就是两条直角边，钝角三角形有两条高在三角形外"。

二、培养学生倾听的习惯和能力

在小组合作学习时，学会倾听别人的发言是合作成功的前提。每一个小组成员必须听清教师的提问，听懂小组分工的要求，听明白其他同学的发言；同时，听得了表扬，更要听得进批评。教师还要告诉学生，与他人交谈时应克服浮躁之气，要仔细、认真地倾听别人的发言，思考、分析别人提出的看法，不随意打断他人或插嘴。

以下是我执教"单价、数量和总价之间的关系"一课的片段。

师：请默看数学信息，说出数学信息中出现了单价、数量、

总价这三个量中的哪一个量。（白板呈现：一组农夫山泉水共12瓶，每组22元）

生：22元一组，22元是单价。

师：22元是单价，哪个是它对应的数量？

生1：一组。

生2（迫不及待地站起来）：我觉得22元也是总价。

师：22元是谁的总价？

生1：一组矿泉水的总价。

生2：22元是12瓶矿泉水的总价。我认为22元既是一组的单价也是12瓶水的总价。

（班上响起了热烈掌声。）

学会倾听能使学生博采众长，弥补自己的不足，也能使学生萌发灵感、触类旁通，还能使学生养成尊重他人的良好习惯。

三、培养学生辩论的习惯和能力

在小组合作交流过程中，我们总会遇到与自己不同的观点和看法，这时辩论就显得十分必要。许多教育专家也认为，辩论对于小学生来说十分必要，可以培养学生的思考、分析、判断和表达等能力。然而，由于辩论和日常表达不同，论争的任何一方都想推翻对方的看法，树立自己的观点，它常常是带有"敌意"的语言行为。因此，展开辩论首先要避免无意义的争辩，必要时教师要进行正确引导，及时干预；其次要使用积极、文明、恰当的语言进行辩论，以理服人，避免出现言语过激的情况。还要注意，如果辩论失败，要坦诚面对，胜利者也不可洋洋自得，因为辩论的目的是追溯分歧产生的原因，找出共同点，得出正确的结论。

以下是我执教"圆锥的认识"一课的片段。

师：我们发现圆锥的高在它的里面，尺子也伸不进去，怎么办呢？你们有什么好办法测量圆锥的高呢？

生1：将圆锥沿高垂直切开，再测量高。

生2：这个方法不好，如果圆锥是铁做的，切开很麻烦。

生3：可以在圆锥上面放一本书，再测量书与桌面之间的距离。

生4：书太软，易变形，会影响测量的结果，我觉得上面放三角尺或卡片更好。

学生在辩论中一步步完善了测量圆锥高的方法，合作交流活动成为课堂教学中一道亮丽的风景线。

辩论对学生的逻辑思维能力和口语表达能力是很好的锻炼。这样的过程还增强了师生间、学生间的信息传递，加深了学生对知识的理解。

四、培养学生相互协作的意识与能力

小溪只能泛起破碎的浪花，大海才能激起惊涛骇浪。个人与团队的关系就如小溪与大海，只有每个人都将自己融入集体，才能充分发挥个人的作用。教师要充分利用各种教育教学资源，根据实际情况，积极组织学生参加各种活动，让学生意识到集体的力量和团队的优势，从而强化他们的团队协作意识。

第一，开展数学文化活动。为了激发学生学习数学的兴趣，提高口头表达能力，可以组织学生以相声、讲故事、演讲、朗诵等形式表演数学家的故事、数学趣闻等，促进学生间的交流与合作。

第二，开展竞赛活动。为了激起学生学习数学的兴趣和动力，拓宽他们的视野，同时检验学生学习的效果，可以开展以代数计算、图形学习、问题解决为主题的系列活动。通过小组竞答等方式，让学生感受数学学习的乐趣，体验合作的愉悦。

第三，进行趣味展演。在教师的细心指导下，学生分组练习如魔尺、魔方和河内塔等节目，在一年一度的校园教学文化节的汇演活动中演出，得到家长和社会的认可和赞扬。

教师还可以组织"小老师结对"活动，让学生获得帮助与被帮助的心理体验，强化团队合作意识。

"同心山成玉，协力土变金。"在一个缺乏凝聚力的环境里，即使个人有雄心壮志、聪明才智，其才能也不可能得到充分发挥！只有在严密有序的集体组织中，通过高效的团队协作，才能创造奇迹。学生合作能力的培养需要长期坚持，不断实践。教师应经常给学生提供合作的机会，指导合作的技巧，从而逐步培养学生的合作能力。

发挥"灵魂人物"在合作学习中的引领作用

武汉市长春街小学　　周礼斌

　　小组合作学习是学习中心课堂中的基本学习形式。为了使小学生的合作学习更为有效，我在课堂教学实践中注重遴选一批"灵魂人物"，通过发挥"灵魂人物"的作用，使课堂上小组互学和全班共学更加优质高效。

一、"灵魂人物"在小组合作学习中的作用

　　"灵魂人物"通常是指班级中学习习惯、学习方法、学业水平、思维的灵活性和新颖性等方面比较出众，且能帮助同伴提高综合能力及学业水平的学生。班级中的"灵魂人物"通常以小组长为主，也包括小组内综合能力出众的学生。"灵魂人物"在小组合作学习中的作用主要表现如下。

　　第一，"灵魂人物"能够使小组合作学习更加有序和有效。学习中心课堂的教学过程是，学生课前先独立自学导学单，课堂上针对个体自学中的问题开展小组交流。那么，如何使小组交流合作有序且达到高质量呢？作为"灵魂人物"的小组长发挥着重要的作用。课上，组长先带领组员分工合作、交流研讨，然后在全班展示的过程中，展示自己组的探究成果，提出疑惑。课后，学生完成每节课的核心知识点自测，组长检查后及时向组员和教师反馈。整个学习过程都清晰可见。

　　第二，"灵魂人物"在文本理解上具有示范作用。在小组合作学习过程中，学生拥有高度的自主性，常会迸出一些精妙的思维火花，生成精彩的瞬间。

　　例如，在《聪明的徐文长》一课教学中，学生根据"任务一"的要求完成小组合作学习后，在全班展示活动中有这样一个片段：

组长：我们小组来汇报。请同学们认真倾听，欢迎提出宝贵意见。

生1：我来说描写其他孩子过桥的句子。"莽莽撞撞"的意思是鲁莽冒失。"怔住"的近义词是"呆住"。我从"莽莽撞撞"中体会到这个孩子没有经过思考。

生2：我来说描写徐文长过桥的句子。我从"找""系""放""牵"这一连串的动词中体会到徐文长是经过深思熟虑才做了这一连串的动作，而不是做一步想一步。

组长：我来补充，"轻轻巧巧"和"莽莽撞撞"是对比，"莽莽撞撞"为后文的"轻轻巧巧"做了铺垫。

生：我觉得徐文长的方法妙，妙在利用了水的浮力，这样竹桥所负担的重量就会变小。

组长：我们小组同学先在文中找到描写徐文长和其他孩子不同做法的句子，读出了徐文长自信的语气，再找出关键词对比品析，得出"徐文长的办法妙在利用了水的浮力"的结论，为大家展现了一个聪明的徐文长。

在这个片段中，组长引领组员理解词义、把握修辞手法、抓关键词品析人物的特点、点评徐文长过桥方法的妙处，当组员汇报不够清晰精准的时候及时补充深化。组长的话可谓是"点睛之语"，起到了归纳总结的作用，更为其他同学学习理解课文内容提供了方法示范。

第三，"灵魂人物"展现的学习方法、思维过程等更容易被同伴接受。此处仍以《聪明的徐文长》教学为例。

生1：我来说一说徐文长的办法妙在哪里。他的办法妙在利用了竹竿的长度和井的深度。

师：齐读孩子们议论的内容。有同学需要补充吗？

生2：……

师：从内容上来做些补充。

生3：我们可以从一些词上理解。例如，从"叽叽喳喳"和"议论"中可以体会到大家七嘴八舌的样子，也可以体会到孩子们的天真。"有的说跳起来抓，有的说这礼物根本拿不到手……"，后面的省略号表示还有很多种办法没有一一列举出来。还有"徐文长想了想"，"想了想"是很关键的，不能去掉，从中可以看出徐文长是经过思考再来行动的。

生1：我从"笑嘻嘻"中体会到徐文长想到这个办法还是很轻松的，这也从侧面表现出他思维敏捷。

生1和生3从词义出发，结合自己的生活经验和对文本的理解，展现思维过程，引领全班同学通过词句想象画面，把握人物特点，并点出侧面描写这种写作方法。两个学生的讲解符合大多数学生的思维水平，较之教师居高临下的引导，其他学生更容易理解。

第四，"灵魂人物"能够促进学生创新思维发展。下面仍以《聪明的徐文长》教学为例。以下是学生在活动4"你有什么好办法拿到礼物"中的一个交流片段：

生1：如果是我，我还会这样做。（在黑板上画简图）把竹竿放到河里，踩着台阶去拿。另一种方法是把竹竿靠在树上，爬到树上去拿。

生2（走上台）：我有异议，竹竿应该放到离台阶近的那边，否则拿不到。

生3：水是会流动的吧，把竹竿插到水里，竹竿可能会倒，或者使礼物掉到河里。

生4：我可以拿小刀把竹竿多余的部分切掉。

师：小刀这个工具合适不？

生（齐）：不合适，用锯！

生1图文并茂地抛出了"将竹竿插到河里"和"把竹竿靠在树上"两种方法，在细节上有考虑不周到的地方，引起了其他同学的质疑。之后，生 4 从另一个角度想出新的办法，将学生的创新思维进一步激活。

在"灵魂人物"的带领下，组内学生根据任务要求，自然娴熟地交流探讨，配合默契，问题的讨论集中、深入、高效；全班学生畅所欲言，相互启发，学生灵动的思维火花随处可见。"灵魂人物"的引领作用可见一斑。

二、如何发挥"灵魂人物"的作用

第一，通过赋权、放权，为"灵魂人物"发挥作用创设条件。在合作学习中，教师首先要对学生进行分组并确定"灵魂人物"。我在教学中，根据学生的性别、成绩、个性、家庭背景等方面的差异，把全班 47 人分成 12 个合作小组，并推选出 12 名学习成绩好、组织能力强的学生担任每组的组长，全权负责整个学习小组的学习、讨论、问题反馈及与其他组的交流沟通。同时，组长还担负着"小老师"的职责：课前检查本组成员生字词掌握、课文内容理解等的情况；课后负责听写、背诵过关等基础型练习的检测，并根据组员的目标达成情况给予适当的评价。选出"灵魂人物"并明确其职责以后，教师要给他们赋权和放权，让"灵魂人物"能独立自主地发挥作用。除非在必要的情况下，教师不要随意干预、代替"灵魂人物"发挥作用。

第二，建立竞争机制，动态推举"灵魂人物"。为了保护和调动全体学生参与小组活动的积极性，"灵魂人物"不要固定，而要运用竞争机制推举产生。在学习中心课堂中，教师每一节课都要设计相关的任务和活动，在完成任务和活动中表现突出的学生就有机会被推选为组长，负责指导组内其他成员以实现共同进步。小组长实行轮换制，每周评选综合能力最强的学生担任组长，被超越的学生可以不断努力，在下一轮评比中胜出。组长还可以挑选助手辅助自己高效完成任务，这样让更多的小组成员有了锻炼和展示的机会，同时为更多"灵魂人物"的成长提供平台。

小组合作学习怎样更有实效

武汉市长春街小学　　单　淳

小组合作学习是学习中心课堂教学的一个重要环节。在近几年的课题研究和教学实践中，我发现，学习小组组建以后并不一定会产生预期的效果，通常在如下情境下，小组合作学习的优势和效果更容易显现出来。

一、课前自学充分时，小组合作学习有实效

个体自学是学习中心课堂中学生学习进程的起始环节和基础环节。个体自学质量的高低，直接影响到课堂效果。我利用导学单推动学生的课前自学，通过精心设计的导学任务和活动，引领学生进行充分的个体自学和准备。学生在完成导学任务和活动时，有的通过 QQ 进行探讨，有的一起制作 PPT，都收到了较好的效果。

例如，在教学"比的基本性质"前，我先设计导学单让学生通过独立自学发现"比与除法、分数之间的关系"，然后猜想"比有什么样的规律"，并把猜想和验证的过程记录下来。学生通过独立自学通常都能轻松地掌握比与除法、分数的关系，但在猜想和验证环节，差异就显现出来了——有的学生不知所措，有的学生则想出办法完成了导学任务。小组合作学习则正好为小组同学的经验分享与疑难解答提供了契机：不知所措的学生通过询问小组其他成员，获取他们解题的经验和方法，消除困惑；有的小组甚至把组员的好经验和好方法做成 PPT 进行总结展示。这样，小组能独立解决的问题在课上就一带而过，对于小组解决不了的疑难问题全班进行重点研讨。充分的课前自学，不仅使学生在小组合作学习中有了更多的可以分享的经验，交流的问题更加集中、深入，也大大提高了课堂教学效率。

二、学生独立完成任务有困难时，小组合作学习有实效

小组合作学习既能体现集体的智慧，又能培养学生的合作意识。当学生独立完成导学单中的任务遇到困难时，小组合作学习让他们更加感受到

集体的智慧和力量。

如六年级"平面图形的整理和复习"一课，知识点多、密度大，教学时间紧。如何在有限的教学时间内更高效率地复习呢？考虑到六年级学生具备了一定的自主复习能力，我要求学生课前在导学单的指导下，独立地进行图形的系统整理。学生基本上能够自主选择表格、韦恩图、树状图等，对某一种平面图形进行深层次的梳理。但由于图形的知识点多且散，学生独立地进行系统的整理有一定的困难。带着这些困难进入小组合作时，小组成员交流的动机更为强烈，组内讨论的问题也更为集中、有针对性。小组成员互相学习、分享成果、发现遗漏，再合作将所整理的平面图形信息进行补充，直至完整。这样，当进入全班汇报环节时，每个小组就有成果可以展示。有的小组借助白板讲解三角形的相关知识，有的小组汇报四边形的相关知识，有的小组运用 PPT 分享有关圆的知识，未展示的小组也能够积极地针对汇报内容进行评价、补充。

三、学生独立思考不全面时，小组合作学习有实效

数学内容是较为抽象和深刻的，解决问题的方法也是多种多样的。有时由于个人认识问题的局限性，单靠一个人往往很难将问题回答全面，这时可以考虑小组合作学习的形式，让组内的几个成员相互讨论、互相借鉴、取长补短，从而对数学问题认识更加深入、全面和丰富。通过小组合作学习，学生从别的学生那里看到解决问题的另一个角度。这种方式培养了学生全面思考问题的能力，拓展了解决问题的思路。

例如，教学"角的认识"时，有一道开放题："把一个长方形去掉一个角，还剩几个角？"由于思维定势的影响，多数学生在课前自学时只想出一种答案，但是通过组内交流，他们了解到其他同学不一样的思维方法，从而对角的认识更加深入、更加全面。

总之，在下列情况下，宜采用合作学习：当个人无法完成任务时；当个人思考、探索有困难，需要互相启发时；当答案具有多样性时；当问题涉及面大，学生回答不全面时；当学生意见不一致，需交流时。因此，教师在备课时除了深入研究教材，明确教材所要体现的新理念，还要寻找恰当的合作时机，使学生的合作学习更有针对性和更有效。

浅谈小学低年级小组合作学习的组织

武汉市长春街小学　　王　丹

随着基础教育课程改革的进一步深化，新的课程标准、教材的使用，原有的教学理念、教学方式以及学习方式受到了很大的冲击。新的教学理念摒弃了过去以教师为中心的教学方式，更加注重学生个体自主学习和小组合作学习。在执教语文中，我采取多种策略训练小学低段学生学习运用小组合作方式学习，取得了良好的效果。

一、给每个学生平等表现的机会

低年级学生在学习上自我意识比较强，而合作意识相对薄弱，他们喜欢自己独立完成某项工作，不愿意跟人合作，更不会合作。课堂上我发现，让学生合作读生字的时候就会形成"不是你烦我，就是我管你"的现象，合作学习成了走过场。基于学生年龄小和好表现的特点，我使用"编号法"来调控学生，使每个学生都能参与小组合作学习。所谓"编号法"，就是给四人小组中的学生编号，在小组内不指定谁管纪律、谁管分工，每个人都是核心发言人，这样再没有你不服我、我不服你的状况。本来就自信满满的学生，学习的欲望就更强了；那些稍显内敛的学生在这种"轮流坐庄"的情况下也敢于展示自我。

二、培养优秀的合作学习组织者

在合作学习的初始阶段，就要选"领头羊"，小组长必须慎重选择。第一，小组长要有较强的组织能力，要能组织好小组的每一次学习；第二，小组长要有较强的表达能力，能较好地汇报小组的学习情况；第三，小组长要有较强的学习能力，能够组织组员进行自主探索，同时也能在组员中树立威信。当然，我们班中有 12 个四人小组，选出的小组长不可能个个三者皆具备。于是，我在一开始就抽出时间对小组长进行培训，教他们表达，提升他们的组织能力。

一年级学生年龄小，语言组织能力还不是太强。我从多方搜集适合孩子组织语言的一系列方法并指导学生。先从鹦鹉学舌开始，我教几句，学生跟着重复几句。之后，我让学生用自己的语言说话，而不是重复老师的话。学生的模仿能力真的超强，特别是有语言天赋的学生，说起话来有板有眼，有强烈的表达欲望。

三、建立有效的合作程序

小学生年龄小，自主能力差，采取合作学习形式时，教师需要精心组织，避免学生在互相争执及拖延中浪费宝贵的学习时间。所以在组织合作学习时，我先让学生明确学习的任务和程序，让学生明白先做什么、后做什么，这样合作起来就有条不紊了。在小组中我为每个学生编上序号，每个人都有任务，这样进行合作时就不会"事不关己，高高挂起"了。合作结束后，我再请各小组组长汇报，小组成员补充。在阅读教学中，还要组织学生评价。通过小组间的学习汇报、评价，让小组相互取长补短，共同进步。

对低年级学生来说，只告诉他们怎么做还远远不够。我转换角色，成为他们中的一员，参与他们的合作，给予他们必要的意见和建议，使他们在不断合作的过程中逐步提高合作质量，最终使小组良性运行。

四、选择恰当的合作学习内容和时机

合作学习是以问题尤其是学生的问题为中心的。但是，学生提出的问题往往多而碎，甚至偏，这就要求教师把握好尺度，选择具有一定思考价值，能引发学生思考、争论的问题，或者针对文章的重点、难点、疑点的问题，来组织合作学习。凡是通过学生自主探索能解决的问题，就没有进行合作学习的必要。

小组合作不一定要贯穿整个课堂教学过程，只有在需要合作的时候进行合作，且合作的形式多样（如生生合作、师生合作等），这样的合作学生才会喜欢。教师要牢固树立"课堂是属于学生的"这一教育理念，把学习的时间真正还给学生。没有充足的时间，合作学习会流于形式，学生的讨论、理解也不可能走向深入。教师要给予学生充裕的时间，让学生发言、补充、更正、辩论。

五、采用新的评价方式

保证小组合作学习取得理想效果的关键，是确立一种促进学生在小组中不仅个人努力上进并且乐于与同学互助合作的良性制约机制。这就必须改变过去单纯鼓励个人竞争的做法和相应的评价方式，鼓励小组成员之间互助合作，将整个评价的重心由激励个人达标转变为激励小组集体达标，确立全新的合作学习的评价指标和评价标准。

在学生合作学习过程中，如果教师能精心组织，使合作学习得以积极、有序、有效地开展，学生在合作过程中就能做到群策群力，潜能就能得到较好的发挥。久而久之，学习小组的成员就会紧紧地团结在一起，形成一个高效、愉快、充满激情的学习团体。

学习中心课堂中小组合作学习的实践探索

武汉市四美塘中学　　管红刚①

在学习中心课堂中，小组合作学习是否高效，关系到个体自学和群体研学的效果。可以说，小组互学环节承前启后，整个学习中心课堂的效果，关键就看这个环节。为此，我在小组合作学习方面做了很多的思考和实践探索，最终形成了一些心得感悟。

一、合理分组是小组合作学习有效开展的前提

首先，我确定了合作学习小组的分组规则，即要根据学生的性别、性格、学业水平、能力和社会家庭背景五个要素来分组，每组人数以4—6人为宜。在小组互学过程中，小组成员不仅要追求个人的目标，也要帮助其他成员实现目标，进而最终实现小组的共同目标。教师通过建立课堂积分奖励机制，加大对合作完成任务的奖励，从而激励学生把个体独立学习

---

① 根据武汉市教育局关于教师交流的要求，该教师在杨园学校进行了为期一年的交换教学，参与了学习中心课堂整体建构的行动研究。后文中夏丹情况相同。

与小组合作学习结合起来，形成"组内合作、组间竞争"的关系。事实证明，这样不仅能提高学生学习的主动性和自控能力，而且能促进学生间良好人际关系的形成。

其次，要优化分组方法。我在参与学习中心课堂研究的过程中探索了两种分组方法。第一种分组方法为：学生以5人为单位自由选择结对伙伴，然后我根据学生的性格、性别和学业水平进行微调，最后由学生自行推选能力较强的同学担任组长，具体负责组内学习活动的组织与开展，我把这种分组方法称为"自由组"。第二种分组方法为：还是以5人为一小组，主要按照教室中学生平时自然的座位分布情况进行分组（即将相邻的5人组成一个小组），并安排能力较强、学习成绩较好的学生担任组长，具体负责解决组内的学习和纪律问题，合理分配任务，检查任务完成情况。在这种分组方法下，组内成员会随着座位的轮换而改变，我把这种分组方法称为"座位组"。

在学习中心课堂中，自由组能够自行组织开展学习活动，改变了以往沉闷的课堂气氛。在自由分组时，学生更愿意和平时相处融洽的同学同组，这样即使自己表现得不理想，在合作交流时也会比较放松，不会害怕受到其他组员的嘲笑、冷落。在合作交流过程中，如果有组员表现不佳，其他组员也能够施以援手。在组间竞争时，组员会为了本组的荣誉全力以赴，组内容易达成一致的目标。但是，这种分组方式存在的问题是：由于组员关系融洽，学生有时候无法把握自己，讨论时容易岔开话题，导致学习任务无法完成或讨论得比较粗浅。这种分组方式固然有利于降低学生的焦虑程度，营造轻松自由的环境，但是如果教师没有对合作任务提出具体的要求，或者没有严格地把控课堂合作学习进程，学生课堂合作学习的质量很难得到保证。

而座位组也存在一些问题。由于分组主要依据座位次序，而每隔一段时间学生座位都会进行调整，所以有些学生平时交流不太多，关系也一般，缺乏互动的意愿，他们仅仅是为了敷衍教师而完成课堂的任务，并没有进入实质性的互动。同时，由于组内成员都很在意自己和其他人的面子，因此他们不敢问同伴问题；同样，当同伴的表达出现错误时，他们为了顾全对方的面子会选择保持沉默。尽管有具体的合作交流评价标准，并且由组长进行纪律把控、任务分配、评价打分，但是学生参与活动的积极性明显不如自由组的学生，课堂合作的效果也大打折扣。

于是，我综合两种分组方法进行了调整。我首先把学生按照学业水平、参与课堂活动的活跃度大致分为五个大组，然后让学生自由选择组成5人小组，要求是组员必须分别来自不同的五个大组。随后我结合学生的个性和自控能力进行微调，务必使最终的分组遵循"组间同质，组内异质"的原则。接下来每组选出一个组长，教师对组长进行培训，主要内容包括：如何针对不同组员的学习能力和个性进行任务的分配，如何在交流过程中对组员进行评价，如何掌控纪律，等等。最后，制定了学习中心课堂纪律表，以确保合作交流能够顺利进行。当然，教师也要在平时的课堂中对学生进行长期培训，培养其团队意识、合作学习的技能与技巧。事实表明，小组凝聚力越强，合作互动的效果就越好。

二、促进小组合作学习有效运行要注意的几个问题

首先，提高学困生课堂学习的参与度。在构建学习中心课堂的探索过程中，我发现，在开展合作学习时，学困生基本保持沉默。究其原因，他们学习基础薄弱，自信心不强，缺少学习积极性。为了改变这一状况，我采取了一些措施，尽量采用不同的鼓励方法，充分挖掘他们的优势，弥补他们的弱势。我注意均衡小组中优秀生和学困生参与互动的机会，制定适合的发言评价机制，鼓励学困生积极思考、主动回答问题。在设置评价标准时，我兼顾每一类成员的表现。在课堂巡视过程中，我格外关注学困生的表现，一旦发现他们达到要求，立即给予肯定和表扬。同时，在小组内开展一对一帮扶，安排优秀生和中等生帮助学困生，这样学生之间的交流互动更加放松，共同语言也越来越多。比如，我在上"全面调查"一课时，要求小组成员根据自身特点进行合理分工：统计数据、计算百分比让学困生做，根据百分比计算圆心角度数并画统计图交给优秀生去完成。

其次，教会学生倾听和表达。在构建学习中心课堂的过程中，我发现很多学生在合作学习中发言很积极，课堂气氛很热闹，但他们并没有学会倾听，不知道通过倾听来发现同伴值得借鉴的地方或有错误的地方。为了提高学生合作交流的成效，在合作学习之前，我会先向学生提出要求：学会倾听别人的发言，有必要时做简单的笔记；敢于提问，不能让暴露的问

题蒙混过关，不能为了顾及大家的面子"装聋作哑"，更不能恶语中伤或讽刺发言人；组长要学会组织组员的发言内容，精心思考并尝试总结。以这些要求为参照，学生逐渐在交流中学会了听，学会了问，学会了思考，最终学会了表达。

最后，引导学生做好合作学习之前的学习准备。在小组合作学习之前，学生的独立思考和个体自学非常重要。课堂实践表明，个体自学越充分，小组合作学习越有成效。而现实情况是：一部分学生还没来得及领会教师的意图，没有真正开始自己思考，答案已经由能力较强的学生揭开了。这种缺乏自主思维的合作交流如同无本之木，合作学习的成效大大降低。我在上"平行线的判定"一课时设计了一个表格，让学生先画图，找出平行线判定的条件和结论，明确已知和求证，再去寻求证明方法。在学生独立自学后，再让学生在小组内交流平行线的判定法则。在讨论过程中，我发现，由于前期学生独立思考时间较长，合作交流时学生的参与面广，几乎每个人都能发言，且内容丰富、方法多样。由此可见，为了让每个学生在合作学习中有效参与，利用导学案引导学生独立自学尤为重要。

小组合作学习评价的原则与方法

武汉市杨园学校　　蔡贝贝

科学的评价体系是小组合作学习有效实施的重要保障，它要求体现"以人为本"的原则以及突出学生在评价中的主体地位，能够在课堂教学中及时反馈学习效果。本文主要谈谈自己在学习中心课堂建构中进行小组合作学习评价的一些经验和做法。

一、小组合作学习评价的原则

第一，评价前应说明具体要求。为保证课堂教学的流畅以及评价的顺利实施，教师需向学生解释说明评价细则，并提出相关要求，确保学生在学习活动开展前明确评价的规则，避免学生在教学活动中因为不清楚评价规则或有争议而耽误宝贵的课堂时间。在实际教学中，如果评价规则是约定俗成的，学生对评价规则已相当熟悉，教师可以不做说明；如果评价规则有变化或学生对评价规则不熟悉，教师最好能提前对评价规则进行说明，并适当进行新规则的操练，以便学生理解新规则并按照规则开展学习活动。

第二，评价时坚持师生平等、生生平等。新课程改革倡导建立民主、平等、和谐的师生关系，学习中心课堂也倡导改变以教师及其活动为中心的课堂教学结构，突出学生的主体地位。因此，在学生进行小组合作学习时，教师应放下居高临下的架子，把自己放在和学生平等的位置上，主动参与学生的讨论，学会倾听学生的想法并尊重他们的意见，耐心答疑解惑。在评价过程中，教师要平等对待每一位学生，根据学生的真实情况合理设置评价标准，鼓励学困生，让他们为达成小组目标做出贡献。

第三，以小组集体的学习效果作为评价依据。相较于传统的课堂教学，学习中心课堂中的小组合作学习更强调合作精神，评价的对象也从学生个体转移到小组集体。学生之间能力和智力有差异，鼓励基础较差的学困生积极参与课堂讨论，让他们得到锻炼和提升自我的机会，并有所收获，是小组合作学习的一个初衷。教师可遵循能力互补和积极依赖的原则进行分组，以便不同层次的学生互相帮助，产生积极的影响。只有保证组与组之间实力相当，组间竞争才有可能是合理而公平的良性竞争。当按照"组内异质、组间同质"的原则建立起学生小组后，教师在评价的设计上应以小组为评价对象，强调团体的力量以及合作精神。

第四，注重评价的全面性和综合性。学习中心课堂中对小组合作学习的评价注重全面性和综合性，强调对学生的学习过程和综合能力进行评价，如参与的积极性、协作能力、创新精神、遵守纪律状况等。小组合作学习不宜采用传统的终结性评价，即"一锤定音"模式，而应该采用形成性评价和终结性评价相结合的方式。形成性评价具有评价主体多元化和评价形式多样化的特征，目的是全面、科学地评价学生的整体发展状况。多维度的评价标准和多样化的评价形式有利于增强学生小组合作学习的积极性。

二、小组合作学习评价的方法

一是强化自我评价。

在小组合作学习中，学生对自己的心理变化和学习表现是最清楚的。

在自我评价过程中，学生可以发现自己的问题，积极寻求解决方法，进而实现自我提升和成长。因此，让学生成为评价的主体，能使评价的激励作用得到最大限度的发挥。

在学习中心课堂中，自我评价的方式多种多样，既可采用教师预先设计的多维度量表或者主观问答题，也可使用评价记录卡。但应该注意的是，评价问题应以"我"为主语，充分体现学生的主体性；评价内容可以涉及"我在学习中发现的问题""我已经解决的问题""我解决问题的方法""我在小组学习中提出的问题""我帮助小组其他成员解决的问题""我在此次合作学习中最大的收获"等方面。

二是开展纠错互评。

纠错互评是发展学生思维、激发学生主动思考和促进合作探究的重要环节，纠错互评也是课堂教学的高潮部分，学生全员参与、激烈讨论、生成问题和碰撞出思维火花。纠错互评可以采取本组补充、异组纠错和相互评价三种方式。课堂上，教师要多给学生创造说的机会，让他们敢于思考、敢于陈述、敢于补充、敢于质疑。在陈述和争论的过程中，学生领略到了不同的观点和思路，思维能力、质疑能力、语言表达能力和问题解决能力均得到发展，知识和技能也掌握得更加牢固。"错误是正确的先导"，学习的过程就是不断发现错误和改正错误的过程。与教师直接指出学生的错误相比，引导学生分组纠错、分析错误的原因、探究改正错误的方法，更有助于学生看清自身的不足、明确前进的方向。

三是评选优胜小组。

组间竞争对于培养学生的团队精神非常重要，有利于提高学生的合作意识，调动学生学习的积极性。在学习中心课堂中，评选优胜小组，可采用累计积分制，并全程公示评选结果，让各小组可以随时关注积分，以便激励组员更好地完成下一阶段的学习任务。个人代表小组发言、小组共同发言、小组成果展示均可作为评选依据。在这种以团队为单位的激励性竞争中，为了小组的荣誉，优等生会有主动帮助学困生学习的动力；学困生也会因为集体荣誉感增强学习动机，把压力变成动力。对评选出的优胜小组，教师可以给予相应的表扬和奖励。

四是运用激励性评价和奖励措施。

从心理学角度来说，每一个人都渴望得到他人的表扬与肯定，青少年更是如此，他们尤其渴望得到教师的赞扬和鼓励。在学习中心课堂中，除了学生自评和互评外，教师的正面评价也是鞭策学生、激励其进步的重要手段之一。在小组合作学习中，教师应密切关注每一个小组的学习情况，坚持正面肯定与耐心引导相结合，充分发挥评价的积极作用，尽量让每一个小组都有展示其学习成果的机会并得到肯定，能够发现每一个学生的闪光点，真诚地欣赏他们的进步。

除了激励性的评价外，适当的奖励机制也是必要的。奖励可以分为物质性的和精神性的，教师要引导学生以正确的、健康的态度对待奖励，并鼓励其追求"发展性奖励"，即对自己今后的发展有较大帮助的奖励，树立长远发展的眼光。

五是实施随堂检测。

随堂检测有利于师生发现问题并及时补救，是教师提升教学质量的关键环节。随堂检测的试题编排应注意难易适中，紧扣教学目标，注重考查综合应用能力。题目要少而精，要求学生在限定的时间内完成，并当堂评价反馈。试题的批改可以采取学生自我批改和组内互批相结合的方式，这样有利于学生及时发现错误并进行补救。对于普遍性错误，教师可进行全班讲解以加深学生印象。

三、关于全班学习的组织

学习中心课堂中小组全班展示的技巧和策略

武汉市长春街小学　　任　民

在学习中心课堂上，学生通过个体自主学习、小组交流互学和全班互动研讨来完成学习任务和达成学习目标。在全班互动研讨环节，小组成员在组长的带领下合理分工，将小组交流学习的成果面对全班同学进行汇报。如何训练学生的发言技巧，让小组所有成员都能参与小组汇报？这是我研究的主题。下面以语文教学为例，谈谈我的策略。

一、熟知内容，做到有话可说

学生在课堂上为什么无话可说？实践证明，大多是因为对课文内容不熟悉，没有做好充分的自学准备。课堂上，在较短的时间内获得答案，说出体会感悟，对于表达能力不强的学生来说是有难度的。因此，课前的自主学习尤为重要。

精心设计导学单

在教学前，教师要认真研读教材，把握教材的教学目标和重难点，精心设计导学单，围绕课文设计教学问题和预习方法，为学生指明自主学习的方向。学生依据教师的导学单，想一想，做一做，画一画，查一查；在书上圈、划、批、填、贴：圈重点词语，划出重要句子，批注自己的感受，填写课后问题，贴查阅的资料和补充内容。只有课前做好充分的准备，课堂上才有话可说，有内容可讲。

由于课前学生围绕教师设计的问题静心读书，用心思考，因此在小组交流中，每个学生不管说多说少，都有话可说、有感而发。全班展示时，组长再根据组员们说的内容合理分配任务，让人人有话讲，使课堂氛围融洽。

落实导学单

导学单实质上就是预习单，它不像写在作业本上的作业，每天由教师批阅，能否完成它，考验的是学生自主学习的习惯。部分学生对待预习作业常常偷工减料、敷衍了事，虽然做了导学单，但质量不高，落实不够。针对这样的问题，教师可以采取以下策略。

第一，教师、小组长联合检查。学生刚开始做导学单时，教师一定要不辞辛苦地对每一个人进行检查，并及时反馈完成情况。教师在指导学生完成导学单时，一定要舍得花时间、下功夫。学生一旦形成习惯后，就可以变为组长检查、教师抽查。教师每周将导学单的完成情况在QQ群中公布，表扬优秀学生，鼓励更多学生按照教师的要求完成导学单。

第二，实行小组积分制。小组积分制是小组评价的重要手段。教师可以将完成导学单作为小组评价的重要项目之一，每周一小评，每月一大评。优胜者可以免做作业，兑换礼物，完成心愿。实践表明，积分制让学生的学习热情更高。

第三，鼓励家长大力支持。每学期的家长会上，我都会将收集的优秀导学单进行展示，并讲解完成导学单的方法与技巧。看到自己孩子的作品得到其他家长的赞许，家长们会更加支持教师的工作。有了家长的指导和监督，学生自主学习落实得更加到位。

经过长时间的训练，学生开始喜欢做导学单，他们不再把完成导学单作为一种负担。导学单落实了，课堂上学生就有话可说了。

二、训练技巧，发言有序

在学习中心课堂的小组汇报中，小组发言是需要技巧的。谁先说、谁补充、谁总结、说什么、怎么说，都很有讲究。在实践中，我们发现小组汇报时常出现这样一些问题：学生因为分工不明确，就一个问题反复说，耽误了时间；有时又因为一个学生把要说的全说了，其他学生没得说；有时学生光说不读，让语文课缺乏语文味。因此，合理分工，有序发言，说读结合，是学习中心课堂小组发言的关键。

低年级学生的发言训练

低年级的学生以字词教学为主。在汇报生字时，有规律、有顺序地汇报，会达到事半功倍的效果。

以二年级下册《树真好》的教学为例，课文中共有7个生字，分别是挡、闹、屋、热、咪、汪、低。小组汇报生字时，可以按照以下方式。

方法一：每人汇报两字。

学生A："挡"，挡字要注意它是后鼻音，"挡住"的挡，请跟我读"挡"。"闹"，闹字要注意它是鼻音，"热闹"的闹，请跟我读"闹"。

学生B："屋"，屋字要注意它是整体认读音节，"房屋"的屋，请跟我读"屋"。"热"，热字要注意它是翘舌音，"热闹"

的热，请跟我读"热"。

……

每个学生都按照先读音，再正音，然后组词，最后带读的顺序进行。正音时，易错的字要提醒同学注意，不易错的字读过就行。这种汇报方式清楚、易学，训练几次后，低年级的学生都能掌握。

方法二：每人汇报一个方面。如学生 A 汇报读音，学生 B 正音，学生 C 组词，学生 D 带读。这种方式虽然可行，但因为学生要汇报的内容过多，对部分学习能力较弱的学生来说，难度较大。

在学习写字时，也可以采用一人说一个字的方式进行。先说字的结构，再说如何记住它，然后说写字时的注意事项及关键笔画。例如："屋"是半包围结构，外面是个"尸"字旁，里面是个"至"字，合起来就是"屋"，房屋的屋。"屋"字的"尸"字旁要把"至"字包住，关键笔画是"至"的第一笔"一"，它要写在横中线上。低年级的学生一定要掌握说的规律和方法，一旦说成习惯，就不再困难。

中、高年级学生的发言训练

中高年级学生的语文学习以了解课文的内容、理解词语的意思、体会句子的含义、感悟作者的情感、领悟写作的方法为主，这对于学生来说难度更大。因此，教师的指导、培养至关重要。

刚开始训练时，教师可以让表达能力较弱的学生，读找到的句子；再请表达能力较强的学生交流学习感受；最后请最会朗读的学生朗读需要体会的句子和段落。这个阶段就是学生学习倾听和表达的过程。

训练一段时间后，教师可以请表达能力最弱的学生先表达，其他学生补充，组长最后总结，小组成员分别朗读需要体会的句子。这个阶段就是训练和培养表达技能的过程。

到小组成员都能说的时候，组长就合理分配任务，让每个组员说一部分，把一段话说清楚、说明白。这个阶段就是运用和展示表达技能的过程。

以张燕老师执教的鄂教版语文教科书四年级下册《神奇的机器人》为例，在学习课文第二段时，四人小组是这样分工的：

组长：我先来提个小建议，这一段我提出了四个小问题。第一个问题是有哪些简单的事让机器人来做呢？第二个问题是有哪些危险的事让机器人来做呢？第三个问题是这些危险的事为什么要让机器人来做呢？最后一个问题是说说作者详写的部分。

生1：简单的事是指打扫卫生、搬运东西……，这些事让机器人来做是最好不过了。

生2：危险的事指摩天大厦墙面和窗户玻璃的清洗、深井采掘……，危险的事人类虽然能做，但机器人做可以减少人员伤亡。

组长：我再说一说作者详写的机器人。这个机器人是用来追捕亡命之徒的，我找到的词语是"能发现目标""善于奔跑和追逐""能攀爬墙壁""迅速出击"和"无处可逃"。从这些词语中我体会到这种机器人的本领很大，能做的事情非常多，很神奇。

生3：我来补充为什么要让机器人来追捕亡命之徒。亡命之徒是一种恐怖分子，一般身上带着武器，……如果警察被他身上带着的武器击中，可能会伤亡。而机器人不一样，……而且人的精力是有限的，……机器人就不一样，它只要充电就可以。

生1：这一段运用了举例子的说明方法，让我们体会到机器人的神奇。

组长：最后，我们小组分句子朗读。（小组分工朗读第二自然段）

有了分工合作，小组就能把一个内容说详细、说清楚，不重复，不浪费时间。如果每一位教师都能持之以恒地对学生进行语言的培养和训练，学生的理解能力、表达能力、朗读能力会有突飞猛进的发展。

三、生生补充，相互评价

学习中心课堂是一个生生互动的课堂，课堂上既有小组汇报，又有生生之间的补充和评价。学习中心课堂提供了让每个学生都动起来、说起来的平台。

在小组汇报时，其他小组成员认真倾听，仔细观察，适当记录。小组汇报后，其他小组成员既可以补充漏掉的学习内容，又可以评价同学汇报的态度，还可以与汇报组就朗读的技巧等进行竞赛。这种活动融相互学习、相互补充、相互评价于一体，训练了学生的倾听能力、表达能力以及良好的学习品质。

在学习中心课堂上，教师的地位发生了改变。教师不再霸占话语权，而是引导和组织学生自主学习，把更多的时间、空间留给学生，让学生独立思考，合作探究，展示汇报。这样的课堂是充满活力的课堂，是学生自主发展的课堂。

在学习中心课堂中培养学生"说"的能力

武汉市长春街小学　　韩　莹

在学习中心课堂中，学生能动学习是通过多种活动形式体现出来的，如听、说、读、写、做等。在传统的以教师及其讲授为中心的课堂中，学生的听、读、写的活动及相应的能力受到比较多的关注，而对学生主动"说"的活动及能力培养则注意不够。在学习中心课堂中，学生"说"的机会大大增加，因此，如何培养学生说的能力就显得很重要。本文以小学数学教学为例，谈谈如何培养学生说的能力。

一、消除顾虑，让学生敢说

在教学中，我们常常会发现平时发言积极的总是那么几个学生，有的学生即使会说，也不敢说。针对这些情况，教师首先要转变角色，放低身段，蹲下来做学生真正的朋友、伙伴，对学生充满信任和尊重，消除学生的顾虑，让学生敢于大胆、积极地思考问题，阐述观点；对学生的答案不急于做出对或错的评价，多鼓励、多表扬，让学生在宽松的环境中畅所欲言。

例如，在教学"找规律"时，屏幕上展示一幅图画：商店门口挂了很多灯笼，红、黄、蓝三种颜色的灯笼有规律地排列着，其中一部分被一辆停在商店门口的汽车给遮住了。

当教师问"你知道被汽车挡住的灯笼，分别是什么颜色吗?"，一个学生说:"只要把汽车开走就知道了。"

通常教师听到学生这样回答时，可能会有些不知所措，甚至冷漠地回避，而直接让其坐下。但这样必然会影响学生的思考与交流。

而我则说:"对啊!只要把汽车开走，不就清楚了嘛!但是，司机叔叔现在不在，在汽车还没开走之前，我们有什么办法能猜出来吗?大家互相说一说。"这样一来，课堂上就出现了精彩的交流场面。

二、创设情境，让学生想说

要让学生想说，教师必须充分挖掘教学内容中能激发学生学习兴趣的因素，努力创设富有童趣的情境，通过各种策略让学生在真实的环境中熟练运用数学语言。

例如，在教学"有关0的乘法"时，教师创设这样的情境:今天是小猴子星星的生日，它请来了自己最要好的小伙伴品尝新鲜的大桃子。小伙伴们吃得兴高采烈，很快它们面前盘子里的桃子就被吃光了。每个小伙伴盘子里的桃子都吃没了，数学上可以怎样表示?教师创设这样一个富有童趣的情境，激发学生兴趣，课堂活跃了，学生的思维得到了启发，自然就有说的欲望。

三、导之以法，让学生会说

帮助学生使用数学语言说

学生要学会用简明、准确的语言，完整地回答问题。我会根据学生语言发展情况和教学内容的变化，教给学生一些常用句式。如说解题思路时，可以说"我是这样想的，因为……，所以……""我先算……，后算……""要求……，也就是求……"等等，让学生学习完整地表达自己的思想，这样大大降低了说的难度，学生提高得很快。

通过多种形式、多种渠道让学生会说

一是同桌交流带动同伴说。同桌交流非常方便，也是课堂教学中训练

学生发表见解、培养语言能力的好方法。例如，在教学数量单位之间的转换时，针对"5立方分米15立方厘米=（　　）立方厘米"这一道题，教师可让同桌的学生轮流叙述"5立方分米就是5000立方厘米，5000立方厘米加上15立方厘米等于5015立方厘米"。通过同桌间的互相交流，使学生掌握思路并能举一反三、灵活运用。而班级中的学困生，也在同桌的带动下，逐步学会叙述。

二是小组讨论促进学生说。例如，在教学"平移和旋转"时，教师组织学生讨论："如果你是一名出租汽车公司的调度员，你的任务就是应客户要求调度车辆到达客户指定的地点。你能做到吗？"

生1：如果要接顾客A，汽车要先向左平移5格，再向下平移6格。

生2：要接顾客A，汽车可以先向下平移6格，再向左平移5格。

生3：要接顾客A，汽车就向左下平移，斜着过来。

生4（反驳）：不能斜着走！

当学生出现多种方法时，教师及时给予肯定，并追问生3："你为什么这样走啊？"当学生说"这样走比较近"时，教师用欣赏的眼光看着他，真诚地说道："如果真有这样一条路的话，这样走最近。现在图中并没有斜的这条路。"讨论让学生学得主动、学得充分，更会说了。

三是适当点拨启发学生说。学生由于知识能力的局限，在探索学习的过程中往往不是很顺利，有时会被卡住，教师适当点拨，可使学生得到启发，让交流不断深入。

例如，在探索能被3整除的数的特征时，有这样一个片段：

当学生提出"如果一个数个数位上的数是3、6、9时，这个数就能被3整除"时，教室里一片沉寂，没有反驳的声音，但教师清楚这个回答不正确，显然全班在探究这个问题时卡壳了，这时教师需要点拨引导。

教师："12能被3整除，可它的个数位上没有3、6、9呀，这又怎么解释呢？"

沉默，学生在思索着，这是有效交流的体现，这时教师继续点拨。

教师："举出能被 3 整除的数，看一看这些数有什么特征？"

学生的思维得到启发，终于探索出能被 3 整除的数的特征。

四是课堂小结引发大家说。小结能提高学生的综合概括能力。小学生虽然表达能力有限，但只要引导有方，也能正确地概括。

例如，在学习了倒数之后，课堂小结时，我问学生："通过这堂课的学习，你有什么收获？"学生在回忆整理之后，纷纷举手发言，连平时不爱说话的学生也很积极。有些学生话虽简洁，却抓住了本节课的学习重点，不仅加深了对知识的理解，也发展了学习能力。教师经常进行有目的的课堂小结，可以提高学生的分析、概括、分类等逻辑思维能力，使课堂达到智能并进、全面育人的目的。

四、注重说话的礼仪与艺术，让学生善说

学生由于年龄小，对某些问题的理解也不够深入，在语言表达时往往出现顾此失彼、以偏概全、挂一漏万的现象。针对这一情况，教师在教学中要注意教会学生说话的礼仪与艺术，让学生善说。

说话的礼仪

发言时学生的身体要立正，仪态要落落大方，声音大小要适宜，语调要平和沉稳；倾听别人发言时，不可打断别人的发言，应尊重发言人；在评价他人的发言时，可先肯定其优点，再谈发言中存在的不足之处，补充自己的想法及建议。学生可以用一句甜美的话语鼓励同伴，如"你的回答真是完美极了！""你的解释非常清楚""我很赞同你的发言"。大家的肯定与赞美，可以让发言人享受成功的喜悦与自豪，调动学生学习热情。

说话的艺术

第一，规范数学语言。数学语言不但要准确，更要科学。数学知识是明确的，不能随便加上模棱两可的"大概""差不多"等词语。是则是，非则非，绝不含糊。比如"整除"与"除尽"、"数位"与"位数"、"除以"与"除"等如果混为一谈，就违背了同一律；讲"圆锥的体积等于圆柱体积的三分之一"，就忽略了"同底等高"的条件；而"所有的偶数都是合数"的错误就在于以偏概全。

第二，精炼数学语言。小学生的语言往往比较啰嗦，教师应指导学生用最少的语句表达丰富的内容。语言的精炼并不是要单纯地削减语言的数量，而是要提高语言的质量，即要突出重点，抓住关键。

教师要挖掘各种有利因素，尽自己最大的努力让学生能快乐地学数学、说数学，要让学生在说的过程中，说出口才，说出胆量，说出本领，更说出智慧！

四、关于教学过程的组织

学习中心课堂与讲授中心课堂的区别
——以"搭配"一课为例
武汉市长春街小学　　冯　菲

陶行知说："先生的责任不在教，而在教学，而在教学生学。"我校的小学学习中心课堂建设，强调在课堂教学中凸显"以学生的学习为中心"，基于学生自身的能动活动落实教学目标或任务。在参与课题研究的过程中，我的教育观念和教学行为逐步发生了转变。下面以我执教的"搭配"一课为例，谈谈对学习中心课堂的点滴收获和感悟。

一、基于学生的问题设计教学过程

数学号称"思维的体操"，而思维过程起始于疑难问题。在传统课堂上，大多是由教师提出问题、学生思考解决问题，但教师提出的问题并不一定是学生困惑的问题。从教师的角度提出问题，往往会导致学生在课堂上以被动的、旁观式的或配合式的方式学习。

以下是我以前执教三年级"搭配"的片段：

师（用PPT出示问题）：爸爸把密码箱的密码忘记了，只记得这个密码是由 0、1、2 这三个数字中的两个数字组成的并且没有重复数字，请聪明的你帮爸爸想一想，密码有几种可能？爸爸想从《地理》《特别关注》和《开心一刻》三本书中选出两本书，爸爸有几种不同的选择方法呢？

师：独立完成后，请一位同学上来板书。

（全班集体订正答案。）

师：有什么不懂的问题请提出来。

（课堂一片静默。）

在以前的课堂上，学生总是被要求去解决教师、教材提出的问题，亦步亦趋地跟随教师的步调。学生问题意识淡漠，缺乏提出问题的自信，也很少能主动地提出问题。

学习中心课堂则强调基于学生的问题设计和展开教学过程。学生刚开始往往不会提出问题，或虽能感觉到问题却不能清晰地表达。针对这种情况，我们先让学生通过完成导学单，独立自学本节课内容，之后将自己在自学中发现的问题带到课堂上，与小组、全班同学一起讨论解决。

根据学习中心课堂的理念，我设计了一份导学单。

学习准备：

1. 爸爸把密码箱的密码忘记了，只记得这个密码是由 0、1、2 这三个数字中的两个数字组成的且没有重复数字，请聪明的你帮爸爸想一想，密码有几种可能？

2. 爸爸想从《地理》《特别关注》和《开心一刻》三本书中选出两本，爸爸有几种不同的选择方法呢？

3. 比较上面两道题，你有什么发现或者疑问，请把它写下来：_____

在学生完成导学单以后，我对学生完成的情况进行了统计分析，然后针对学生自学中存在的问题，这样组织课堂教学：

师：第1题有9位同学错，第2题有14位同学错，我们一起看看PPT上呈现的答案，找一找你的问题在哪里。

生1：对第1题，我的问题是"0为什么可以放在首位"。

生2：这里0只是一个编码，不是数位上的数字，所以它可以放在首位。

生3：第2题我的答案是6种，我把"《地理》和《特别关注》"与"《特别关注》和《地理》"算成了2种选法，这里重复算了一次。

师：对比这两道题你发现了什么？

生：我发现这两道题呈现的是两种情况。第1题涉及排列，跟位置顺序有关。第2题涉及组合，跟位置顺序无关。

可以看出来，学生经过自学和独立思考后，能够提出自己学习中的问题或困惑，也有信心解决问题。几个学期以来，我始终坚持基于学生的问题设计和开展教学。通过这样的教学设计变革，学生的问题意识、提问能力、质疑能力都得到了提高。

二、以学生活动为本组织教学过程

学习中心课堂强调以学生活动为本来组织教学过程，即要将学生能动独立的学习活动置于教学过程的本体或中心。其直接表现是：学生能动、独立的学习活动占据教学过程的主要时空。

以前我在执教"搭配的规律"时，提出这样的问题：2011年亚洲杯足球赛A组有4支球队，分别是卡塔尔队、科威特队、中国队和乌兹别克斯坦队。每两个球队踢一场，一共要踢多少场？教学过程如下：

师：拿出学具摆一摆，说说你一共摆了多少种，你是怎样摆的。

（生到黑板上演示，展示摆法。）

师：不管用什么方法，在搭配的时候都要进行有序搭配。全班每个同学再有序搭配一次。

师：如果老师用图形或者符号来表示 4 支球队，怎样把这些图形或符号有序搭配呢？

生：可以采用连线或者做记号的方法。

师：连线时，要做到不重复、不遗漏。应该怎样连？

生：有序连线。

师：用简单的图形、字母或者数字来表示更简洁明了。

师：如果再增加一支球队，一共要踢多少场？

（生独立完成，集体订正。）

从以上的教学过程可以看出，学生在与教师"一问一答"的过程中，也能够掌握本节课的内容。但在这种教学模式下，学生呈现出来的学习状态是被动的，在分析问题和解决问题时总是等着教师来引导，依赖性强，创造力不足。

现在，我们以学生活动为本体来组织教学过程。

师（呈现"活动要求"）：小朋友们喜欢看足球赛吗？这里是亚洲杯足球赛 A 组分组的情况。看看小组里面都有哪些国家队？

（全班一起回答。）

师：我们要解决的问题是什么呢？

生：每两支球队踢一场，一共要踢多少场呢？

师：你们能用简洁直观的方法把自己的思维过程记录下来吗？（出示小组合作的要求，小组开始合作学习）

（学生利用平板电脑将自己的学习成果拍照并上传到电子白板上。教师选了一个小组向全班汇报他们的思考过程及结果。）

师：有跟他们不一样的表示方法吗？

生1：我代表我们小组上来发言，我们也是采用连线的方法。我们把它们排成一个正方形，再用 A、B、C、D 分别表示这四支球队。先用 A 跟 B 连，然后 A 跟 C 连，最后 A 跟 D 连。再把 B 跟 C 连，B 跟 D 连，C 跟 D 连。

生2：我觉得编了序号比较清晰，连得有顺序。

师：刚刚三个同学在汇报时都说到 A 跟 B 连后，B 就不能和 A 连，C 和 D 连后，D 就不能和 C 连，为什么要强调这个呢？

生：因为 B 要是再跟 A 踢就重复了。

师：嗯，在这道题中顺序对结果有没有影响啊？

生：没有。

师：不管三个同学用的是连线方法也好，枚举方法也好，这三个同学在思考问题时都有一个共同点，是什么呢？

生：他们都做到了有序。

师：有序思考有什么好处呢？

生：有序思考可以做到不重复、不遗漏。

师：所以在生活中遇到搭配的问题时我们要做到有序思考，这样就可以既不重复也不遗漏。

从上面课堂实录中可以看到，凡是学生能独立完成的任务，教师就由他们自己动手、动脑独立完成；能独立完成一部分的，就独立完成一部分。教师只是根据学生的学习需要适时加以点拨、讲评，使学生互相补充、议论、交流，以达到深化理解新知识、掌握规律的目的。

从本教学片段时间分配可以看出，此片段的总时长为 22 分 6 秒。其中，"问题讨论"占据 43% 的时间，"听组织管理"（16%）、"学习成果展示"（16%）和"听反馈强化"（19%）也占据学生较多的时间，教师讲解时间大大减少。如此，学生在课堂上就能有充足的时间进行个人自学、小组互学和全班共学。

建设学习中心课堂后，我班学生最大的变化是解决问题的能力提升了，遇到问题时知道从新旧知识的联系和已有的生活经验入手进行分析，能对同伴的发言提出质疑和补充，敢于发表自己的见解。他们正从课堂的被动接受者一步步成长为课堂的"小主人"。

浅谈学习中心课堂下的古诗教学
——以《子夜吴歌》一课为例

武汉市长春街小学　　杨　敏

　　传统的古诗教学是这样的：教师介绍作者及写作背景，指导学生理解重点词句、翻译诗文、概括主题。教师事无巨细，样样包办；学生亦步亦趋，死记硬背。这种老化、僵化的教学模式不仅令教师与学生身心俱疲，更将鲜活的文化经典肢解得支离破碎，美感顿失。

　　怎样让古诗教学焕发活力呢？在近几年参与学习中心课堂建设的行动研究中，我归纳出了古诗教学"导学、诵读、交流、品赏、拓展"五步法。在实际运用过程中，课堂发生了很大的转变，学生学习热情高涨，学生间交流充分，学生真正成为课堂的主角。

　　下面我就以四年级古诗《子夜吴歌》教学为例，谈谈学习中心课堂下如何进行古诗教学。

一、预习导学，奠定古诗学习基础

　　预习导学对小组合作学习的重要性不言而喻。学生只有在课前与教材进行了"亲密接触"，课堂上才能自信大方地参与讨论。这样的小组合作，才能做到相互借鉴，资源共享。对于古诗的学习，预习导学更是不容忽视。了解诗人的生平经历、作品的风格特点、古诗的写作背景，对于体会诗的意境和诗人写诗的心境是大有裨益的。

　　《子夜吴歌》原是乐府曲辞的一种，学生对此是完全陌生的。因此，在导学单中，除常规预习要求外，我特别布置了了解诗题及诗歌来历这一任务。对于课堂上涉及的其他内容，如对"玉关情"的理解、思乡名句的搜集，在导学单上也设计了相关任务或活动。这样的预习，既培养了学生主动获取信息的能力，又让学生熟悉了教学内容，为课堂上古诗学习奠定了扎实的基础。

二、同读互评，分享小组合作"红利"

小学教材中所选的古诗，绝大多数是脍炙人口的名篇名作，读来朗朗上口，流淌着一种独特的韵律美，学生在反复的吟咏中就能受到诗文的熏陶与感染。因此，"读"是古诗教学的灵魂。但是，传统课堂往往是善读者的舞台，那些不善读、不敢读的学生成了忠实的听众。

针对这种现象，在"熟读古诗"环节，我进行了如下的活动设计，并记录了当时学生的课堂表现。

活动1：组内自由大声朗读，要求读准字音，读通句子，努力读出诗歌的节奏与韵味。

活动2：指名读，教师从声音、吐字、通顺度、节奏等角度来评价学生。（评价标准与要求一致，为小组评价做示范）

活动3：请一个小组为大家"展示读"，再请另一个小组点评。

在活动1中，每个学生认真朗读，组内成员互相纠错正音，在同伴的反馈评价中，孩子们都有不同程度的进步。在活动2中，善读的学生举手踊跃，不善读或腼腆的学生观望犹豫。教师的点评和榜样的示范，让部分学生产生"我也想试试"的想法。在活动3中，所有小组都积极举手。小组"展示读"消除了一部分学生怕自己读不好的顾虑，在同伴的鼓励和引领下，他们也跃跃欲试。

因此，同读互评，既照顾到学生间的差异，给了他们更多的表现机会，也有益于培养团队协作精神，提升朗读的整体水平。

三、交流汇报，提升小组合作效能

了解古诗及诗人资料、学习字词、疏通大意等内容，学生基本上可以在预习时通过阅读注释、查阅工具书、上网查询等方式自主掌握，且这些内容都是客观的知识，因此课堂上全部采用小组交流汇报的方式学习。这样既培养了他们独立解决问题的意识和能力，同时也改变了原来惯用的串讲模式。教师从繁琐的讲解中脱身出来，变成更有价值的引领者。比如，在"了解诗意"教学环节，我是这样设计的：

　　活动1. 回顾了解古诗大意的方法，如反复读诗、结合注释、联系插图、发挥想象、串联词义等。
　　活动2. 综合运用上述方法，先在小组内说说诗意，然后进行全班交流。
　　活动3. 教师引导总结概括：全诗主要写了谁？他们身在哪里？他们在什么时间干什么？他们的心在哪里？
　　教师小结：长安妇女都深深思念着自己远在玉门关的亲人，饱尝着分离之苦。

　　在组内交流时，个别小组无法准确理解"秋风吹不尽，总是玉关情"的意思（这一句也的确是本诗理解上的难点），于是在全班交流时，该组请大家予以帮助，并最终解决了问题，从而充分发挥了合作学习的优势。教师则把着力点放在了学习方法的梳理和古诗内容的整理上，大大提升了课堂效能。

四、品味赏析，点燃学生思维火花

　　在学习中心课堂里，要想让学生的思维碰撞，教师就要找到一粒星火，由它来形成燎原之势。这粒"星火"就是一个有价值的问题。在它的引领下，学生相互合作与交流，咀嚼、感悟、体会古诗的关键词句，深入理解诗情诗境，真正走近诗人，融进诗人所营造的情感世界，最终更好地"披文以入情"。在《子夜吴歌》这堂课上，我紧扣诗眼，从"情"入手，牵一发而动全身，使学生打开了思维的闸门。个性化的赏析让课堂生机盎然，真正做到"读透诗心"。

　　师："秋风吹不尽，总是玉关情。"你能感受到长安妇女怎样的"情"？从哪些词句中感受到的？
　　生1：我从"一片月"中感受到长安妇女对丈夫的思念。

生2：我从千家万户的捣衣声中感受到她们很牵挂丈夫。

师：当阵阵秋风袭来，她们想到亲人远在千里之外的荒凉寂寞之地，不知生死归期时，心里又有什么样的感受？（生想象画面后再继续体会情感）

生1：我从"何日"中感受到了妇女们期盼和平，盼望丈夫早日返回家园。

生2：我从"平胡虏"中读出了妇女们渴望胜利。

师：丈夫不在家，妇女们的生活会怎样？如果一家人团圆，生活又是怎样的？对比这两幅画面，你还能体会到诗中妇女的哪些情感？

生1：我还从"何日"中感受到她们对敌人的痛恨。

生2：我从最后一句中读出长安妇女很无奈，也很悲愤。

学生的回答远远超出了我的预期。是啊，当我们放手，把课堂还给学生时，课堂就会呈现出它应有的灿烂！

五、迁移拓展，激发学生学习潜能

中国的诗歌文化博大精深，仅凭教材中的零星几首，是难以让学生走进古诗百花园一睹其芳容的。我们只能整合资源，通过精读一首诗，带读一类诗，抓住诗的内在契合点或不同点，引导学生领悟方法，从而实现拓展延伸。

《子夜吴歌》运用了望月怀人这种古典诗歌传统的表现手法。因此，在导学单中，我就让学生以小组为单位搜集类似诗句，并提醒大家上课时要进行小组竞赛。于是，学生在课前进行广泛搜集，并分工背诵，准备在课堂上"一决雌雄"。

果不其然，课堂上，我抛出了这样一个问题："那一轮皎洁的明月曾经引起无数文人的思亲之情，你能背出其中一句吗？"话音刚落，学生纷纷举手："今夜月明人尽望，不知秋思落谁家？""海上生明月，天涯共此时。""春风又绿江南岸，明月何时照我还。"……课堂似乎变成了中国诗词大会的舞台。

在这节课的尾声，我出示了《子夜吴歌》中另外一首《冬歌》，让学生与学习的《秋歌》进行对比赏析。这是有一定难度的。然而，令我没想到的是，在小组交流过程中，学生你一言我一语，竟然启发了彼此，最后集全班之力，让答案浮出水面。

给学生一个舞台，学生会给你一份别样的精彩。在五年来的学习中心课堂研究实践中，这样的感受越来越真实，我越来越真切地触摸到一个会呼吸的课堂！

小学体育学习中心课堂的建构

武汉市长春街小学　　刘艺涛

2017 年 7 月，我执教的"山羊分腿腾越"一课，在全国性体育赛课中获得一等奖。这一赛课成绩的取得，让我深深感受到学习中心课堂强大的生命力。下面以我执教的"山羊分腿腾越"一课为例，谈谈如何在小学体育学科落实学习中心课堂。

一、进行课前导学，为课堂活动做好准备

"山羊分腿腾越"动作难度大，对学生体能要求高，学生以前普遍存在畏难情绪，不太喜欢上这样的课。针对这些问题，我在执教"山羊分腿腾越"一课时，设计了一份导学单，把很多课堂上的学习活动前置，让学生课前利用电子书包搜索有关腾越的视频进行观摩学习和自主训练，从而使他们在上课前就对"山羊分腿腾越"这个体育运动技能有了初步的了解。如在课前"学习准备"部分，我对学生提出了如下要求：

1. 通过互联网收集各种腾越动作视频，了解什么是腾越动作，了解它能促进身体全面发展，特别对增强下肢和肩带肌肉的力量有显著的作用，同时能够提高弹跳能力及越过障碍和轻巧落地等技能，发展灵敏、协调等身体素质。

2. 课前通过 QQ 群、云平台与小组同学进行分享讨论，分析

腾越动作要领。

3. 根据视频对本节课需要用到的身体部位进行基本的身体素质练习。

课前充分的学习准备，不仅使学生在完成"山羊分腿腾越"任务时轻松了不少，也使他们在小组交流环节有许多经验与同伴分享和交流，并能发现同伴动作的问题并予以纠正，做好了体能储备和技能储备，为课中学习打下了坚实的基础。

二、深入合作，进行小组互学和全班共学

以前教师在教学"山羊分腿腾越"动作时，通常采取的教学流程是"教师讲解示范—学生观察、模仿练习—教师反馈—学生改进练习"。学生普遍觉得这样的训练过程枯燥乏味，提不起练习的兴趣，动作掌握的效果也不让人满意。针对这些问题，我将小组互学和全班共学融入进来，在学生课前自学的基础上，采取了如下训练步骤：

第一步：学生以小组为单位，根据课前所观赏的腾越动作视频和教师的示范讲解，分别说出分腿腾越动作要领，分享在自主学习中的各种收获。

第二步：根据每个人的发言，教师引导小组进行内容整合，并进行动作要领的示范。全班同学共同总结出分腿腾越动作的完整动作要领：臀提起、腿分开、脚绷直。

第三步：小组成员互相协作开展上肢力量练习游戏（例如过关、过山羊），互助练习助跑踏跳动作，互助练习助跑提臀动作，互助练习提臀分腿动作，互助练习助跑+提臀分腿+越过山羊动作。每个小组的学生利用电子书包对组内成员的动作进行拍摄，通过电子书包的慢放功能，观看所拍摄动作，直观地突出动作重点，并一起进行分析、研究，化解动作难点，提高小组成员的动作完成效果。

第四步：在小组互助合作中研究动作要领，纠正错误动作，

指导实际练习，并在全班展示。每个小组用电子书包分别演示本小组所练习的动作要领，并与全班分享学习。

第五步：全班同学学习连贯运用动作完成"山羊分腿腾越"，并相互交流学习经验。

这样的训练过程，有效地利用了同伴资源和信息技术，通过小组互助、互拍、互观、互评，有效解决了教师反馈缺乏个体针对性和不够及时的问题，提高了学生动作技能训练的兴趣，取得了预期的训练效果。

"路漫漫其修远兮，吾将上下而求索。"我将在体育教学中进一步探索学习中心课堂，为小学生拥有优秀的体育素养开拓出一片新的天地。

在学习中心课堂中提高语文阅读教学有效性的策略

武汉市杨园学校　　严晓璐

一直以来，阅读都是学生语文学习中的拦路虎之一。很多学生疑惑，平时学了大量的课文，做了大量的阅读练习题，但考起试来为什么得分依然比较低。针对这一问题，我们进行了分析，发现其原因在于语文阅读教学的低效甚至无效。语文课堂上，教师不断地提问，学生呆板地做笔记，无效的阅读方法和有限的阅读时间都是影响阅读质量的重要因素。因此，要提高学生的阅读兴趣和阅读能力，必须对落后的语文阅读教学进行改革。我们试图通过学习中心课堂的建构，破解语文阅读教学效率低下的难题。

学习中心课堂是根据学生认知规律和心理特点，以导学案为抓手，以学生学习活动为教学过程的中心或本体的一种新型课堂教学模式。该课堂将学生的学习活动分为三个环节：个体自学、小组互学和全班共学。三个环节存在逻辑关系，后者以前者为基础，不断递进延伸。利用学习中心课堂的这种教学结构进行语文阅读教学改革，我们形成了如下体会和思考。

一、重视学情预估，编写符合学情的导学案，指导学生有效预习

预习是阅读教学一个重要的环节。阅读材料通常篇幅较长，学生如果

没有预习，课堂上往往会将大量时间花费在初读上，这就影响了阅读课的课堂效率。学生只有做到有效预习，才能在课堂上留出更多的时间用于小组互学，进行观点和思维的碰撞。

想要让每个学生都乐于参与小组互学，教师就必须在课前预估学情。不同学生的学习能力和知识储备是有差异的：有的学生对字词等基础知识掌握牢固，在预习时对阅读材料就有较深入的思考，他们不愿花费大量课堂时间在这些基础内容上；有的学生完成基础任务有一定难度，课前预习会以字词拼音等基础内容为主，对某些需要深入思考的问题则无法下笔；还有的学生，善于搜集资料，知识面广，乐于向同学展示。

在设计导学案时，我们依据不同学生的能力水平设置了不同类型的问题，如资料收集题、字词落实题、信息筛选题和综合思考题，让不同层次的学生都有符合自己能力水平的预习题，激励他们各自进行有效预习，这也为学习中心课堂的小组互学奠定了基础。

因此，重视学情预估，编写符合学情的导学案，指导学生有效预习，为阅读课的顺利进行提供了有力保障。

二、重视小组成员间的合作，让学生成为课堂的主人

阅读课最怕的就是部分学生听不懂，部分学生学不够。有的学困生在阅读课上往往学完了字词就只能呆记笔记，因为对阅读问题他们完全无从下手；而有的优等生基础扎实、思想活跃，却要陪着大家一起学习基础知识，造成了学习时间的浪费。针对学生在阅读学习方面的差异，要提高阅读课的学习效率，采用小组合作学习的策略显得尤为重要。

在学习中心课堂的研讨课上，我们根据班级学生情况将学生分成了六人学习小组，让优等生与学困生互相搭配，让不同层次的学生参与不同难度的学习活动。比如，基础题指定每组的学困生担任讨论批改的负责人，通过批改本小组同学导学案中的基础题，他们可以巩固知识，加深印象；思考题结论则借小组其他学生的讨论间接地传递给学困生，他们也就不会感到与讨论活动相脱离。

经过多轮的尝试，我们发现阅读课变了，不同类型的问题能用不同的方式解决。字词等基础内容，教师完全不用教了，学困生在批改中就可以

完成自学。信息筛选题也不难了，学生你一言我一语，完全可以挖掘课文的每个细节。逻辑思考题也不是不可攻克的了，大家畅所欲言，连学困生也能作为代表向大家展示他所听到的讨论结果。比如，在《芦花荡》一课教学中，字词和文学常识，教师基本不用讲了，这些通过学生小组互读、学困生互改就完全可以解决。关于文中老头子的形象，学生踊跃发言、互相补充，几乎找到了文中所有能表现老头子性格形象的句子，答题的完整性在以往的阅读课中是从来没有过的。对于环境描写的作用，学困生在讨论中就已将答题点落实，并在其他同学的帮助下掌握了做题方法，而之后的展示环节学困生代表小组发言，更是让他们有了巩固的机会。在这样的课堂上，小组成了课堂学习的灵魂，每个学生都能发挥自己的作用，极大地激发了他们参与课堂学习的积极性。

三、制定合理的评判标准，采取有效的奖惩措施

学生之所以觉得阅读难，主要原因是阅读的主观性非常强，永远不会有完全相同的思考和答案。因此，在解答阅读问题时，大多数人都难以得到理想分数。

在学习中心课堂的研讨课上，我们修改了评判标准，让学生有分可得，充分调动了学生的积极性。比如，在《芦花荡》一课教学中，关于老头子的性格特点，学生只要找到文中对应的句子就可以得分，学困生回答问题可以优先得分。这使得部分学困生积极向组员请教，学习主动性大大提高。我们不再追求答案的完整性，更加重视全员的参与。为了调动学生的积极性，我们还尝试采取了有效的奖惩措施。比如，在《芦花荡》一课教学中，以小组为单位，优胜组可以减免部分字词类基础题作业。这一措施不会影响学生所学知识的落实效果，因为字词在小组合作中就已经落实，而学生却非常在乎这一奖励。此外，得分最低的一组增加了摘抄优美的环境描写句子的作业。本课的重要任务是找出描写环境的句子并赏析，得分最低组显然没有顺利完成任务。加入摘抄题其实是课上任务的课下延伸，题量不大，却起到了重要的补充作用。当合理的评判标准和有效的奖惩措施制定后，阅读不再是少数人的工作，做笔记不再是整节课的主要任务。为了小组的荣誉，每个学生都能积极思考，在小组合作中发挥自己的

作用，阅读效果也大为提升。阅读课最希望达到的不正是这种状态吗？学习中心课堂显然做到了。

其实，传统的阅读课之所以低效，是因为阅读的学生虽多，但真正深入思考的很少。我们希望借助学习中心课堂，让学生的思想自由驰骋，让有效阅读成为每个学生引以为傲的能力。

五、教师的心路历程及师生的改变

放手也是一种美丽

武汉市长春街小学　　叶　菁

一、困惑与思索

我一度很困惑，语文课该何去何从？

"我不知道风是在哪一个方向吹"，徐志摩的这句诗恰是我此刻心境的写照。我不是一个初出茅庐的青年教师，恰好相反，在语文教学领域，我自认为小有心得。可是，这份暗藏于心底的骄傲，在我第一次上小学学习中心课堂建设的研讨课时被冷冷地毫不留情地拍碎了。犹记当时执教的是《迟到》，这篇课文我早已烂熟于心，区级展示课上我的授课曾令众多学子潸然泪下，教研员为之动情。如今与此课再相逢，我却如履薄冰，大有相见不相识之感。如何颠覆原有的模式，对我而言还真是个挑战。在心中思考了好几次，总觉得不甚顺手，上课时我顾虑甚多，对学生指手画脚，最后只得草草收兵。

"学会放手！"这是课后点评时大家对我说得最多的一句话。

学会放手？我是多么醉心于每一句过渡语的设计，甚至每个词都要斟酌良久。为了让课堂上有起承转合，有高潮迭起，教学环节的设计往往几易其稿，多次推敲。……

可是，现在要把这一切抛去，谈何容易？若把这一切抛去，课堂效果能达到吗？

第一次授课无疑是不成功的。也许这次尝试的不成功更多的是因为我并没有从心底认可这样的教学方式。

真正让我改变想法的应该是一次问卷调查。我惊奇地发现，学生居然很喜欢小组合作的学习方式，他们觉得和他人交流讨论很有趣，他们更喜欢在全班面前展现自己的学习成果。这样的调查结果引起了我的思考：教师究竟该给学生一个怎样的课堂？作为教师，我们应该如何摆正自己在课堂中的位置？

静下心来回想，我的课堂也许太注重剧场效应了。老师激情高昂，循循善诱；学生亦步亦趋，紧紧跟随；课堂一板一眼，师问生答。……美则美矣，但人更多感受到的是老师的"长袖善舞"，课堂在老师的引导下宛若飞亚达手表一般分毫不差。

此刻我方知学会放手原来就是把课堂还给学生！

我开始重新审视小学学习中心课堂。它的魅力究竟在哪里？《义务教育语文课程标准（2011 年版）》中明确指出："学生是学习的主体。语文课程必须根据学生身心发展和语文学习的特点，爱护学生的好奇心、求知欲，鼓励自主阅读、自由表达，充分激发他们的问题意识和进取精神，关注个体差异和不同的学习需求，积极倡导自主、合作、探究的学习方式。教学内容的确定，教学方法的选择，评价方式的设计，都应有助于这种学习方式的形成。"我愈思愈明，愈思愈悟：只有真正尊重学生的课堂，才是有温度的课堂。相信学生，解放学生，发展学生，这样以学为本的课堂，这样以学定教的课堂，才是真正放飞师生思想的课堂，才能真正让童心焕发，自鸣天籁。

二、学会放手

教师该如何放手呢？在以学为本的课堂上教师应该做怎样的华丽转身？这无疑是一次艰难的考验。于是，在研究的道路上，我开始迈步，不断思考、改变、前行……

精心设计，激活讨论

建构主义学习理论认为，学生是知识意义的主动建构者，而不是外界刺激的被动接受者。只有通过自己的切身体验和合作、对话，学生才能真正完成知识意义的建构。

教师放手的第一步就是要学会"退居幕后"，在引导学生自学基础上充分激活学生的讨论。怎么激活？一是精心设计导学案，设计出学生有话可说、有情可抒、有思想可表达的问题来进行讨论；二是让学生在小组讨论中学会表达、倾听、补充、再创造。

在教学课文《童年的小花狗》时，我力图将课文内容理解与读文方法运用结合起来，既设计学生驾轻就熟的内容寻找问题，又设计需要学生静静思考，"跳一跳"才能够得着的问题。

活动4. 思考：为什么30多年过去了，"我"再也没有见过王大爷，但是那只小花狗却一直待在"我"的身边？

提示：（1）可以从对"我"的描写中去思考、感受人物的内心活动。

（2）可以从对王大爷的描写中去思考、感受人物的内心活动。

（3）抓关键词句体会、想象人物的内心活动。

活动5. 找出两次对小花狗的外形描写，体会一下其中的情感有何不同。

美国著名心理学家奥苏贝尔曾说过："影响学习的唯一最重要因素，就是学习者已经知道了什么，要探明这一点，并应据此进行教学。"可见，把握学生学习的起点是实施有效教学的重要前提，这样以学定教才不是一纸空谈。因此，我们课堂讨论的问题须直指文本学习的关键处、学生习得方法的生长点、课堂教学的疑难处。在这节课上，由于问题设计得当，学生的思维被激活了，课堂上呈现出勃勃生机。学生讨论得小脸通红，小眼发光，小手高举，小嘴常开，这应该就是论有所获吧！

少讲多引，疑处妙导

改变学生学习方式的前提是改变教师的教学方式。教师要变处处牵着学生走的教师主宰式教学，为顺着学生的学来"导"的启发引导式教学。但教师把课堂还给学生绝不是让学生在课堂上任意游弋，而是要指导学生学会学习；教师不是课堂上的"吃瓜群众"，而是关键处的引导者，把控着课堂讨论的方向。

因此，这样的课堂对教师的要求更"严苛"了。教师说话的火候很重要，要如智者般善于倾听，发现学生讨论中的闪光点；对于学生讨论中的薄弱处，教师要引导学生展开深层次的思悟；教师还要参与其中，学会在疑问处激发学生进行多角度的思考。

要学会放手，教师的课堂角色应有"三变"。

一是由主导者变为"助燃者"。学习中心课堂强调让学生在与同伴的合作交流中主动学习。在此过程中教师应该起到"推波助澜"的作用，及时地评价、鼓励，引导学生学习，启迪学生思维，推动合作活动走向深入，使学生享受成功的喜悦，从而在一次次的实践中获得学习的能力。

二是由"紧逼者"变为"引渡人"。学习中心课堂强调以生为本，强调教师要从传统的单一的知识传授者或灌输者的角色，向学生学习的帮助者、促进者、引导者的角色转变，做学生走向彼岸的"引渡人"。

《灰椋鸟》一课文质兼美，可咀嚼处甚多。按传统授课方式，教师往往会步步追问。而现在，我改变策略，提出具体的思考点和学习方法，放手让学生自主学习交流。通过生生互动、师生互动，学生对大部分语句都能够体悟到位。但是，在学生思维无法企及的关键点，仍需要教师适时的引导，以激活学生的深入思考。例如，在围绕"投入"一词展开交流时，某个小组成员带领全班学生抓住关键词"壮观"，从灰椋鸟的数量、飞行的形态和气势进行了讨论。但是，这里的"投入"不仅体现了灰椋鸟回林的壮观景象，还具有强烈的感情色彩。作为教师，一旦发现了学生力所不及之处，就应该及时介入，该出手时就出手。在小组讨论时，我追加问题："除了壮观，'投入'还给了你怎样的感觉?"这个小问题给了学生一个新的思考方向，让思考又往前推进了一步。在随后的讨论中，学生发现原来"投入"一词还含着鸟儿对刺槐林的喜爱之情，作者对林场、对灰椋鸟的深沉之爱就在这字里行间淋漓尽致地展现出来。

三是由"善舞者"变为"授渔者"。在课堂教学中，教师不能单纯为了完成教学任务，一步一步地牵着学生学习，而是要以教材为例子，创设良好的教学氛围和情境，引导学生学会分析、比较、归纳，学会交流、合作，学会倾听、思考、质疑、辩论。这样有利于学生自己去感悟、发现，有利于培养学生的创新思维能力，更有利于学生主动构建知识体系。学习中心课堂让原本"长袖善舞"的教师收其锋芒，更加关注学生的学习状态，注重在活动过程中帮助学生进行学习方法的归纳。

如前文提到的《童年的小花狗》一课，在导学单的设计中，学习方法的指导是贯穿始终的。从学生完成导学单的情况来看，有不少地方和教师的预设是一致的：学生能够较为顺利地概括出课文的主要内容，也能够抓住关键词句去体会、想象人物的内心活动。但这些体会还停留在一些细节描写上，而没有关注有感情色彩的词语在文中所起的作用。于是，在实际教学中，我重点引导学生在自主学习中发现这些词语表情达意的作用，掌握读懂情感的"金钥匙"。

由此可见，在学习中心课堂中"少讲"的核心在于充分尊重学生的思考，"妙导"的背后是基于学生学习情况的充分预设，"授渔"是为了促进学生学习能力的有效提升。

回首五年多的研究过程，在不断锤炼中，我们都在蜕变着，成长着，收获着，我们更深刻地理解了华东师范大学叶澜教授的呼声："把课堂还给孩子！"

探寻学习中心课堂的个中滋味

武汉市长春街小学　　张雅琴

从打开一扇窗，初探一个全新的课堂，到不断尝试反思，渐渐品到学习中心课堂的个中味道，我和学生走过了一段宝贵的历程。

一、学倾听，促表达，走进课题

小组合作学习是学习中心课堂建设的难点之一，而在小学低年级开展小组合作学习，更是难上加难。在二年级率先开展小组合作学习，让我明确了一个认识：自主合作探究必须从低年级抓起。实践证明，低年级正是开展小组学习的黄金期。二年级的学生正如一张张白纸，他们童言无忌，好奇心、求知欲强烈，他们的想法和做法常常让人忍俊不禁，又令人惊叹，一个学期下来，他们就能自如地预习检测、课堂反馈，也能安静地倾听其他小组发言，积极参与讨论。

我带着学生在合作学习中学会两件最基本的事——倾听和表达。

我把培养学生倾听习惯放在首要位置。"别人说，我会听；安静听，耐心听；听清楚，听明白。"这是每个小组组规的第一条。每节课结束前的课堂评价、每周一次的小组学习情况评价都把听得好不好作为重要内容。这样坚持训练下来，学生不仅学会听操作要点和小组分工要求，而且会听别人发言的要点，善于将收集的信息进行归纳总结。倾听习惯的养成，不仅使学习和讨论得以深入，也为后期的能力发展奠定了基础。

合作学习需要每个成员清楚地表达自己的想法，互相了解对方的观点。针对不同的学生，教师在表达的指导策略上有所差异。对于"话痨"，关键是指导他们学会控制自己，适时适度简洁明快表达，并鼓励他们帮助同伴表达；而对于那些被动的学生，则是创造条件让他们有更多参与、表现自我和获得成功的机会，使他们发现自己其实远远比想象中的出色，找到在小组中的存在感和成就感。

在训练学生听和说的能力时，我借鉴陈佑清教授和课题组同伴的一些做法，在自己的班里进行实践，效果还不错。小组讨论时，我用"一聚焦、二张嘴、三讨论、四评价"来训练学生倾听表达，坚持在课堂上对每一个环节进行指导、培训、练习。

"一聚焦"——大家把身子倾过来，头靠拢过来，做好倾听与讨论的准备。

"二张嘴"——组长"张嘴"，说说老师给了一个怎样的讨论话题，鼓励大家说说自己的意见；组长说完后，组员"张嘴"，进行有序补充、更正或提出否定意见。

"三讨论"——各组进行有组织、有序的讨论。小组成员积极做展示交流的准备。

"四评价"——结合讨论过程对小组同学做出评价。

全班展示交流时，我首先培训学生学习如下语言：

破冰语——大家好，我是××组的××，我代表我们组向大家
展示××问题，请认真倾听。

陈述语——我对××问题的详细解答过程进行陈述。

讨论语——大家对我们的展示还有什么疑义和补充吗？

结束语——感谢大家的更正和补充，我们的展示完毕，谢谢
大家。

其次，对学生展示时的肢体语言进行培训，要求学生展示时仪态端
庄、表情亲切、站姿端正，能够面对大多数同学，尽可能不遮挡同学视
线，展示时一定要让同学听得见、听明白。当这些基本的技能为学生熟练
掌握后，课堂气氛活跃有序，学生合作品质不断提高。

二、反思突破，正本清源，品课题真味

随着课题的推进，小组学习活动中的问题开始暴露：课堂讨论的形式
显得单一，学生的能力发展似乎停滞不前，课堂实效性不强。最初的新鲜
感过去后，学生开始呈现疲态。我开始了不断否定自己，又不断反思和摸
索，探寻课题个中真味的新历程。

用导学单促进学生课前自学

经过认真反思，我意识到问题出在我们忽视了合作学习的根本前
提——学生课前自学。没有充分的课前学习，没有对合作研讨问题的科学
选择，没有学生自发的讨论需求，我们就直接走进了小组合作，把注意力
聚焦到课堂组织形式上，把课堂匆忙还给学生，这等于树无本之木，求无
源之水，很难达到理想的学习活动效果。

在高年级的学习活动中，我努力回归学习中心课堂的源头，注重多方
引导学生课前自学。比如，重视教材分析和学情分析，选择适合学生自主

学习的知识内容，精心设计导学环节，明确清晰地在导学单上进行学法提示。我尝试在五年级的阅读导学单上发出"查""划""写""记""练""思"等学习指令，以引导学生自学。"查"：查作者和文章写作背景、查难懂的词、查离生活实际远的知识点、查多音字，让学生快速走进文本。"划"：划重点字词、重点句、重点段（能说明事物特点的词语，特别生动形象的词语，使用修辞手法的句子，起概括作用的句子，承上启下的句子，寓意深刻的句子，优美的段落，等等），帮助学生进一步走进文本。"写"：第一，速读课文，在题目上方写三句话，即文章写了什么，用了什么写作方法，表达了什么样的思想感情；第二，品读课文，找出自己喜欢的段落品读，写上自己的感想。"记"：背自己喜欢的段落，完成积累的任务。"练"：做课后练习，做导学单上的练习，通过"练"来巩固自学，检测自学的效果。"思"：在前面五个环节的基础上再次阅读，动脑思考，将自己发现的问题标注在文本末尾处。

经过系统培训，学生具备了自主学习的方法与技能，前置学习落到实处，学生的课堂学习效果得到保证。

用精心设计的问题激发学生课堂研讨

相比以前，现在我更重视"不愤不启，不悱不发"。我要求自己布置给学生的问题尽力做到"一石激起千层浪"，提醒自己站在新的高度把握节奏和契机，在学生特别想讨论、特别需要讨论的时候进入讨论环节。教学实践证明，这样讨论的效果远胜于程序化的被动讨论。

大胆放手让学生设计并组织课堂学习活动

六年级下学期，提出自主备课、设计导学单、组织微课堂学习活动申请的学生开始排队。他们对教材个性化的理解让人赞叹，提出的讨论问题也十分精妙。我在留出更多的空间给这些学生的同时，也给了自己一个更广阔的视野去充当一名观察者、思考者、引路者。所谓"半亩方塘一鉴开，天光云影共徘徊"，我们的学习中心课堂开启了新的局面，此时别有一番欣喜在心头。

正如叶澜教授所说，每一个热爱学生和自己生命、生活的老师，都不应该轻视作为生命实践组成的课堂教学，积极地投入教学改革，我们的课堂才会焕发出生命的活力！

探索学习中心课堂的心路历程

武汉市长春街小学　　　李青学

自学校大力推进学习中心课堂建设以来，我的教学开始一步步发生转变，同时我也经历了一个曲折的心路历程：从最初的抗拒、质疑，到中途的半信半疑、勉强接纳，再到最后的领悟和深深的信服。本文以我在学校学习中心课堂建设过程中所上的三次研讨课为例，谈谈自己对学习中心课堂的体验和感受。

一、第一次上课时的挫败

作为一名从事英语教学已十年有余，并多次在市、区获奖的教师，我对自己的课堂教学比较有信心。在教学中，我常常从有利于教的角度设计教学思路，以教师为中心展开教学，扮演了主讲、主问的角色，主宰整个教学过程。我所设计的教案环环紧扣，每个部分都有精确的时间控制，在公开课展示中，我甚至能分毫不差地在打结束铃时完美地结束教学。我曾经以此为豪，得意于自己很强的掌控课堂能力。在课堂上，如果有学生提出计划外的问题，或者想要就某个问题展开讨论，我会认为他没有按我的教学设计走，便毫不留情地打断这个话题，并将学生引到"正确的"学习方向上。

就是以这样的教学习惯和教学自信，我上了第一次学习中心课堂的全校研讨课。以下是当时的教学片段①：

师：黑犀牛是黑色的吗？

生：不是。

师：为什么呢？（生尚在思考，师已迫不及待）我们可不可以在文中找到答案？

生：可以。

---

① 对话原为英文。

师：同学们，请看课文第二段。现在大家找到答案了没有？

生：找到了。

师：谁能帮我读一读。

（一生举手朗读。）

师：谁能为大家翻译一下？

（另一生翻译本段。）

师：现在大家知道为什么黑犀牛不是黑色的吧？

生：知道了。

师：好！根据课文第二段，我们知道了黑犀牛生活在非洲，它们的皮肤是灰白色的。它们爱在泥巴里打滚，常常被泥巴染成黑色，因此人们称它们为黑犀牛。下面请大家分组朗读本自然段。

（生按教师指令分组朗读。）

这个教学片段，体现的是以教师为本的教学设计。我考虑更多的是怎样更好地教。例如，在提出问题后，我不愿将时间过多地留给学生，只希望将结论尽快揭示给学生，让学生得到正确答案，方便教师推进到下一个环节，完成教学内容。课堂上学生回答的部分大多集中在机械翻译和判断是非上。教师似乎努力地提问，想要激发学生的探究欲望，引导学生进行探究性学习。而实际效果是，要么学生还没有回答完教师的问题，教师就代替学生思考，自问自答了；要么学生看似回答问题，跟着教师教学流程走，其实思维并不活跃，在学习过程中没有多少属于自己的真正思考。在这个教学片段中，整个过程是教师在起主导作用，将精心安排的一个个问题化成无形的缰绳，紧紧拴住学生，牵着学生走。现在想来，这一过程是向学生灌输知识，而不是教会学生学习的方法；向学生传递结论，而不是引导学生自我探索。这个教学片段，折射了我过去课堂的特点：非常重视对英语基础知识的精细讲授和学生笔头能力的落实，忽视了学生的个性差异和内在的学习需求；为防止某个知识点漏讲，我经常会在课堂上争分夺秒。在这种课堂中，教师掌控课堂，是课堂上的绝对主人。

当时，我自己对这节课非常满意，因为不仅在单位时间内落实了教学目标和重难点，还完成理论拓展部分的内容，上得很成功！然而，陈佑清教授在评课中一针见血地指出，教师过多"霸占"课堂，整个学习过程中学生没有多少属于自己的真正思考，教师教结论，学生就学结论，课堂是虚假的活跃。他对我的课，全盘否定并提出："要把课堂还给学生！"

现在我还能回想起那个时刻，会议室里座无虚席，陈教授评课时鸦雀无声，听到他对这节课的否定意见，我脸上火辣辣的，恨不得找个地缝钻进去。虽然我表面上边听边记笔记，但是内心五味杂陈。我真是不服气：好歹我也是拿过武汉市优质课一等奖的教师啊，专业能力也不差，这课有这么评的吗？这些观点，我闻所未闻，心中有许多不满："把课堂还给学生"，那还要教师干吗？还有什么开展小组合作学习，语文和数学学科小组合作还可以讨论，毕竟是母语教学，英语合作什么，讨论什么？教师不教，学生根本张不开口啊！这些方法纯属空中楼阁，根本无法实施！

二、在半信半疑中进行了第二次尝试

这次课以后，我沉寂了许久。起初是质疑，后来是反感抗拒，逐渐冷静下来后，我心中居然有一丝好奇：陈教授描绘的课堂可以实现吗？它究竟是什么样子？带着好奇心和疑问，我观摩了陈教授指导的我校语数老师的学习中心课堂。一节节课听下来，我深受震撼。原来陈教授描述的课堂是可以践行的，而且这样的课堂与传统课堂大相径庭，学生课堂参与的踊跃性和思维的活跃度超出想象，学生思想的火花精彩纷呈，仿佛他们才是课堂上的主人。不，他们就是课堂上的主人！

我不得不承认语、数学科以学习为中心的课堂更高效，更精彩。不过，隔行如隔山，英语学科也可以实施吗？我还是踌躇，将信将疑：英语课堂可以做到以学习为中心吗？英语的学习中心课堂应该如何体现呢？小组合作如何才能高效？困惑太多，困难重重，信心不足。在这样的情况下，我进行了第二次带着重重疑惑的试教。

对这次试教，陈教授毫不客气地再次给出不合格评价。他指出，我的教学，既不是传统意义上的讲授，也不是学习中心课堂，教师看似给学生机会讨论，其实手里有根无形的缰绳，紧紧拴住学生，使他们不能逾越雷池一步，必须在教师规定的范围内循规蹈矩，学生是课堂上的"假"主人。于是第二次试教以失败告终。

三、以放手一搏的心态上第三次课

可能是因为专家和学校领导看到我有些不服气，也注意到我上课失败之后还在观摩其他教师上课而没有放弃，他们又安排我第三次上全校研讨课。当接到要第三次上课的通知时，我简直要疯了。我心里嘀咕着：这样上不行，那样上也不行，还要试教第三次？这是什么意思?! 我非常反感，很烦躁。上过公开课的老师都知道，经过一次次的磨课后，上完课评价还不好，这种心情是非常绝望的。我上了两次课都不行，怎么还让我上呢？起初我申请不再上课，结果被拒绝。于是，我把心一横：管他什么教学法，管他什么行不行，干脆来个大变革，完全抛弃过去的教学法好了。你不是说要以学生为中心吗，那我就给学生大大的空间，完全按你说的来上课。于是，抱着"我要证明你的指导思想不对"的想法，我完完全全按照陈教授的指导思想上了一节课。

这节课，我记忆犹新。学校安排本次试教在周三下午第二节课。一般来说，学生下午比较困乏，同时操场上上体育课的孩子们的笑闹声传入教室，也会对课堂造成干扰。时间点安排得非常不好！我本着"破罐子破摔"的想法，没有建议换时间。

整节课，我按照陈教授的指导思想，将大部分时间留给学生，让学生成为课堂的主人，教师只是指导和总结。教师课前分学习小组，制定英语学习导学单，布置层次分明的任务，课堂上留充分的小组讨论和全班交流时间，然后——放手！

结局令我惊讶——我居然"输"了。这一节课的效果非常好。尽管是下午，尽管课堂不时被操场上的笑闹声打扰，但是学生非常兴奋，完全投入到课堂中。他们自己当小老师，自己进行组内评价，自己纠正同组同学的错误，小手举得高高的，都争先恐后地到讲台前畅所欲言。下课铃响了，我在学生脸上居然看到了意犹未尽的表情。更奇妙的是，这次课让我对以学生发展为本及以学生学习为中心的课堂教学理念完全信服！

回顾自己的这三次课，从"教师做课堂主人"过渡到"教师做课堂指引人"，最后到"学生做课堂主人"，我的思想发生了深刻的变化。我在实践中看到，从教师为本、讲授中心向学生为本、学习中心的转变，使学生积极参与课堂，成为课堂的主人。在此过程中，教师只为学生独立自主学习提供必要的支持和帮助，讲授时间变短，学生在课堂上反而更活跃，更主动，这样的课堂更高效！

"授人以鱼，不如授人以渔。"教会学生学习，培养他们终身学习的能力，是教师教学的重要目标之一。只有理解、接受、实践以学生发展为本及以学习为中心的教学理念，才能真正让学生学会学习！

从多讲、少讲到只引不讲

武汉市杨园学校　　熊　利

走上教育工作岗位后，我对课堂讲授的态度经历了三个阶段的变化：多讲、少讲与只引不讲。这其中的"只引不讲"是指我参与我校学习中心课堂建设行动研究之后所形成的对讲授的处理方法，它强调教师要将主要精力放在引导学生对问题进行探究和思考上，而不是直接把问题的解答过程讲给学生听。

一、多讲

刚开始工作时，我总怕自己没讲到位而不停地讲，总认为自己讲得越多，学生学到的就越多。实际上，会的学生还是会，不会的学生仍然不会，而且班上两极分化很严重，有些学生甚至开始放弃学习。原因很简单，当教师不停地讲时，成绩中等偏上的学生能跟上教师的脚步，成绩中等偏下的学生则越来越跟不上；而且当教师不停地讲时，教师的重心放在了讲授的内容上，而看不到学生的学习状况。当教师在考试中发现学生问题时，很多时候又把原因归咎于自己讲得不够多，于是在课堂上愈发多讲。

二、少讲

我真正改变这种教学方式是在教书的第十年，当时接了一个薄弱班，这个班通常每节课只有七八个人听讲。我尝试改变这种局面，先后阅读了《洋思教学模式解读》《农村中学课堂教学模式的重大变革——解读杜郎口中学"三三六"自主学习模式》，以及苏霍姆林斯基的《给教师的一百条建议》，决定从缩短讲课时间开始，还时间给学生，由多讲向少讲转变。

每位老师都曾有这样的经历，自己讲过很多遍的知识，学生仍然不会。究其原因，有以下几种：第一，学生根本就没听；第二，学生听了但没听懂；第三，学生听了但仍然坚持按自己的方法做。无论哪一种原因，这些学生都是在被动地接受知识，他们的积极性没有被调动，他们渴望自己去想、去做的需求没被满足。即使是懂了的那一部分学生，有很多也并不是听懂的，而是自己想到的。所以，要提高教学效果，必须严格控制教师讲授的时间。随着课堂上我留给学生的时间越来越多，学生主动性得到极大的调动，相比以往，越来越多的学生开始参与学习活动，我也将注意力由原来的如何教好、讲好转移到如何组织学生学好和掌握好。这样坚持了一两年，虽然班级平均分全面提高，但优秀生的发展遇到了瓶颈，原因是优秀生缺少指导和引领。

三、只引不讲

我在多讲和少讲之间徘徊了六七年。加入学习中心课堂建设的研究团队后，我坚持在课堂教学中"只引不讲"，即将教师的主要精力放在引发、组织和调控学生进行自主学习、合作学习和展示交流上，尽量少讲甚至不讲。

第一，课堂教学以学习任务驱动，每个任务下设有不同活动。在以往的课堂教学中，我虽然控制并减少了教学时间，但课堂活动仍然围绕教师的讲授展开。学习中心课堂的一个突出特点就是，教师将学习内容设计成需要学生完成的任务及相应的活动。在教学中，教师首先引导和组织学生通过完成这些任务、活动进行独立自主学习。经过自主学习，学生一方面理解和解决自己能独立把握的问题，同时，暴露和发现自己不能很好理解或把握的问题，为后续小组互学提供了对象。课堂教学以任务及活动来驱动，真正做到以学生的学习活动为中心。

第二，增加组内互学、组间互助环节，充分相信学生、发展学生。学生的学习能力和知识基础都不一样，在做题中遇到的问题也各不相同，教师很难把所有学生的思维都统一到一个讲课进度中来，这时就需要充分发挥学生学习的主体性，发动不会的学生向会的学生请教。在这个过程中，请教的学生是主动去问问题，他获得知识的过程比教师课堂上讲更具针对性，更有效；被请教的同学，因其价值获得认可，会想方设法将问题讲清楚，这个讲的过程就是他对问题再思考的过程，这一过程通常会加深学生对问题的理解，甚至引发学生产生更好的想法。所以说，学生之间的互学对双方都是有利的。自从增加组内互学、组间互助环节后，班上的学习氛围更加浓厚，围在一起讨论问题的学生越来越多。

第三，鼓励学生上台板演，示范和讲解解题思路。课堂上，我鼓励学生上台板演，给那些做出题来的学生展示自我的机会，将课堂塑造成快乐学习、享受学习的地方，而不是被动接受、枯燥无味的学习场所。

我改变一讲到底的习惯后，学生的积极性、主动性和创造性被激发出来。我所能想到的做法，学生通常都能想到，甚至经常给出我意想不到的解法。我在学习中心课堂上经常体验到教学相长，享受着和学生共同发展的快乐。而这种新型课堂也为优秀生搭建了展示自我的平台，有效提高了他们学习的积极性和反思总结能力，使他们突破了发展瓶颈。

参与学习中心课堂研究的所历和所悟

武汉市四美塘中学　　夏　丹

在建构学习中心课堂的行动研究中，从最初接触学习中心课堂的理念，到观摩学习中心课堂的精品课，再到主讲学习中心课堂的研讨课，我有着多样的感受和体会。

一、参与学习中心课堂研究的经历

开始阶段困难重重

在最初接触学习中心课堂时，我是半信半疑的，对于实施结果更是心里一点底都没有。我感觉一片迷茫，有太多的困惑。比如，导学案怎么编写？课件该怎么做？以学生学习为中心的课堂与传统课堂的最大区别在哪里？学生应该如何分组？……这么一大堆难题摆在我面前，真的不知道该怎么办。

虽然有困惑，事情还得一件件地解决，我只能边上课边摸索。可是上了两节课后我发现困难重重：有的学生不会自学，对导学案敷衍了事，自学一点质量都没有，有的学生甚至互相抄袭；导学案编制时自己感觉思路顺畅，但上课时却用得不顺手；课件成了指令，没起到强调重难点和补充知识的作用；课堂上讨论得很热闹，但大部分情况是好学生在说，学困生在听；点评的学生不是没有自己的观点，就是扯得太远，导致当堂的教学任务不能按时完成。这是以学生学习为中心的高效课堂吗？课堂不仅没有做到人人参与，连最基本的教学任务都不能完成，何来高效？我感到极度迷茫，几乎没有信心和勇气继续进行学习中心课堂研究了。

尝试过程中倍感惊喜

就在我遇到重重困难，想打退堂鼓的时候，学生在一次研讨课上的表现让我倍感惊喜。课上，以前上课不听讲的学困生开始听讲了，为了小组的荣誉，他们积极抢答问题；一些平时表现一般的学生在小组讨论环节积极参与，甚至为了某个问题争论得面红耳赤；个别优秀学生在进行小组点评时不仅有真知灼见，还展现出了良好的台风。这些是我在传统课堂中看不到的。课后，一个中等生对我说，以前他上课时注意力不集中，常常不知道老师讲到哪里了，现在大家都在讨论，自己就得跟着参与，而且在学习中有不明白的地方，组长也能马上帮助他解决。学生课上的积极表现和课后的真情交流深深地震撼了我，让我又恢复了平常心。

二、学习与探索中获得的感悟

经历了一年多学习中心课堂的行动研究，我认识到，在建构学习中心课堂中教师应做出很多改变，特别是教师要敢于放手和授权，并对学生的小组合作学习进行精心指导。

学会放手和授权

现在想想，我们平时的课堂教学太过顺畅，课堂上教师严密地控制教学，难以激发学生质疑的兴趣，禁锢了学生的自由思想。在学习中心课堂中，我逐步放手：留给学生充分的思考时间；留给学生一些自我展示的空间；给学生自由评价、自由发表意见的权利。因为放手，学生在交流中迸射出了思维的火花，课堂成为开放的课堂、问题的课堂、情感的课堂，整个课堂焕发出了让人惊喜的生机和活力。

想让学生学会独立思考和自主学习，教师就要学会放手和授权。如果我们怕这怕那，不能放手让学生策划和组织活动，凡事都亲力亲为，学生就很难真正成长起来。因此，教师可以多创造一些机会和条件，让学生主动尝试，而不是总担心他们会失败。教学本身不是目的，引发学生自主学习、使其不断成长进步才是最终目标。授权代表着教师对学生的信任。而这份信任在被学生感受到之后，可以极大地激发出他们的创造性和主动性。适当的放权，既可以锻炼学生的能力，也能激发学生的上进心和自信心。让学生成为学习的主体，让他们在快乐中学到知识，是教师应该追求的目标。

强化对小组合作学习的规范与指导

学习中心课堂注重运用小组合作学习。但在实际教学中，小组合作学习会遇到很多困难。比如，刚开展小组学习时，我发现在小组学习、讨论时，有的小组乱哄哄的，看着很热闹，但学习效果并不理想；有的小组静悄悄的，成员各做各的事情，形同虚设。一开始我以为是因为小组分工不够完善，职责不够清楚明确，后来经过了解才发现，问题主要出在组长的训练、小组讨论的程序和方法的规范上。针对这种情况，我挑选了表现最不理想的一个小组，参与了该小组的主持、讨论、发言、记录和小结工作，并把整个流程向全班展示，让大家都能了解和掌握小组学习、讨论的基本流程及操作要领。此后，我还对每位小组长进行定期训练。训练主要结合以下三个问题进行：一是你的组员能很好地完成你布置给他的任务吗？二是你们组有奖惩措施吗？三是组内成员是否能互相交流帮助？由于强化了对小组合作学习的指导，现在的课堂上，小组合作学习已经进行得比较顺畅，各个小组都能相互取长补短，在交流中共同进步。

经过这一年参与学习中心课堂的研讨和自我尝试，我发现要上好一节以学生学习为中心的课，教师要有丰富的知识储备、超强的课堂驾驭能力和灵活处理问题的能力，这在无形之中对教师提出了更高的要求。这也鞭策着我们不断地提升自己、充实自己，为上好每一节课做好充足的准备。

总之，从最开始的照猫画虎到后来的有模有样，从最开始的雾里看花到后来的撩开面纱，从最开始的消极应付到后来的积极面对，我的感觉是，踏上以学生学习为中心的课堂之路，有迷茫，有困惑，但只要我们静下心来去学习、去思考、去研究，根据自己学科的特性、知识的特点和学生的个性去建构自己的学习中心课堂，就能调动学生的积极性，就会有不一样的欣喜和收获。

行之愈笃，知之愈明
——学习中心课堂实践探索有感
武汉市杨园学校　　余燕霞

我们学校进行学习中心课堂建设研究已三年，很荣幸，我成了这个团队中的一员。可成为其中的一员真不轻松，我们被"逼"着去思考、去改变。

首先，我们要接受并理解学习中心课堂。构建以学习为中心的课堂，就是要把学生的学习和成长放在课堂教学的中心位置来考虑。从教学目标到教学结构，都应该根据学生的学习需要来确定，而不是按照传统的做法，以教师为中心进行组织。简单来说，学习中心课堂就是要"以学定教"，根据学生的身心特征、水平基础和内在需要进行教学设计和教学实践。如果教学和学生的需求脱节，就会造成"痒的地方没挠到，不痒的地方使劲挠"的状况。

这么简单的要求，为什么很多老师，包括我在内还是做不到呢？因为我们想的太多，要的也太多。我们想把知识一股脑儿全部倒给学生，而且想要学生全部接受，这太不切合实际了。

但是，改变起来是痛苦的，我们不仅要同以往的习惯做斗争，同懒惰做斗争，而且要面对种种未知的挑战：鉴别哪些教学材料最为恰当；思考如何妥善地分组，如何最大限度地调动学生的积极性，如何设计好导学案，如何让小组内充分合作、组间有序竞争，如何让每个学生都能得到发展。

想不如做。尽管一开始的尝试往往是稚嫩的、无序的、手忙脚乱的，但是我们仍然要坚持。坚持换来的是收获。最大的变化是学生变得更有话可说了，有据可言了。最大的惊喜是平时不开口不自信的后进生居然第一个举起手来代表小组发言了。全班共学时大家聆听得特别认真仔细，小组内讨论很热烈，发言特别积极！

建构以学生学习为中心的课堂改革，我们还在路上。我们在实践探索中清晰地认识到这种改革是非常必要的。我们盼望，所有的老师都能积极投身变革，这样老师和孩子们才会有更好的成长！

小组合作学习的几则故事

武汉市杨园学校　　吴小红

小组合作学习有助于学生化被动为主动，积极探索知识，学会与人交往，并在学习的过程中收获自信，发现并感悟学习的乐趣，找到自己存在的价值。

一、我学习，我快乐

学习对于优等生来说可能容易一些。对于后进生来说，学习可能是一件痛苦的事情。但是，合理运用小组合作学习能让后进生体会学习的快乐。他们学会对自己正确定位，学会不和他人比，只和自己比，明白只要今天的我比昨天的我有进步就是成功！

班上学生小赵是个留守儿童。他从小随爷爷奶奶长大，一直受到爷爷奶奶的溺爱，没有养成好的学习习惯。每逢收作业时，他脏兮兮的脸上总瞪着一双无辜的大眼睛，委屈地说："我没做！"作为班主任，我多次与家长交流，但没有取得效果。

班上组建学习小组时，我综合考虑各组学生在性格、性别、成绩等方面的差异，确保各小组实力大体均衡。我特意将小赵和班长安排在一组，让班长辅导他做作业，监督他记笔记，检查他背诵默写。有了这个学习帮手之后，小赵放下了畏难情绪，他尽心尽责，努力跟上小组的节奏。我也时刻关注他的进步状况，给他额外的奖励，他逐渐有了学习的兴趣，慢慢做到了按时完成作业。

在构建学习中心课堂的过程中，我完善了小组分工与发言规则：小组成员分别承担辅导员、记分员、监督员和发言人等角色，并硬性规定每组的后进生为首席发言人，本组其他同学在他发言结束后可补充发言。这样一来，就更加激发了后进生的学习积极性。在小组活动中，他们积极和本组同学探讨，争取发言时为本组争光。在课堂发言中，小赵体会到自己的价值。当他的发言得到同伴称赞时，一张小脸笑得格外甜。

二、我包容，我快乐

学习小组组建之初，成员之间有时不太和谐。有一次，一名后进生向我投诉组长欺负人，我找来组长询问。原来是因为组长着急，担心他拖后腿就使用了错误的方法。一番谈心后，组长意识到自己的问题，连忙向同学道歉，小组又恢复了平静。

还有一次，一名女生大声嚷嚷着要求换小组。我课下仔细一问才知道，她嫌弃组长水平不高，人又内向羞涩。我驳回了她换组的要求，但同意给她两周观察时间。小组长丝毫没有计较她的言辞，反而严格要求自己，带领小组创下佳绩，自己也获得好成绩，让该同学心服口服。

可以说，一个小组就是一个小小的家庭、一个小小的社会。在构建学习中心课堂的过程中，学生们学会了怎样与他人交往，学会了怎样帮助、理解、包容和欣赏他人。在这里，他们插上了翅膀，快乐地飞翔！

学习中心课堂的探索

武汉市杨园学校　　漆白桦

学习中心课堂以"个体自学—小组互学—全班共学"作为教学过程的基本模式。在运用这一模式教学时，我感觉它有如下特点。

一、我自己来——个体自学更自由

传统的教学模式一般是老师上课讲授知识，学生回家以后做练习，等到第二天作业交上来后，教师再通过批改作业发现学生的问题，进行集中反馈。而学习中心课堂是教师先布置预习作业，学生在家自学，并完成相应的练习。

每个人由于能力不同，学习时有快慢之分。优秀的学生可能只需要极短的时间就可以完成任务，而学习薄弱的学生耗时就非常多。也许在课堂上我们没有那么多时间兼顾个体差异，但在家自学就可以很好地解决这个问题，满足不同层次学生对学习的不同需求。

二、与同学结伴学习，小组互动、探究、展示

在学习中心课堂建设过程中，我们设置了小组互学和全班共学的环节。这样做的好处颇多，既减轻了教师的负担，又有助于学生深入理解知识并及时解决问题。在小组学习中，学生首先需要理解知识，这是一个内化知识的过程；同时，学生之间的相互辅导和讲授，又是一个外化知识的过程。

我们还会要求学生以小组为单位进行学习成果展示。展示效果的好坏，所有学生都看得到，这样就形成了良好的互动机制、竞争机制和督促机制。一个小组讲完后，其他小组可以提问，所以课堂上常常出现很热烈的问答场面。如果某个小组回答不了问题，或者回答的效果不好，其他小组可以质疑，或者补充回答，这促使每个学生在课前认真做好学习准备。课上，为了准确回答问题或提问，小组成员会聚精会神地倾听其他同学的发言，这也避免了学生注意力的分散。

三、全班同学一起来，教师现场指导、答疑

教师在小组讨论的过程中起到监督、引导的作用。如果学生得不出结论，或者讨论陷入僵持局面，教师可加以提示或补充。当学生在小组讨论过程中发现棘手的问题无法解决时，教师可以及时进行当堂指导。教师以往喜欢针对一个知识点进行反复讲解和练习，而现在只需要对学生小组的

学习活动进行组织，对小组的疑难问题进行解答，教师的负担减轻了，课堂教学效率有所提升。

在传统课堂教学中教师最常用的教学方法是讲授法。教师传递知识、信息，学生对知识、信息进行简单、机械的记录和接收。而学习中心课堂关注学生的需求和兴趣，倡导思想的自由表达、自主发现、深度探索。学生在学习过程中需要观察、比较、推理、思辨、创造，从而得到多方面的有益的锻炼。知识不是通过教师传授得到的，而是学生在一定的情境下，借助其他人（包括教师和学习伙伴）的帮助，利用必要的学习资料，通过人际协作活动而习得的。

身处一个快速发展的时代，想要与学生一起更好地教学相长，我们需要保持开放的心态，迎接新思维推动的新时代教育。无论教学手段如何变革，教学改革的核心都是培养独立自主、有学习能力和创造力的思考者。教学手段的变革，考验着教师的教学能力和对学习者的了解。作为一名教师，我们最重要的是努力提高自身的教学素质。教学中思维能力的训练和情感态度价值观的塑造，才是未来教师必备的技能。

第四部分

学习中心课堂建构·
典型课例

本部分呈现的是负责对学习中心课堂进行整体建构研究的两所学校的实验教师，在行动研究过程中所形成的典型课例。每个课例由导学设计、课堂实录和教学反思三部分构成。其中，"导学设计"是指教师设计的引导学生课前自主学习的方案，在小学被称为"导学单"，在初中被称为"导学案"。"课堂实录"是对教师上课真实过程的文字记录，是通过对课堂教学录像进行文字转换而形成的。由于学生完成自主学习环节可能是在课堂教学之前（课外），也可能是在课堂教学的一开始（课中），因此，课堂实录记录的学习中心教学过程有两种：一种是在学生课外完成自主学习的基础上，着重反映教师组织小组互学和全班共学的过程；另一种则记录和反映了学习中心教学所包含的个体自学、小组互学、全班共学的全过程。"教学反思"则反映了授课教师对课堂教学内容的理解、教学设计的构想以及对课堂教学实际过程的思考。这些课例是从参与实验研究的教师的众多课例中选择出来的，从这些课例中可以看出学习中心课堂教学过程的具体情况。例如，教师如何设计导学单（导学案）以引导学生自学；学生完成自学过程后，教师如何基于学生个人自学不能解决的问题，有针对性地组织小组互学和全班共学的。

一、语文学科

《浮冰上》 教学案例

执教教师：武汉市长春街小学叶菁

导学设计 ●●●●●●●●●●●●●●●●●●●●●●●●●●●●●●

教学活动背景分析

教材解读

《浮冰上》是鄂教版语文教科书六年级上册第七单元的课文。这是一篇扣人心弦且感人至深的，闪耀着人性光辉的优秀作品。文章通过在死亡线上挣扎的诺尼，想杀死自己的爱犬充饥而最终没有下手，并在奄奄一息中得救的故事，成功塑造了一个心地善良的小男孩的形象，赞颂了爱是不可战胜的力量，爱可以创造奇迹。

作为一篇微型小说，它的人物、情节、环境的描写是相辅相成的。故事情节跌宕起伏，引人入胜；人物形象刻画得极为生动，富有个性；环境描写恰到好处，渲染气氛。

学情分析

六年级学生学习过小说类课文，如《小英雄雨来》《小兵张嘎》等。这些小说都是通过细节描写来展现人物形象的。对于六年级学生来说，从字里行间去体会人物形象并不难，但是把握故事情节、分析人物在特定环境下的心理矛盾是一大难点；而在对人物的内心世界的把握上，六年级学生能够通过直接描写感受人物的内心世界，但是对从人物的动作、神态、语言以及环境等侧面描写去品析和体会人物内心感到困难。在本课中，学生能够很快地把握对诺尼的描写，但是对从尼玛克的角度去感受主人公诺尼的矛盾心情会感到比较困难。

目标定位

（1）朗读生字新词，辨析易错字音，理解重点词语，有感情地朗读课文。

（2）运用抓线索的方法理清文章内容，了解故事大意，感悟小刀在文中的作用，并复述课文。

（3）理解课文内容，感受诺尼与雪橇犬尼玛克之间超越生死的爱。

（4）采用结合细节和环境描写去体会人物心情的方法读懂小说，感受人物的善良。

条件评估

需要准备课件及多媒体播放设备。预估本课需要 2 课时完成。

学生个体自学过程设计

学习准备

收集有关因纽特人和雪橇犬的资料。

任务一：基础准备

活动 1. 读准下列词语的读音，在难读的生字上标注读音，查字典理解自己不懂的词语。

畜生　　喘气　　哽塞　　磨薄

诅咒　　匮乏　　竭力　　粗糙

（1）区分多音字。

"哽塞"是形容悲痛得说不出话来，所以"塞"读"＿＿＿＿＿＿"。

（2）理解词语。

匮乏：＿＿＿＿＿＿＿＿＿＿＿＿＿＿＿＿＿＿＿＿＿＿＿＿＿

任务二：理清文脉

活动 2. 完成填空，想一想课文主要写了一件什么事。

浮冰被困—（　　　　）—（　　　　）—刀光获救

小妙招：注意抓住文章线索进行小标题式的概括。

任务三：研读课文

活动 3. 思考诺尼为什么要杀犬。

自学提示：

（1）读：默读 1—4 自然段。

（2）勾：勾画出相关语句。

（3）批：抓住关键词体会课文、做批注。

（4）理：学会有条理地分点呈现原因。

活动 4. 理解重点句"诺尼对尼玛克的爱是真真实实的——就像这又饿又冷的夜晚和他伤腿上的阵痛一样真实"。

自学提示：

（1）抓住关键词。

"真真实实"的意思是：_____

（2）运用想象法。

想象平时那些充满爱意、温馨的场面。

①北风呼啸时，_____

②当诺尼孤单时，_____

③诺尼生病时，_____

④_____，_____

（3）运用朗读法。

深情朗读，打动他人。

活动 5. 从哪些语句中你能读出诺尼内心不忍呢？

自学提示：

（1）默读 5—13 自然段，勾画出表现诺尼心理变化的语句，学会从对诺尼的不同描写中感受人物的内心变化。

（2）抓住语句中最能体现人物不忍心情的词语进行批注并深入体会。

（3）有感情地朗读相关语句，尽力做到打动他人。

活动 6. 从描写诺尼心理变化的语句中你读出了人物怎样的心情？

自学提示：

（1）研读课文 14—22 自然段，学会从不同的描写中感受人物的内心变化。

（2）抓住语句中最能体现人物心情的词语深入体会。

（3）有感情地朗读语句，尽力做到打动他人。

任务四：提炼学法

活动 7. 梳理一下，你学会了哪些读懂小说的好方法？

学生问题（疑难）反馈

自主完成这份导学单，再读课文时，你还有哪些疑惑呢？提出来，我们一起在课堂上交流。

(1) _____

(2) _____

(3) _____

学习评价

下课后，小组成员从自学、听讲、发言、交流和练习等方面进行自评和互评。

自评：☺ ☺ ☺ ☺ ☺　　　小组评：☺ ☺ ☺ ☺ ☺

课堂实录 •••••••••••••••••••••••••••••••

导入新课，个体自学反馈

师：同学们，狗是人类最忠诚的朋友，生活在北极的雪橇犬和因纽特人之间的关系更是非同一般！大家课前收集了相关资料，谁来说说你对它们的了解？

生1：雪橇犬非常友好，属于"朋友犬"，而不是"孤僻犬"。它们是人类忠诚的伙伴。

生2：雪橇犬拥有竖立的双层毛，由厚密的底毛和较长的外层披毛组成，外层披毛穿过底毛，在外层形成保护。非常有趣。

师：同学们的知识非常丰富，课前收集了不少资料。看，这就是雪橇犬（点击课件）。它们能适应极寒天气，每天积极、勤奋地为人类工作着，当地人还为每一条雪橇犬都起了名字，有名字可就意味着平等和尊重啊！今天我们要学习的课文，讲述的就是一个因纽特小男孩——叫出他的名字（学生叫出"诺尼"）——和雪橇犬（学生叫出"尼玛克"）发生在浮冰上的故事。

（师板书课题，生齐读课题。）

师：昨天同学们都完成了导学单（用 PPT 显示导学单内容及完成情况）。导学单上一共有 7 个活动，通过课前检查，我发现基础部分同学们完成得非常好，只有 5 个同学有个别读音的错误，这里给全班同学点个赞。内容概括部分，有部分同学完成得特别准确简洁。但是大家对词句的品析还不够全面深入。相信通过今天的思维碰撞与交流，同学们一定会有新的思考和收获。

任务一：基础准备

师：既然活动 1 同学们完成得这么好，那么咱们就直接进入活动 2 的学习吧！

任务二：理清文脉

师：老师发现昨天同学们在完成文章脉络填空的时候，有这样几个典型问题，我们一起来看一看（出示图片 1 文字"拿刀想要杀掉犬"）。这有什么问题？

生：太啰嗦了。

师：的确不够简洁。

师（出示图片 2 文字"想杀狗"）：这样够简洁了吧，有毛病吗？

生：太简洁了，没有按要求根据线索进行概括。

师：没有线索。

师（出示图片 3 文字"磨刀"）：这个答案呢，它的问题在哪儿？

生：十分片面，有些错误。

师：是的，不够完整。

师（出示图片 4）：老师也发现很多同学概括得既简洁又准确。我想问问你是抓住什么线索来进行概括的？

生：我知道小刀是这篇文章的线索，它贯穿全文，那么这两个空都应该围绕小刀来填写，所以应该填"磨刀向犬"和"弃刀放犬"。

师：的确如此，小刀是文章的线索，它推动着故事情节的发展。

师：下面就请同学们拿出自己的导学单，对照正确的概括进行自我修正，然后结合要求，完成今天的小组活动。好，开始吧。

（小组互学提示：结合填空指名组员概括课文内容，其他同学评价或补充。）

（学生独立自主地修正导学单，然后在小组内部讨论、交流看法。）

师：哪个小组代表来说一说课文主要写了什么事？

生：我认为课文主要写了一件这样的事：诺尼和尼玛克被困在浮冰上，为了活下去，他决定磨刀杀犬，可是他又不忍心，于是就弃刀放犬，最后因为刀光而获救。

师：瞧，多么清楚简洁。看来抓住文章线索的确能够帮助我们迅速理清故事的内容！

任务三：研读课文

师：课文内容简单却打动人心，生动地描写了主人公诺尼由"举刀向犬"到"弃刀放犬"的心理变化过程，字里行间流露着真情。咱们先来交流1—4自然段，想一想诺尼为什么想要杀犬呢。

从昨天导学单的完成情况来看，同学们找到了多处语句，但是归纳不够。下面进行的小组学习，要特别注意归纳合并表现相同原因的语句并加以深入体会。请一个同学来读一读小组学习的提示要求。

（一生读提示要求。小组互学提示：交流表现诺尼想要杀犬原因的语句；简洁归纳概括，分点呈现原因。）

（全班进行小组学习。教师巡视并寻找优秀学习小组上台勾画语句并板书诺尼杀犬原因。）

师：请这个小组来给大家说一说诺尼为什么要杀犬。

生1：我们小组找到了这样一点原因——又冷又饿。

生2：请大家看第1自然段（手指大屏幕）"再也没有别的有血有肉的生灵了"，我从这里体会到他们又饿又冷，环境艰苦。

师：换一个词"艰难"。

生：请大家看"冰块裂开时，诺尼失掉了他的雪橇、食物和皮大衣，甚至失去了他的小刀"。（手指大屏幕）我们知道北极是十分寒冷的，但是他失去了皮大衣和食物，所以又饿又冷。

师：什么也没有了，可见处境艰难。

生1：请大家看"卧"字，这说明他们两个已经有气无力了，表现出他们的饿与冷。

生2："第三天晚上"说明事情已经过去三天了，他们已经饿得受不了了。

师：在什么地方经过了三天？

生1：浮冰上，可见时间之久。

生2：我补充一下，我从"冰山"这个词看出他们又冷又饿。因为冰山是在很低的温度下形成的，而且他们又待了三天，没有食物，可见又冷又饿。

师：特别表扬这位同学，他能够联系环境去思考问题。读小说就是要特别注意人物所处的环境。（板书：环境）

生：从"再也没有别的"中可以看出没有其他任何生灵，可见他们又冷又饿。

（小组汇报结束后回座位。）

师：诺尼和尼玛克处在这样一座冰山上，会有一种怎样的感觉？

生1：艰难。

生2：恐惧。

生3：绝望。

师：怪不得课题叫作"浮冰上"，诺尼的心也仿佛在浮冰上冰冷无助啊！所以，他勉强为自己找到了两条杀狗的原因，请找到原因的小组成员读一读，说一说。

生1：村里的人都是这样做的，而且现在所处的环境又是如此恶劣，所以诺尼想到这里就有了杀犬的想法。

生2：我们觉得是迫于自保，因为尼玛克有可能吃掉诺尼，所以诺尼只能先下手为强。

师：你们小组找到的是对诺尼心理活动的描写。（板书：心理活动）（语调缓慢，深沉地）饿到了极致，冷到了极点，腿上有伤（课件出示：又冷又饿　伤腿上的阵痛），甚至有可能遭到对方的进攻，这就叫作身处绝境！要想活下去，唯一的办法就是——杀犬。

师：杀犬的理由是如此充分，合情合理，但诺尼真的想下手吗？（生齐答：不想）第1—4自然段中有句话生动地刻画了他此时此刻的心理。

生（读）："诺尼对尼玛克的爱是真真实实的——就像这又饿又冷的夜晚和他伤腿上的阵痛一样真实。"

师：同学们，你们怎么理解这句话？

生1：我们抓住了"真真实实"来理解，它的意思就是"不虚假，十分真实"，突出了诺尼对尼玛克的爱。

生2：我仿佛看到了当北风呼啸时，他们相互依偎着，用身体温暖着对方。

师：可现在的又冷又饿也是真真实实的。

生：我仿佛看到了诺尼生病时，尼玛克跳到他的床上，用舌头轻轻地舔着他的脸。

师：多么温馨的一幕啊，但此刻诺尼腿上的伤痛也是真真实实的……

生：当诺尼孤单的时候，尼玛克待在他身边，跳着、叫着、跑着，想让他开心起来。

师：多么美好的往昔，可此时的诺尼面临的是濒临死亡的绝境呀，这也是真真实实的。

生1：我想为大家朗读这句话。（生读）

生2：我觉得他读得十分有感情，尤其强调了"真真实实"，我也想来读一读。（生读）

师：我听出了爱与痛交织的心情，全班一起读一读。

（全班齐读。）

师：像这样左右为难，不知道如何是好的心情就叫作——

生（齐说）：矛盾。

师：这矛盾背后藏着的是诺尼对尼玛克的爱，是他深深地不忍啊！（板书：不忍）刚才通过小组学习，我们知道了可以抓住人物的心理活动和所处的环境去深入体会诺尼想要杀犬的原因，同时这也帮助我们充分感受到了人物矛盾的心情。

师：尽管矛盾，尽管不忍，但是为了生存，他必须举刀向犬！这一部分内容对诺尼心理变化过程刻画得相当细致。接下来，我们一起来研读课文的第5—13自然段（出示PPT）。通过查看同学们的导学单，我发现大家都能从对人物的不同描写中读出诺尼的不忍，尤其这样几句话同学们关注度最高（点击出示语句："诺尼仍然磨着铁片，尽量不去想磨铁片是为了什么。""诺尼硬起心肠来。'来，尼玛克。'他轻声叫着。""他的心在流泪，他痛恨自己，又竭力压制这种感情。"），但是感觉同学们对关键词句的体会还不够深入，所以今天的小组活动要求是这样的。

（一生读要求。小组互学提示：抓住关键词，注意从多个角度深入品析课文，读懂诺尼的不忍；提出自学中的疑惑之处，在小组中交流思考。）

（学生分小组学习，教师巡视并辅导。）

师：哪个小组愿意跟大家分享一下？

生：我们小组来进行学习活动5的汇报。请大家看第7自然段，"尽量不去想为什么"与前文中的"慢慢地磨"相照应，可见他内心的不忍。

师：能联系前文读懂"磨"，真好。

生：我也来补充一下。从"不去想磨铁片是为了什么"可以读出他内心的纠结，从后文的"天亮时分"可以发现他磨了很长时间，从他用拇指轻轻拭着刀锋可以看出他的动作缓慢，他的犹疑与不忍。我来读一读这句话吧。

师：你们抓住了人物的动作进行分析，真好。

生1：请大家看第8自然段，为什么诺尼明明已经硬起了心肠，却还是要轻声说话呢？因为他爱尼玛克，不想杀他。我来为大家读一读。（生朗读得很有感情）

生2：我来补充一下。"硬起"和"轻声"之间形成了一个对比，虽然诺尼硬起心肠，却还是轻声呼唤，这突出了他内心的不忍。我也来为大家读一读。

师：你说得挺好，但我没有从你的朗读中感觉到这种对比，谁再来试一试？

（生读，语速慢，语气轻，从中可以感受到人物内心的不忍。）

师：这就是心在受煎熬啊。

生1：请大家看第11自然段，我从"痛恨自己"和"竭力"中读出了诺尼的不忍。痛恨不同于痛苦，竭力也不只是用力，是用尽全力，可见诺尼内心的自责。

生2：我来补充一下，文中说"心在流泪"，心真的可以流泪吗？答案是显而易见的，但是诺尼对尼玛克的爱让他感受到了悲痛。简单的几个词——"流泪""痛恨""竭力"，道出了诺尼内心的不忍。

师：说得太棒了，你们抓住几个关键词体会出了他心中深深的不忍。

生1：我还想为大家读一读。（生朗读得很有感情）

生2：诺尼为什么会痛恨自己呢？

生3：通过上文可以得知，尼玛克对他是十分忠诚的……

师：你怎么知道尼玛克是忠诚的？

生：因为尼玛克明知主人要杀死它，还是走上前来，让自己的主人决定自己的命运。

师：明白了，你们是联系第11自然段感受到的。刚才大部分同学是从诺尼的角度去思考，你们却从尼玛克的角度去思考。你们很会学习。

生1：我想问问你们小组，文章中说"他的心在流泪"，请问他的心流的是怎样的眼泪？

生2：请问其他同学能帮助我们一下吗？

生3：我觉得他流的是痛恨自己的眼泪。

师：我们平时看到的是眼中有泪，可这里是心中有泪，用一个词就叫作"心如刀绞"。

生1：我想问问你们小组，诺尼竭力压制的是怎样的感情？

生2：这种感情是诺尼对尼玛克的爱以及对自己的痛恨。

生3：他痛恨的究竟是什么呢？

生4：痛恨自己居然想杀掉忠诚于自己的犬。

师：从哪里可以读出忠诚呢？能用具体的词句给大家分析一下吗？

（小组同学无法回答，台下其他同学纷纷举手。）

生：请大家看第9自然段，"迟疑"说明尼玛克知道主人想要杀掉自己，可它还是走上前来，可见尼玛克对诺尼的忠诚。

（小组3汇报结束后回座位。）

师：正如刚才这位同学补充的那样，诺尼不易，可是同样饥饿的尼玛克明知主人的意图还要压制自己的本能，舍身为主，更不易啊。怪不得诺尼的心会流泪，会如此痛恨自己啊。老师这里有一点资料，也许你们看后更能明白诺尼痛恨自己的原因。

（教师用PPT补充音频资料：三天前的一幕仿佛就出现在眼前。冰山已离开了陆地缓缓地向海中漂去。留在陆地上的四条狗齐声朝着小主人吠叫，他忍不住叫出声："尼玛克！尼玛克！"他那条最心爱的狗——尼玛克居然不顾刺骨的寒水，一跃入海，只划了几下就纵上冰山来陪他。骤然间，浮动着的冰山越漂越快，半小时后，他已被孤零零地抛弃在大海上，陪伴他的只有他忠实的爱犬尼玛克。)

师：你们知道了吗？

生：我抓住了关键词"一跃入海"，尼玛克居然不顾刺骨的海水来陪诺尼，可见它的忠诚。

师：是啊，这的确是一条忠诚的狗。

生：陆地上的其他三条狗和尼玛克形成了对比，其他的狗都留在陆地上，只有尼玛克跳海来陪他，可见它的忠诚。

师（深情地）：这哪里是狗，分明是自己的亲人。课文学到这里，你的眼前出现了一个怎样的小男孩？你看到了他的表情吗？听到了他的心声吗？

生1：我仿佛看到了诺尼深情地注视着尼玛克，眼里噙满了泪水，嘴唇在颤抖，他真的非常不忍心杀掉自己的爱犬。

生2：我想他可能会对自己这么说："我怎么可以杀掉尼玛克呢？它既是我的伙伴，也是我的亲人啊！"

师：读小说要学会想象，这样人物就会活灵活现地从你的脑海里冒出来。（动情描述）是的，这可是三天前一跃入海和他生死与共的亲人尼玛克啊，这可是明知主人要取自己的性命，却顺从上前的忠诚的尼玛克啊！可是诺尼竟然对它有了如此可怕、残忍、罪恶的杀机！同学们，诺尼怎能不痛恨自己啊？！来，我们一起来读一读第11自然段。

（师生配合齐声朗读。）

师：流泪是出于爱，痛恨是出于爱，压制也是出于爱！在极度痛苦、极度挣扎中，诺尼到了不得不动手的时候了！

质疑释疑，总结全文

师：故事今天就讲到这儿。刚才通过小组学习我们学会了运用多种方法读懂诺尼的心情。现在，让我们静下心来，回顾第5—13自然段，进行最后一次小组交流。通过学习，同学们今天一定解决了不少导学单上的疑问，那么还有哪些疑问需要提出来在全班交流呢？

生1：文章的主人公是诺尼，为什么文章要多次描写尼玛克的神态呢？

生2：这里写尼玛克是侧面描写，它让我们更深刻地体会到了诺尼的不忍和纠结。

师：文章不仅有对诺尼的直接描写，也有对尼玛克的间接描写，而在描写诺尼的不忍心情时，也有直接描写与间接描写呢。你们发现了吗？

生：既有对他心理活动的直接描写，也有对人物动作、语言、神态甚至所处环境的间接描写。(师相机板书：动作、语言、神态)

师：其实，这也是帮助我们读懂小说、读懂人物形象的好方法。那么，诺尼最终为何放弃了杀犬？他和尼玛克是如何获救的？浮冰上的故事还在继续，人性的光芒还在闪耀。欲知后事如何，且听下回分解。

(教师布置课后延展训练作业，下课。)

教学反思 ●●●●●●●●●●●●●●●●●●●●●●●●●●

《浮冰上》这篇小说很精彩，作者试图通过对小说人物的描写、刻画，表达对人性的探索。课文不仅包含了人与动物的爱，还涉及人与人之间的爱。特别是诺尼与雪橇犬之间的爱是超越生死的。这份爱对于学生而言既是震撼人心的，又是深刻的，很难透彻感悟的。对于这样的课文，传统课堂中教师会进行大量的分析，使教学显得细碎繁琐，不利于学生自己去感受和体验。在这篇课文的教学中，我努力按照学习中心课堂的要求做到以学生的活动为中心，促进学生深入体悟、理解课文。

第一，课前放手让学生自学。

建构主义理论认为，学生是知识意义的主动建构者，而不是外界刺激的被动接受者。只有通过自己的切身体验和与他人的合作、对话，学生才能真正完成知识意义的建构。为了让学生能够自主建构，教师在教学中需要对学生放手。

教师放手的第一步就是要学会"退居幕后"，在课前充分激活学生的自主学习。怎样激活？途径一是通过内容来激活，即精心设计导学单，设计出学生有话可说、有情可抒、有思想可表达的问题来引导学生进行自主学习。在导学单的设计中，我将把握故事情节、分析人物特定情景下的心理矛盾作为自学重点，让学生与作品中的人物进行对话，充分把握文章主旨，了解人性善与爱的光辉。导学单借助"为什么想要杀犬""为什么不忍杀犬"等问题帮助学生深入体会人物的内心世界。例如，为了帮助学生体会诺尼想杀犬充饥却心中不忍的心理，导学单中设计了不同的学习活动，如朗读、勾画重点语句、批注、想象等，让学生得到最有价值的自主学习体验。在完成导学单的过程中，学生也给了我很多惊喜，尤其是他们自学课文之后提出的问题相当精彩。例如：为什么诺尼的"心在流泪"呢？文章的主人公是诺尼，可文章为什么要多次描写尼玛克的神态呢？为什么尼玛克明知主人的意图还要走上前呢？……

第二，课中针对学生自学后的问题，组织学生间的合作以帮助学生解决问题。

经过对学生个体自学情况的分析，我决定将小组合作学习的重点放在两处：一是联系环境去体会主人公杀犬的原因；二是深入品析人物的心理变化。我力图将课文内容理解与读文方法运用结合起来，由浅入深地设计问题：既有学生驾轻就熟的内容寻找问题，也有需要学生静静思考，"跳一跳"才能够得着的问题。这样的设计能让学生在一次次的讨论与分享中深刻理解文章内容、体会文章表达的思想感情，使学生的心灵受到洗涤。

准确把握学生学习的问题是实施有效教学的重要前提。因此，我们课堂讨论的问题须聚焦在文本学习的关键处及多数学生的疑难处。在这节课上，由于问题的设计得当，学生的思维被激活了，焦点集中的学习讨论让课堂呈现出勃勃生机。

由此可见，在学习中心课堂中，教师"少讲"和"妙导"都是为了落实学生学习的中心地位。"少讲"的核心在于充分尊重学生的自主学习和独立思考，"妙导"的背后是有针对性地帮助学生解决问题。正是因为"少讲"和"妙导"，教师才可能真正做到"把课堂还给孩子"。

《山茶花》 教学案例

执教教师：武汉市长春街小学张雅琴

导学设计 ●●●●●●●●●●●●●●●●●●●●●●●●●●●●●●●●

教学活动背景分析

教材解读

《山茶花》是鄂教版语文教科书三年级上册中一篇托物言志的抒情散文。该文用抒情手法描绘了山茶花的美、娇、艳，使人感悟到山茶花的神韵，即山茶花骨朵有股特别的劲儿，进而使读者联想到"宝剑锋从磨砺出，梅花香自苦寒来"的哲理，引发出人们更多更深的思考。该文语言生动形象，描写逼真，读后使人仿佛置身于烂漫芬芳的花海之中而流连忘返。

学情分析

我校学生平时接触山茶花不多，对山茶花的花形、花色、花期知之甚少。学生在经过一段时间训练后，初步具备了质疑问难的能力、抓关键词读懂句子的能力，能利用导学单进行独立的自学，小组合作学习有一定的基础，学习状态比较好。学生对《山茶花》这篇课文非常感兴趣，一直期盼学习这篇课文，因此学习热情比较高。

目标定位

（1）学会7个字及其组成的词语，读准多音字并找到规律，理解词语。

（2）学习文中出现的比喻句，感受比喻的生动贴切。学习先概括后具体的写法。

（3）有感情地朗读课文，体会山茶花令人惊叹的美。

教学的重难点是：学习课文中出现的比喻句；通过朗读感受山茶花的美。

条件评估

（1）上课时间为一月份，正值山茶花盛花期。

（2）授课教室为多功能活动教室。

（3）准备课件、多媒体设施。

学生个体自学过程设计

学习准备

查阅有关资料，观看图片，了解山茶花。

（提示：结合学习课文的需要，了解山茶花的花期、花形、花色、花骨朵等。）

我的查阅整理：＿＿＿＿＿＿＿＿＿＿＿＿＿＿＿＿＿＿

任务一：认读词语，理解词义

活动 1. 请你读一读这些词，读准字音，认清字形。

轻纱 即使 高山飞瀑 碧绿的清潭 疏密排列有致 潇洒而舒展 朝霞 特别劲儿 花骨朵

活动 2. 联系课文或查找工具书，理解以上词语并选择一个词做重点词笔记：

＿＿＿＿＿＿＿＿＿＿＿＿＿＿＿＿＿＿＿＿＿＿＿＿

活动 3. 理解词语，选择正确的序号填在括号里。

（1）"绝"的意思有：a. 断；b. 尽，穷尽；c. 极，极端的；d. 一定。在"那真叫绝！"中，"绝"的意思是（　　）

（2）"劲"的意思有：a. 力气；b. 精神、情趣、兴趣；c. 坚强有力。在"特别劲"中，"劲"的意思是（　　　）

任务二：概括课文主要内容

活动 4. 在老师的云空间里观看微课，学习概括方法，归纳课文主要内容。

我学习了微课中的（　　　　）法，我能简要完整地写出课文主要内容：＿＿＿＿＿＿＿＿＿＿＿＿＿＿＿＿＿＿＿＿＿＿＿

任务三：自学重点段落，体会山茶花的美

活动 5. 默读课文，看看文中哪些词句具体写出了山茶花的美。

（方法提示：读一读课文，选择一个重点段落边读边勾画出能表现山茶花美的词句。）

感受山茶花的"美"，我能抓住以下关键词：_____

任务四：学习写作方法

活动 6. 思考一下：作者采用了哪些写作方法？使用这些方法，有什么好处？

_____

学生问题（疑难）反馈

_____

学习评价

下课后，小组成员从自学、听讲、发言、交流和练习五个方面，进行自评和互评。

自评：☺ ☺ ☺ ☺ ☺　　　小组评：☺ ☺ ☺ ☺ ☺

课堂实录 ●●●●●●●●●●●●●●●●●●●●●●●●●●●

导入新课，个体自学反馈

师：同学们刚才的课前诵读真棒！今天张老师也为同学们带来了一首古诗，大家一起来读读吧！知道这首诗写的是什么吗？是的，这是宋代诗人陆游写的一首《山茶》。今天我们一起来学习第 19 课《山茶花》。

（教师用 PPT 显示陆游的《山茶》，板书课题，学生齐读课题。）

师（用 PPT 显示导学单）：课前大家利用导学单进行了自学，大家赶紧把导学单拿出来在组内交流一下吧！

（师巡视了解情况。）

师：哪位小组长汇报一下本组情况？

生 1：我们小组课前查找资料任务完成得特别好。

生 2：我们小组在认读生字词和理解词语方面做得不错，概括主要内容完成情况还可以，后两个任务完成情况不是很好，还需要深入学习。

生 3：我们小组也是前两个任务完成得比较顺利，后面两个任务完成情况不是很好。

师：老师刚才在各组了解到的情况和三位组长的反馈差不多，大家课前学习普遍很认真，尤其是前两个任务完成得不错。今天我们就一起来分享好的学习经验，完成还有困难的任务和活动，好吗？

（师用 PPT 显示四个任务，将完成得比较顺利的任务标成绿色。）

师：我们先看看前两个任务，大家有没有需要提醒其他人注意的问题或者好的经验分享呢？

生 1：我来提醒一下，"特别劲儿"这个词不太好读，大家要读准前鼻音和儿化音。

生 2：我同意第 4 小组同学意见，我还要提醒大家要找到"劲"的读音规律，不然下次读还是容易混淆。

师：好的，谢谢你们的提醒。这个多音字我们等会儿在组内再来学习一下。

任务一：认读词语，理解词义

师：对于任务一中的大多数字词，同学们课前学习得比较好，我们就在小组和全班进行一个简单的交流。

（师用 PPT 显示小组互学阶段"任务一"学习要求及互学提示。各小组学生在组长组织下研学"特别劲儿"的读音以及"劲"的读音规律。小组互学完成后，各小组长陆续亮 OK 牌。师指定第 3、7 小组学生轮流读词语，第 10 小组学生评议。全班齐读"特别劲儿"。）

师：刚才有同学反映"劲"的读音比较难掌握。关于"劲"的读音规律，请第 12 小组派发言人给大家讲讲你们刚才讨论的结果。

生 1：我们小组通过导学单的提示，找到这样的规律："劲"作为名词，表示力气、精神、状态的时候，读前鼻音；"劲"作为形容词，表示刚劲有力的时候，读后鼻音。

生 2：按这个规律，读前鼻音的还有"倔强劲儿""使劲"中的"劲"，读后鼻音的还有"苍劲有力"中的"劲"。

师：真好，你们小组讲得清晰明白，还能够举一反三。这是很好的学习方法分享。其他同学也能依据这两个读音组组词吗？

生 1：读前鼻音时可以组词"劲头"。

生 2：读后鼻音时还可以组词"劲旅"。

师：刚才小组互学非常好，大家不仅读准了词语，还发现了读音规律。现在大家一起来读读这些词语。

（师用 PPT 出示含"劲"的词语让学生朗读。）

任务二：概括课文主要内容

师：解决了字词问题后，就第二个任务，同学们还有什么想和大家分享的？

生：刚才我们小组在交流的时候，有的同学对概括方法的使用还不太熟练。我想把我归纳的成果和大家分享一下。我利用张老师在云空间推送的微课中介绍的摘录句段法，在课文中找到了"真是美极了。……一株树上有好多种颜色……""山茶花的花形也很美"这样的总起句，还有"有一次，我问一位老花农：'山茶花为什么这样美?'……"这样的过渡句，学到了文章的主要内容：课文主要写了山茶花的花色美、花形美，以及山茶花这么美的原因——山茶花的花骨朵有一股特别劲儿。

师：贺××同学分享得怎么样？请大家评价一下。

生1：我觉得她的归纳很简洁。

生2：我觉得她的语言很清晰。

生3：她的方法用得很恰当。

生4：她的归纳简要完整。我也用了摘录句段法做了归纳：本文从山茶花的花色、花形、"特别劲儿"三个方面写了山茶花的美。

师：她们归纳得非常准确！（相机板书关键词）的确，归纳课文主要内容要用上恰当的方法，要简要完整。摘录句段法适用于很多课文，让我们来回顾一下这种方法。

（师播放微课，全班学习。）

师：同学们很了不起，一起分享了前两个任务中的学习经验。通过查阅同学们的导学单，老师发现课前各个小组都提出了很棒的问题，其中非常适合本节课解决的问题有这些。这些问题老师已经在课前整理好并在云空间里推送给了大家。大家学习后两个任务时可别忘了带上这些问题，这样你们一定会有更多的收获！

任务三：品读重点段落，感受山茶花的花色、花形美

（师用 PPT 呈现小组互学的提示：用抓关键词的方法，先个体自学，再选择一两处重点内容进行小组讨论，完成后组长亮 OK 牌，小组展示交流。）

生1：我们小组来分享。关于山茶花的花色美，我们小组重点学习的是第3自然段前半部分。请大家看第3自然段，首先请我们小组郭××同学发言。

生2：我重点读的句子是"山茶花的白，那是怎样的白啊！像高山飞瀑溅出的水花一样晶莹"。我抓的关键词是"高山飞瀑""水花"，我认为从险峻的山峰上飞流直下的瀑布溅出的水花是格外洁白晶莹的，是透亮的，很美！

生3：我重点读的句子是"那墨茶，仿佛一汪碧绿的清潭，带着波光，又带着阳光"。我抓的关键词是"碧绿的清潭"，潭水是很幽深的、清澈的，所以我觉得墨茶的颜色深沉而纯净，很美。

生4：在"粉红的呢？那是织女用朝霞和白云织成的轻纱"这个句子里，我抓住"织女""朝霞和白云织成的轻纱"这几个关键词。织女是天上的仙女，她的手是很巧的，朝霞和白云的颜色分别是火红和洁白的，织女用它们织出来的粉红色轻纱肯定非常非常美，所以粉红的山茶花肯定很美。

生5：我来补充一下，文章中说粉红的山茶花是织女用朝霞和白云织成的轻纱，既然是"轻纱"，就是很透明的、轻柔的，我觉得粉红的山茶花白里透红，很柔美。我们小组来读一读。（小组成员分内容朗读）我们小组的汇报完毕，请其他小组为我们评价或者补充。

生6：你们小组抓住了文中的关键词，体会得很准确。我来补充一下，这几个句子都是比喻句。我从作者把山茶花比作"高山飞瀑溅出的水花"中感到山茶花的白是跳跃的，富有生命力的。

生7：我来补充一下，从"带着波光，又带着阳光"中也能读出墨茶是富有光泽的。

生8：我来补充一下，文中说"山茶花的白，那是怎样的白啊！"，这里"怎样的白"是作者发自内心的感叹和赞美，由此可见山茶花的花色非常美。

生1：谢谢大家的补充和评价。

师：正如同学们所说，山茶花花色的美是生动的，"飞瀑""水花"的比喻让山茶花的"白"充满了生命力，在我们眼前跳跃、闪亮；"一汪碧绿的清潭"让墨色的山茶花绿得如此厚重而富有光泽；而"织女""朝霞""白云""轻纱"让粉红的山茶花颜色是多么柔美，姿态是多么轻盈！来，大家一起来边看边读。

（教师出示白色、墨色、粉红色的山茶花图片并让学生朗读。）

师：美吗？同学们刚才发现这几个句子都用了生动贴切的比喻，把山茶花花色写得这么美，大家能完成下面的练习吗？

（教师指名让学生完成三个比喻句本体和喻体的填空练习，体会比喻的生动贴切。）

（教师出示 PPT，引导学生发现三个句子使用了不同的比喻词。）

师：你发现了什么？

生：三个句子使用的比喻词都不相同。

师：你们看，用上生动贴切的比喻，再用上富有变化的比喻词，山茶花花色的特点表现得多么具体可感，语言多么灵动！老师稍稍改变语句的停顿，这里的句子就变成了一首优美的小诗。（教师出示 PPT，师生共同朗诵小诗）

（小组继续交流。）

生1：我们小组来分享。关于花色美，我们小组重点学习的是第2自然段。请大家看第2自然段。请我们组吕××同学先来发言。

生2：我重点读的句子是"一株树上有好多种颜色，一朵花上甚至也颜色不同"，我找的关键词是"一株树""好多种""一朵花""颜色不同"。平时我们从来没有见过一株树上有几种不同颜色的花，更不要说一朵花上有多种颜色了，可见山茶花的花色真的很多。

生3：我抓的重点词是"甚至"，这里表示程度很深，有更进一层的意思。

生4：我从这段文字里的省略号中读出山茶花还有很多别的颜色，花色非常丰富。

生5：我来补充一下，顺便解答第8小组课前提出来的问题。我们小组刚才结合导学单和上下文讨论之后认为，"那真叫绝！"中的"绝"，是指山茶花花色美到"极致"，是独一无二的意思。请我们小组的曾××朗读第2自然段。（生朗读课文）

生1：我们的分享结束，请其他组为我们评价或者补充。

生6：我建议，"白的，红的，紫的……"应该读得慢一点。我可以解答第9小组提出的问题。这里并列的词语之间用逗号而不是顿号的原因是，停顿的时间长一点可以突出这些颜色的花的美，给读者更多的回味。

师：请你读给大家听一下好吗？

（生朗读。）

师：大家也来读读，体会一下这个解释有道理吗？

（全班齐读。）

师：课前有小组提出问题：山茶花真的有这么多颜色吗？让我们一起来看看吧。

（师出示PPT，学生欣赏各种颜色的山茶花图片，感受山茶花花色的丰富多变。）

（小组继续交流山茶花的花形美。）

生1：我们小组来分享。关于山茶花的花形，我们小组重点学习了第3自然段后半部分。请大家看第3自然段，请我们组洪××同学先来发言。

生2：我抓的关键词是"有……，也有……，有……"，可见山茶花的花形丰富多样。

生3：我从"大小疏密排列有致"以及"潇洒而舒展"中感受到山茶花排列得很有趣，很洒脱，别具一格。

生4：我们小组的分享完毕，请大家为我们评价或者补充。

生5：我想为你们补充"叠成六角形""潇洒而舒展"。大家看我手上的两朵山茶花，这就是叠成六角形的山茶花，另外一朵就是潇洒而舒展的山茶花，非常美！

生4：谢谢你们小组的补充。

师：课前不少同学打印了图片和组员共享，张老师也为大家带来了一些美丽的山茶花图片。大家一起来指一指、认一认吧！（师出示不同花形的山茶花图片，各小组成员一起指认）

师：大家有什么感受？请用一个词表达一下。

生1：叹为观止！

生 2：那真叫绝！

生 3：美不胜收！

师（出示第 2 自然段，其中"山茶花的花形也很美"被标注成红色）：观察这个句子和后面句子的关系，你发现了什么？

生：我发现这里用了先概括后具体的描写方法。

师：是的，先概括后具体是值得我们学习的好方法。和老师配合读读这段话，感受这样写的好处吧！

任务四：总结写法，拓展延伸

师：作者将山茶花写得如此美，他主要用了哪些方法呢？（师出示任务四内容）

生 1：用了生动贴切的比喻。

生 2：用了富有变化的比喻词。

生 3：用了先概括后具体的写法。

师：课下大家可以尝试观察一种事物，也用上比喻和先概括后具体的方法来写一写。期待你们的分享！

教 学 反 思 ●●●●●●●●●●●●●●●●●●●●●●●●●●●●

本节课的教学让我进一步感受到，导学单的恰当运用和培养小组"灵魂人物"是学习中心课堂建设的两个关键因素。

越是深入进行学习中心课堂实践研究，我就越深切地感受到导学单的重要性。教师充分研读教材，准确把握学情，精心设计导学单，可以极大地拓展学生学习的时间和空间。

这节课学生课前利用导学单实现了充分的自学。通过自学，学生完成了以下任务：第一，搜集有关的资料并进行整理，例如山茶花的花形、花色、花期、花骨朵的特点等。这为学生理解课文扫清了障碍，并拉近了学生与文本的距离。第二，在教师的学法提示指导下，学生独立认读生字词、归纳课文主要内容、品读重点段落，初步体会学法，并提出有价值或者存疑的问题。完成这么一个完整的自学过程，让学生非常自豪。自学也培养了学生独立学习的意识、质疑问难的精神，为课堂研学打下基础。

　　教师对学生完成导学单的情况进行全面调查，为在课堂教学中做到"依学定教"提供了准确的信息。例如，我查阅学生完成的导学单后发现，大部分学生在后面两个任务上存在比较多的问题。这些应该成为课堂教学的重点。对于前面两个任务，学生完成情况比较好，有许多值得分享的经验，但也存在需要提示的问题。对这两个任务，课堂上教师只需引导学生进行适当的小组互学或全班共学即可。教师通过梳理学生在导学单上自主提出的问题，可以针对学生问题对课堂教学的重难点和时间分配进行调整，确定哪些任务需要小组互学，哪些任务需要全班共学。如此，就能让学生带着他们自己提出的问题去完成后面的重点任务，从而把"老师要我学"变成"我自己想学"。

　　越是深入地进行学习中心课堂的实践探究，我越是深切感受到培养小组"灵魂人物"的重要性。小组长素质如何，小组长的作用有没有得到充分发挥，几乎可以决定小组整体学习的效果。在我的班上，12个小组长都是经过精挑细选的。结合语文学习的需要，他们都必须具备一些共同的素质，就是能读懂文章，有思考问题和组织语言的习惯。对组长的个性品质、组织协调能力、表达能力、语文学习能力进行有计划的培养，能有力保障小组互学的质量。在《山茶花》一课的学习中，组长在自己独立学习课文、质疑问难的基础上，引导本组成员深入思考。他们努力发现能力较弱的组员的思维亮点，鼓励每个组员结合自己的发现想下去，并适当给予点拨和补充，最后才发表自己的意见。小组成员在组内的学习充分深入，找到了成就感。在小组汇报交流的时候，组长也是让组员先发言，给予组员更多的表达机会，自己最后相机补充。如此一来，组内不同层次的学生都能以极大的热情参与学习，并将学习落到实处。我认为，在大班的合作学习中，发挥作为"灵魂人物"的组长的作用，是解决学生多、小组多情况下，教师不容易照顾到全体学生这一问题的一个有效方法。

《健忘的教授》教学案例

执教教师：武汉市长春街小学梁菁

导学设计 ●●●●●●●●●●●●●●●●●●●●●●●●●●●●●●

教学活动背景分析

教材解读

《健忘的教授》是鄂教版小学语文教科书五年级上册的一篇课文。文章记叙了有关伊里奇教授健忘的三个故事，即忘学生、忘孩子、忘车子。然而透过文本，我们感受到的不仅仅是教授的"健忘"，还有教授鲜活的形象。细读文本，不难发现作者谋篇的匠心：文章明暗结合，结构巧妙。明线表现教授的健忘，暗线则突出教授治学严谨、潜心学术的忘我境界以及人格魅力，明暗对比，以明显暗，相得益彰。

学情分析

本班学生对大学教授知之甚少，需要课前查找相关的资料做进一步了解。针对课题，大部分学生课前提出这样的疑问：教授真的健忘吗？五年级学生在经过一段时间训练后，课前能利用导学单进行独立的自学，课堂上小组合作学习运用得也比较熟练，组长和组员的分工明确，并初步具备了合作探究问题的能力。对于《健忘的教授》这篇课文，学生非常感兴趣，想进一步了解这个充满矛盾的人物。

目标定位

（1）学会 10 个生字。

（2）理解课文内容，感悟教授"健忘"的真正内涵：教授是一个治学严谨、行事洒脱，而又不拘小节的人。

（3）学习作者通过典型事例、对比描写表现人物特点的写作方法。

条件评估

准备课件、视频及相关资料。

学生个体自学过程设计

学习准备

（1）收集关于教授的资料。

（2）完成一份导学单。

任务一：朗读生字词，辨析重难点字的字音、字形，理解词语

活动 1. 请你读一读这些词，读准字音，认清字形。

健忘　　权威　　伊里奇　　崇拜　　学究　　恭敬

活动 2. 通过读课文、查字典，我了解了上面这些词语的意思。

任务二：整体感知，概括课文主要内容

活动 3. 通过课前初读课文，你知道这篇课文主要讲了什么？

任务三：思维碰撞，理解人物性格特征

活动 4. 默读课文，看看文中通过哪些事例表现了教授的健忘？哪些事例表现了教授的不健忘？

（方法提示：读一读课文，选择一个方面边读边勾画出最能表现教授特点的词句。）

（1）感受教授的"健忘"。

思考：课文中写了哪三件事体现伊里奇教授的健忘？（用小标题概括）

（2）感受教授的"不健忘"。

思考：为什么说教授像一台电脑？

任务四：学习写作方法

活动 5. 你认为作者在这篇课文中采用了哪些写作方法？

课后拓展

仔细想一下，我们身边就有很多性格鲜明的人，比如有的人性子急，有的人慢吞吞。我们抓住他们的性格特点，着重写一两件事，人物形象就会鲜明丰满。从身边选一个人物，围绕人物的特点写一个片段，尝试用上对比的写作方法。

学生问题（疑难）反馈

学习评价

下课后，小组成员从自学、听讲、发言、交流和练习五个方面，进行自评和互评。

自评：☺ ☺ ☺ ☺ ☺　　　小组评：☺ ☺ ☺ ☺ ☺

课堂实录 ●●●●●●●●●●●●●●●●●●●●●●●●●●●●●●●●

导入新课，个体自学反馈

师：同学们，今天我们来学习第 24 课。哪个同学来大声地读一读课题？

生："健忘的教授"。

师：课题中的关键词是哪个词？

生（齐）：健忘。

师：什么叫健忘呢？谁能用一句话简单地说一下。

生 1：就是容易忘事。

生 2：就是记性不好。

师：这节课我们就来一起认识一下这位健忘的教授。（教师切换课件）大家看，课前大家独立完成了这样一份导学单，其中一共有四项任务、五个活动。梁老师通过检查大家的导学单，发现前两个活动大家完成得比较好，后面的活动，有的小组还存在一些困难。这节课，我们就来分享大家的学习经验，完成大家感觉有困难的学习任务。

任务一：朗读生字词，辨析重难点字的字音、字形，理解词语

师：请看任务一，请大家在小组长的带领下，根据上面的要求，读一读这些词，然后进行小组互学，说一说自己理解起来比较困难的词语的意思。

（组长组织小组成员按照任务一的要求进行反馈，一起读一读生字词，分别说说自己理解了哪些词语的意思，然后对不准确的读音进行纠正，理解不易懂的词语，最后提出大家都解决不了的问题，提交全班解决。）

师：时间到，请一位小组长对你们小组的学习情况进行反馈。

生 1：我们小组的一位同学，对"学究"这个词的理解不是很到位。

哪个小组可以帮助他？

生2："学究"这个词我们小组的理解是：对读书人的统称，多指迂腐的读书人。

师：梁老师想问问这个词在文中是什么意思，这个词联系文章上下文来看是什么意思？哪个小组可以回答？

生：我代表我们小组来回答，在文中这个词是指教授没有半点迂腐的读书人的样子。

师：你们很会发现和思考，看来对词语的理解要放在具体的语言环境中。文中的伊里奇教授没有半点学究样，非常平易近人。

任务二：整体感知，概括课文主要内容

师：基础的部分，大家通过个体自学和小组互学完成得非常好。我们来看看任务二。关于文章的主要内容，大家在导学单上已经归纳了，谁能代表你们小组来说一说课文主要讲了什么？

生1：课文主要讲的是伊里奇教授在作者上他的课的时候忘了作者的样子，还有伊里奇教授忘了自己的儿子和汽车的事。

生2：我觉得他说得不够完整，我代表我们小组来补充一下。这篇文章主要讲的是伊里奇教授在学术上的惊人成就，也讲了教授在生活中不拘小节，以及"我"对教授的崇拜之情。

生3：这篇文章主要讲的就是，教授学识很惊人，但对生活中的一些小事比较健忘。

师：看来，概括文章主要内容既要简洁又要完整。梁老师这里有一份非常准确的概括。(教师切换课件) 大家看，课文主要讲了伊里奇教授惊人的才能、卓越的成就以及他在生活中健忘的特征。三件小事是忘了——(生齐答"学生")，忘了——(生齐答"汽车")，还忘了——(生齐答"孩子")。文章表达了作者对他的崇敬之情。

任务三：思维碰撞，理解人物性格特征

师：基础部分的任务我们都完成了，下面我们进入同学们感觉困难的部分。我们来看看，伊里奇教授到底是个怎样的人？课文中哪些事写了伊里奇教授的健忘，哪些事写了教授的不健忘呢？请同学们在组长的带领下进行自学，勾画批注你找到的词句，然后小组互学，交流一下你的感受。

待会儿我们请小组来汇报。

（学生在组长的带领下首先确定小组讨论的主题，总结教授的健忘和不健忘的特点；然后对课前勾画的关键词语进行批注，简要写出感受；之后开始小组互学，交流讨论为什么能从这些词语中感受教授的特点；最后提出自己不懂的问题在组内讨论，小组解决不了的问题提交全班共学。教师在小组中巡视，及时解答疑惑。）

师：梁老师发现，大家把问题解决得非常好。我们来分享小组的学习经验。请你们小组来说说，说得不到位的地方其他小组可以补充。

生1：我们小组来分享一下我们的观点，我们说的是教授的健忘。

生2：我来说一下反映教授健忘的第一件事。作者第一次去上课的时候，教授记住了他的名字和相貌，但是作者第二次去听课的时候，教授却忘了他的名字，只记得他的国家。第三次去的时候，教授并没有问作者的国家和名字，却在最后记起那个中国学生没有来，所以说教授十分健忘。

生3：我来说第二件事。教授有一天推着儿子去散步，遇到了一个老同学，就和老同学聊了起来。两个小时后，他回到家，一进门就问妻子："咱们的儿子睡了吗？"这可以体现教授的健忘。他和老朋友聊天，却把自己的儿子忘了。

生4：我来说说第三件事。第三件事是伊里奇教授开着自己的小汽车去50多公里外的小城办事，办完事后，他排了两个多小时的队买了一张长途汽车票乘车回家。第二天上班时他才发现自己的小汽车被忘在了小城里。如果他不用小汽车的话，说不定小汽车会一直被忘在小城里。

生1：我们小组一共汇报了反映教授健忘的三件事：忘了学生的长相，忘了小汽车，忘了自己的儿子。同学们还有要补充的吗？

生5：我代表我们小组来补充一下。教授只记得"我"的座位，却记不住"我"的外貌。第二次，因为"我"换了个座位，教授又问一遍"我"的名字和国籍。第三次，"我"坐到原位上去了，教授还是没记住"我"的外貌。他始终没有记住"我"。

师：他们一共找到了反映教授健忘的三件事，分别是忘了学生，忘了自己的车子，忘了自己的儿子。这三件事都是教授生活中的典型事例。大家仔细看看课文，想一想这三件事中哪件事写得最详细？

生（齐答）：忘了学生。

师：忘了学生，最有意思，对吧？我们来读一读好吗？教授一共说了三句话，我们分别来读一读这三句话，梁老师和你们配合一下，好吗？

师："我们"第一次见面了。伊里奇教授五十多岁，上穿圆领毛衣，下穿牛仔裤，人很精神，没有半点学究样。突然，他看见了坐在第一排的"我"，他说——

生（齐读）："噢，新来了一个外国学生！你好，欢迎你来听我的课。你叫什么名字？哪个国家的？"

师：第二次，"我"坐在了最后一排，教授准时走进教室。他的目光落在了最后一排的"我"身上。他又问——

生（齐读）："噢，又来了一个外国学生！你好，你叫什么名字？哪个国家的？"

师：第三次啊，"我"就重新坐到了第一排，快下课的时候，教授忽然问了一句——

生（齐读）："坐在最后一排的那个中国学生怎么没来？"

师：刚才读的时候我发现，有的同学都笑起来了。教授始终没有记住"我"的长相。真是一位健忘并且可爱的教授啊！教授另外一个特征是什么？刚才有小组在讨论这个话题吗？请你们小组来说说看。

生1：我们小组来分享一下我们的观点。我们说的是教授的不健忘。大家看第5自然段。

生2：我来说我勾画的句子，我勾画的句子是"没有课本，没有教案"。课文中的两个"没有"，显示出了教授的博学。

生1：我找到的句子是"他就像一台电脑，所有内容都很有条理地从他的口中准确地'输出'"。我知道，电脑和一些智能机器人的记忆力都是非常非常强的，人脑绝不能和它们相比，可是这里作者把伊里奇教授比作电脑，说明教授的记忆力是十分惊人的。

生3：我来说，书中写道"更令我吃惊的是，讲课时所涉及的引语，他竟能说出它们出自某书、某版本以及出版年月，甚至页数"。所谓引语，就是引用的其他人的话。教授竟然能说出它出自某书、某版本，说明他不健忘。

生4：第5段前面的一句话是"教授两手插进裤兜儿，坐在讲台的角上，开始讲了起来"。一般老师讲课时都是手拿课本，边看边讲，可是伊里奇教授却是两手插进裤兜儿，说明他十分轻松，由此可以看出教授十分自信，可以看出教授的不健忘。

师：胸有成竹是吧？

生：我们小组汇报完了，谁可以帮我们补充一下？

师：我们把机会让给这两个女生，好吗？

生：我代表我们小组来补充一下。书中提到"准确地输出"而不是"说出"。人一般是说出什么事，"说出"是会有一些偏差的，但"输出"是不会有偏差的。

师：准确无误。

生1："输出"是电脑才能干的事情。这说明所有的知识都保存在了教授的脑袋里，那么多知识能够有条理地输出，丝毫不乱，我很佩服他。

生2：我还想代表我们小组补充一下。我们平时读书都是读内容，是不会看书的最后一页的。伊里奇教授不但读它，还把它背了下来。这也是他的神奇之处。

生3：我们小组想来读读这一自然段。

师：谢谢你们小组！来，把掌声献给这几名同学。（小组齐读）

师：刚才这个小组说到了"引语"这个词，梁老师觉得他们说得还不够到位。我找到了一个例子，大家来看看。（师切换课件）这是我挑选的一篇论文中的一个片段，这两段话其实就是引用的两位作家文章中的原话。就是说，为了证明自己的观点引用的别人说的话，我们叫它"引语"。教授连这个都可以一字不差地说出来，他怎么样？（学生齐答"太厉害了！"）想来读读这段话吗？

生："没有课本，没有教案。他就像一台电脑，所有内容都很有条理地从他的口中准确地'输出'。更令我吃惊的是，讲课时所涉及的引语，他竟能说出它们出自某书、某版本以及出版年月，甚至页数。第一课我就被这位教授征服了。"

师：你们看，作者被教授征服了。我们一起来配合着读一读。

（师生配合读。）

师：除了这里，其他小组还有什么发现吗？

生1：我们小组来汇报。我们先说说我们找到的句子，在第3自然段和第7自然段。

生2：我先来读一读，"啊，中国来的，那是一个创造智慧和文明的国家，我很崇拜她。""啊，中国来的，那是一个值得尊敬的国家。"教授忘了自己的孩子，忘了自己的汽车，但是他没有忘记中国，他对中国是崇拜的。

生3：我来补充一下。因为他读过很多很多有关中国的书，而且都记得，才会发出这种感叹。

生4：我来补充一下。他对中国的历史十分了解，读过很多书。

师：教授虽然忘记了学生的长相，却记住了学生的国籍，而且对中国有如此精准的评价。我们来演演这个好吗？梁老师来扮演杨晖，你们来扮演伊里奇教授，"我们"第一次见面了。"教授，你好，我叫杨晖。"

生（齐声）："啊，中国来的，那是一个创造智慧和文明的国家，我很崇拜她。"

师：来，这位老师，"我们"第二次见面了。"教授，你好，我叫杨晖，我是从中国来的。"

生："啊，中国来的，那是一个值得尊敬的国家。"

师：看来，教授两次都记住了"我"的国籍。他不是一个健忘的人，在学术上，他的记忆力十分惊人。正是因为如此，所以作者在第1自然段如此写道——谁来读一读？

生："教授名叫伊里奇，是一所大学文学理论方面的权威。他在绘画、音乐方面也有着惊人的才能，同时，他对一些事情又特别健忘。"

师：谢谢你。梁老师查到了有关伊里奇教授的资料，大家来看一看。（教师播放课件）看完这段介绍，你想说些什么？用一句话介绍。

生1：伊里奇教授太神了。

生2：完全就是一个奇才。

师：一句话来概括一下，伊里奇教授是个怎样的人？

生：伊里奇教授是个多才多艺的教授，但在生活中比较健忘。

任务四：学习写作方法

师：同学们在导学单上提出了三个问题。学到这里，你们解决了这些问题吗？如果问题还没有解决，可以在小组中提出来，小组成员一起讨论。

（学生在小组内交流。）

师：你们小组有什么问题？

生1：我们的问题是，第5自然段和课题相矛盾吗？

生2：我代表我们小组来回答你们的问题。这是不矛盾的，因为这里是写伊里奇教授的多面性。伊里奇教授其实是把全部的精力放在了研究上，也就没有精力顾及生活中的一些小事了。

师：也就是说你觉得不矛盾。因为一个人身上可以同时存在多种特点对不对？他的回答你满意吗？

生：满意。

师：这篇课文叫"健忘的教授"，可是文中却写了许多反映教授不健忘的事例，作者这样写的意图是什么？

生：我觉得这样写运用了对比的手法，突出了教授教学的严谨，强调了教授在学术方面的才能。

师：一个人的身上，可能有——（生齐答"多面性"），通过这种对比的手法来表现人物的特点，使人物更加立体，更加真实。有很多科学家、艺术家都像伊里奇教授一样，他们在生活中有点不拘小节，但在学术上却有着惊人的才能。爱迪生说过，天才等于1%的运气加99%的专注。就是因为他们的这种专注，他们在学术上才能取得惊人的成就。我们如果把99%的精力用在自己的某项研究上，也可以成为像伊里奇教授那样的权威，也一定可以实现自己的梦想。

师：梁老师给大家留一个扩展作业：观察你身边的一个人，看看这个人身上有什么样的特点，围绕这个特点尝试用我们今天学习的对比手法写一个片段。

教 学 反 思 ●●●●●●●●●●●●●●

　　学习中心课堂倡导以学生的问题作为教学过程的导向，以学生独立主动的学习活动作为教学过程的中心。在教学内容选择和教学过程的安排上，要关注学生的成长与学习的实际情况，即"依学定教"。在教学的目的追求上，重视提升学生的自主及合作学习能力，体现"以发展为本"。如何依据这样的教学理念引导学生把握《健忘的教授》中的人物形象，理解课文内容？在课堂上，我是这样尝试的。

　　首先，充分利用导学单引导学生进行课前自学。在学习这篇课文之前，教师指导学生完成导学单上的任务，比如读准并理解生字词，概括文章主要内容，针对人物形象提出相关问题，探讨写作手法，查找关于伊里奇教授的资料，等等。激发学生的学习兴趣，使学生对于课文内容有清楚的了解，对人物形象有一个大致的把握，这样更有利于学生在课堂学习中发挥主观能动性，提高自主探究的能力。

　　其次，在学生自学的基础上通过组织小组合作学习，使学生在小组内解决他们在自学中不能解决的疑难问题。小组合作学习是学习中心课堂的重要环节。小组长的职责就是分配任务，指导组员共同探究问题，得出结论。在我们班，组长通常会让知识掌握相对薄弱的同学先表达自己的观点，其他组员再来补充，最终形成小组意见。在《健忘的教授》中，教授伊里奇到底是不是健忘？针对课前导学中全班提出的这一核心问题，学生分成四人小组进行讨论，这就给了每位学生平等的表达机会。我们看到在小组中讨论，学生不会因为担心说错而不敢开口，每个人都能与其他同学交流想法，学生之间随时可以相互帮助。而在传统课堂上，由于时间有限，能够展示自己想法的只是小部分学生。

　　最后，在小组讨论以后，针对大多数小组仍然解决不好的问题或课文中的关键问题进行全班研讨。在本节课中，组长闻××所在的小组被老师请到讲台上，分享他们的结论。作为小组长，闻××给出的结论是"教授不健忘"，每位组员都结合自己找到的关键语句说出自己的理解，台下的同学再相机进行点评或者补充，教授"不健忘"的特点越来越鲜明。学生通过自主探究和讨论发现原来健忘的教授并不健忘，他只是把很多的精力放在了学术研究上。对于核心问题的探讨，教师注重引导并启发学生，让每个小组的学生积极主动地投入课堂学习，从而提高学生在课堂上的参与度，使其真正成为学习的主人。

《卖油翁》教学案例

执教教师：武汉市杨园学校吴小红

导学设计 ●●●●●●●●●●●●●●●●●●●●●●●●●●●●●●●●●●●

教学活动背景分析

教材解读

《卖油翁》是鄂教版语文教科书七年级下册第六单元的一篇课文。这篇课文篇幅不长，但叙事生动，通过记叙卖油翁与陈尧咨的对话以及卖油翁酌油的事例，说明了熟能生巧的道理。其丰富的人文内涵对于培养学生戒骄戒躁、谦虚谨慎的生活作风以及良好的个性和健全的人格有着积极的意义。教学中可运用诵读法、体验法等。

学情分析

这篇课文文字浅显，较易理解，故事生动有趣，能激发学生的学习兴趣。学生曾在七年级上学期学过一篇故事性较强的文言文《蜀鄙二僧》，具有相关的学习体验。但七年级学生接触文言文时间毕竟不长，总体来说对文言文还较为陌生，因此需要教师相机进行指导，加强学生对文言文基础字词的积累，培养学生学习文言文的语感。

目标定位

（1）熟练朗读课文，正确掌握字音和句中的停顿。

（2）积累并掌握一些文言词汇，如尝、善、释、去、但、颔、安、轻、徐、遣等。

（3）利用课文注释和工具书读懂课文，翻译课文。

（4）品味文中的语言描写和神态描写，体会作者用词的准确与传神。

（5）理解课文，懂得熟能生巧、精益求精的道理。

条件评估

（1）本课学习需要2个课时。第1课时重在通读课文，梳理字词，理解文意（完成导学案中的任务一、任务二）。第2课时重在内容概括，品味语言，领悟文章蕴含的道理（完成导学案中的任务三、任务四）。

（2）教师可运用课件和相关软件辅助教学。

（3）学生需配备个人学习指示牌和小组学习指示牌。

学生个体自学过程设计

学习准备

（1）收集资料。了解作者欧阳修的生平和主要作品，了解文中主要人物陈尧咨的主要事迹，积累文学常识，如什么是"六艺"等。

（2）完成名言的背诵和积累，并从下列名言中选择三条默写。

①三人行，必有我师焉。择其善者而从之，其不善者而改之。

②正视自己的长处，扬长避短。

③正视自己的缺点，知错能改。

④谦虚使人进步，骄傲使人落后。

⑤自信是走向成功的第一步。

⑥强中更有强中手，一山还比一山高。

⑦人外有人，天外有天。取人之长，补己之短。

⑧宝剑锋从磨砺出，梅花香自苦寒来。

任务一：工兵挖地雷

活动1.扫清字音障碍。

活动要求：把下列汉字的拼音写在括号里。

咨（＿＿＿＿）　矜（＿＿＿＿）　圃（＿＿＿＿）　睨（＿＿＿＿）

矢（＿＿＿＿）　颔（＿＿＿＿）　忿（＿＿＿＿）　酌（＿＿＿＿）

覆（＿＿＿＿）　杓（＿＿＿＿）

活动2.扫清字义障碍。

活动要求：结合课文注释和工具书，解释下列重点字的意思。

善：＿＿＿＿＿＿　矜：＿＿＿＿＿＿　尝：＿＿＿＿＿＿　释：＿＿＿＿＿＿

睨：_____ 　去：_____ 　颔：_____ 　知：_____

精：_____ 　但：_____ 　安：_____ 　轻：_____

酌：_____ 　置：_____ 　覆：_____ 　徐：_____

沥：_____ 　因：_____ 　惟：_____ 　遣：_____

任务二：我是小小翻译官

活动 3. 朗读课文。

活动要求：自读课文，请同伴倾听和评价。

活动 4. 翻译课文，整理难以理解的句子。

活动要求：将自己难以理解的句子整理后，抄写在下面横线上。

_____

_____

活动 5. 完成下列检测题。

活动要求：完成下列检测题，并把答案写在横线上。

(1) 指出下面句子中的通假字并解释。

但手熟尔：_____

(2) 写出下列字在不同句子中的含义。

射：①陈康肃公善射（_____）　②吾射不亦精乎（_____）

以：①公亦以此自矜（_____）　②以我酌油知之（_____）

　　③以杓酌油沥之（_____）　④以钱覆其口（_____）

尔：①尔安敢轻吾射（_____）　②无他，但手熟尔（_____）

而：①释担而立（_____）　②久而不去（_____）

　　③而钱不湿（_____）　④笑而遣之（_____）

之：①睨之（_____）　②颔之（_____）

　　③酌油知之（_____）　④酌油沥之（_____）

　　⑤笑而遣之（_____）

(3) 写出下列字的用法和含义。

①尔安敢轻吾射　轻：_____

②吾射不亦精乎　射：_____

③但微颔之　　　颔：_____

(4) 句子翻译。

①见其发矢十中八九，但微颔之。

译：_____

②汝亦知射乎？吾射不亦精乎？

译：_____

③无他，但手熟尔。

译：_____

任务三：走进名人堂

活动6.品味句子，体会人物情感。

活动要求：读一读下列句子，说说它表达了人物怎样的情感。用自己的话概括人物形象。

（1）汝亦知射乎？吾射不亦精乎？

（2）尔安敢轻吾射？

（3）无他，但手熟尔。

活动7.品味语言，体会写作风格。

活动要求：品味本文简洁凝练而生动传神的语言，领悟作为唐宋八大家之一的欧阳修的写作风格。

任务四：明明白白我的心

活动8.概括大意，领悟道理。

活动要求：用一句话简述本文主要内容，并用一个四字词语概括本文阐述的道理，说说它对你生活和学习的意义。

课堂实录 ●●●●●●●●●●●●●●●●●●●●●●●●

导入新课

师：同学们都看过穿越剧吧。假设我们穿越到古代，当你看到一位武林高手，他射箭技术极高，百发百中，你会有何反应？

生1：大侠教我！

生2：我崇拜他！

生3：我会敬畏他！

师：对这个武林高手，我们崇拜他，敬畏他，希望他能教我们一把，但是有这么一个卖油的老头却对此不屑一顾，那么事情到底是怎样的呢？

今天，我们就一起学习《卖油翁》。请大家拿出导学案，首先了解一下作者欧阳修。欧阳修，字永叔，号醉翁，晚年又号六一居士，北宋文学家、政治家，唐宋八大家之一。下面，我们明确一下今天课堂学习的目标，请大家齐读。（生齐读）

任务一：工兵挖地雷

师：导学案上的任务一要求同学们自学课文，弄清基本字音和字义，请大家完成活动1给生字词注音和活动2解释重点字的任务。现在开始！

（生开始自学，全组同学自学完毕且没有疑问则出示学习完成牌，若在自学过程中有疑问且组内不能解决则出示学习疑问牌。师巡视个体自学和小组互学情况，及时给予指导。）

师：我发现同学们在课前进行了充分的预习，第四组已经率先完成学习任务。在完成了重点字注音和解释之后，他们自行完成了翻译课文的任务，走在了老师要求的前面，提出表扬！

（师发现有小组出示学习疑问牌，上前进行个别辅导。）

生：老师，我们不能确定文中"安"字的含义。

师：请拿出《古汉语常用字字典》看一看。

生：我们觉得应该是第七个义项，但它有两个解释。

师：对，是疑问词的用法。

生：老师，难道是"怎么""哪里"的意思吗？

师：嗯，在文中翻译成哪一个更好？

生：翻译成"怎么"更好！

师（面向全班）：都完成了吗？有没有问题？

生（齐答）：完成啦，没有问题！

任务二：我是小小翻译官

师：好，下面我们要完成第二项任务"我是小小翻译官"，此环节我们先开展活动3朗读课文。朗读时邀请你的同桌来倾听和评价，帮助你纠正字音，完成后向老师示意。

（生开始与同桌互相听读课文，全组同学完成后出示小组学习完成牌。）

师：接下来我们进入活动4。大家先自行翻译课文，把自己不会翻译的句子摘抄下来，在小组内讨论请教。然后，以小组为单位，一人一句口头翻译课文，由组长主持。

（生独立翻译课文，摘抄不会翻译的句子，在小组内进行交流。师巡视并予以指导。）

师：有的小组完成了口头翻译以后，又完成笔头翻译，做得特别好！

生（边说边翻字典）：老师，"徐"应该怎么翻译啊？

师："徐"，解释为"缓慢地"，可翻译为"慢慢地"。

（大多数小组完成任务后出示学习完成牌，师关注到还有一组没有完成，走上前询问。）

师：还没完成吗？

生：还差两句。

师：有疑问吗？

生：我们在纠结"亦"的含义，字典里有三个义项。

师：可以将三个义项代入句子中，看哪个更通顺。

生：翻译为"也"更通顺。

师：各个小组已经完成了口头翻译任务。下面每小组翻译一句话，各小组推荐一位同学发言。

（各小组推荐的发言人依次起立，向全班同学汇报本组学习成果。）

生：陈康肃善于射箭，在当时没有第二个人跟他比肩，并以此自我夸耀。

师："以此"没有翻译到位。

生：他也凭借这一点自傲。

师：他也凭借这一点自夸。第二组翻译"尝射于家圃，有卖油翁释担而立，睨之，久而不去"。

生：曾经在他家的院子里射箭。有一位卖油翁放下了担子然后站在那儿，斜着眼看着，很久都没有离开。

师：她的翻译有什么问题，大家看"尝射于家圃"是一个什么句式？

生1：倒装句。

生2：省略句。

师：对，是一个省略句，省略了主语，我们要把它补充完整。请下一组翻译"见其发矢十中八九，但微颔之"。

生：见他射箭，十箭中了八九箭，但只是微微地点点头。

师："但"就是"只是"的意思，这个"但"字要去掉，"只是微微地点点头"就可以了。

师：请下一组发言。

生：康肃公问道："你也知道射箭吗？我射箭的本领难道不精湛吗？"

师：按照句式，"难道不精湛吗"翻译准确吗？翻译为"不也精湛吗"就可以了。

生1：卖油翁说："没有什么奥秘，只不过是手法娴熟罢了！"

生2：康肃公很生气地说："你敢小看我射箭的本领！"

师：你们看看哪一个字没有翻译出来？

生（齐答）："安"。

师：对，这句话应翻译为"你怎么敢轻视我射箭的本领"。请下一组！

生1：卖油翁说："凭我倒油的经验就知道这个道理了。"

生2：于是取了一个葫芦放在地上，以铜钱覆盖葫芦口，慢慢地用勺子将油注入葫芦里，油从钱孔中进入葫芦，而钱却没有沾到油。

师：大家看第一句也是一个省略句，谁"乃取一葫芦置于地"？

生：卖油翁。

师：对，翻译时要把主语补充完整。第二个问题，"以钱覆其口"一句中的"以"字没有翻译到位，它是什么意思？

生1：用。

生2：卖油翁于是说："我也没有其他的奥秘，只不过熟能生巧罢了！"

生3：陈康肃笑着送走卖油翁。

师：掌声送给你们，大家圆满完成任务！

（生一齐鼓掌。）

师：我们课堂学习的效果究竟如何，有待检测。请大家马上进行活动5，完成课堂检测！

（小组长领取并下发课堂检测卷，生答完后现场交卷。）

师：同学们，学完本课，你们能明白卖油翁为什么对那个武林高手不屑吗？

生（齐答）：只不过手法熟练罢了。

师（小结）：确实如此，熟能生巧，行行出状元。我们下一节课再来深入地领悟本文所阐述的道理，体会和学习欧阳修凝练传神的刻画人物的手法。

教学反思

这节课得到大家认可，我也颇为自得。究其原因，课堂以导学案为抓手，以"个人自学—小组互学—全班共学"为主线，真正做到把课堂交给学生。教师少讲、精讲、画龙点睛地讲，灵活机动地对课堂进行把控，课堂教学体现出生成性。学生喜欢这样的课堂，因为在这样的课堂里，他们被需要，被认可，每个人都能发挥自己的作用，每个人也能学有所获！

当然，这节课还有许多值得改进的地方。

第一，学生学习指示牌的使用不够规范，后期还需加强相关培训。学生学习指示牌为三角形，两面颜色统一为红色和绿色，绿色表示"已完成""没问题"，红色表示"求助""未完成"。学生学习指示牌的作用主要是方便教师巡堂观察时，随时掌握学生学情和学习进度。学习指示牌，由学生自行制作，可画上表情符号，如"哭脸""笑脸"，充分体现了学生的个性。由于学生接触学习指示牌时间不长，使用起来不够熟练和规范，因此在今后课堂中需强化训练，这样辅助教学的效果会更好。

第二，在小组学习活动中，学生角色的分配还应细化。在合作学习中，小组的组建尤为重要，学生的性别、性格、成绩等因素都要尽量思虑周全。小组组建之初，我只关注到组内最强与最弱同学的搭配，在后续教学活动中才逐渐明确了学生的角色分配。四人小组中，最强的同学作为组长，承担辅导工作。最弱的同学是组长的辅导对象，也是本组首席发言人。其他两位同学分别承担记分员和监督员的工作。这样的角色分配让每个学生都能感受到"我是小组的重要成员，我是不可或缺的"。

尽管是一名70后，但在学习中心课堂建设探索过程中，我愿做一名"新人"，不断努力，寻求教学的快乐，也愿做一个快乐的传递者，让学生感受学习的快乐！

二、数学学科

"可能性" 教学案例

执教教师：武汉市长春街小学方亚琴

导学设计 ●

教学活动背景分析

教材解读

"可能性"是人教版小学数学教科书五年级上册内容，属于数学"统计与概率"领域中的内容。"可能性"对学生而言是一个全新的概念，也是学生以后学习有关知识的基础。本单元的主要教学内容是事件发生的"不确定性"和"可能性"，以及"可能性"是有大小的。教学的关键是让学生把对随机现象的丰富的感性认识升华到理性认识。

学情分析

五年级学生已经具备了一定的生活经验和统计知识，对现实生活中的确定现象和不确定现象有了初步的了解，并有一定的简单分析和判断能力，但学生只是初步地感知这种不确定事件，对具体的概念还没有深入的理解和运用。根据学生的年龄特点和生活经验，教师只要做出适当引导，学生就会进行正确的分析和判断。所以教材选用学生熟悉的现实情境引入学习内容，设计了多种不同层次的、有趣的活动和游戏，激发学生的学习兴趣，使其感受到数学就在自己的身边，体会数学学习与现实的联系，为学生自主探索、合作学习创造机会。教学中，教师要利用这些情境让学生积极地参与学习活动，在具体的操作活动中独立思考，在大量观察、猜测、试验与交流的过程中，经历知识的形成过程，逐步丰富对不确定现象及其可能性大小的体验。

目标定位

(1) 会用"一定""可能""不可能"正确地描述事件发生的可能性，感受数学与生活的联系。

(2) 通过动手装球和合作学习深入思考球的放置方法和结果之间的关系，并能灵活选择"一定""可能""不可能"描述袋中摸球的结果。

(3) 提高提出问题和解决问题的能力，以及口头表达的完整性和思维的严谨性。

条件评估

(1) 准备白板、课件。

(2) 每组红、黄、蓝三色球各一袋，三个透明塑料袋。每人红、黄、蓝彩笔各一支。

学生个体自学过程设计

任务一：观看微课和课本初步感知"可能性"

活动 1. 能用合适的词语描述抽签的结果。

为了庆祝新年，班上要举行联欢会，同学们决定通过现场抽签确定大家的表演节目。盒子里有唱歌、跳舞、讲故事和弹奏乐器四支签，小明、小刚、小丽和小雪依次抽签。注意：抽出的签不放回盒子。

温馨提示：注意回答要完整。

(1) 小明会抽到什么节目？

_____

(2) 如果小明抽到"唱歌"，接下来小刚会抽到什么节目？还会抽到"唱歌"吗？

_____

(3) 如果小刚和小丽分别抽到"弹奏乐器"和"跳舞"，小雪会抽到什么节目？不会抽到什么节目？

_____

(4) 结合微课的学习，想一想，在刚才抽签的过程中：

在_____时，用"可能"描述；

在_____时，用"不可能"描述；

在_____时，用"一定"描述。

活动 2. 改变规则，描述抽签结果。

为了庆祝新年，班上要举行联欢会，同学们决定通过现场抽签确定大家的表演节目。盒子里有唱歌、跳舞、讲故事和弹奏乐器四支签，小明、小刚、小丽和小雪依次抽签。注意：抽出的签须放回盒子。

思考：他们可能抽到什么节目？为什么？

_____

任务二：实践操作，深入探究"可能性"

活动 3. 依据红球出现的可能性，想一想，画一画。

（1）有三个袋子和红、黄、蓝三种颜色的彩球若干个，请向每个袋中装一些球。

要求：若从每个袋中摸出一个球，①号袋里摸出的一定是红球，②号袋里可能摸出红球，③号袋里不可能摸出红球。

想一想，完成下表。

编号	用彩笔画出放入了什么颜色的球	摸出红球的可能性
①号袋		
②号袋		
③号袋		

思考：袋子里的球的装法是唯一的吗？

（2）检测：

按要求涂一涂：在圆片上涂上红、黄、蓝三种颜色（三种颜色都要涂），不能涂其他颜色。指针可能停在红色区域。

想一想：红色区域可以涂_____至_____块。

任务三：联系生活，深入体会"可能性"

活动 4. 看一看，找一找，写一写生活中的"可能性"。

生活中哪些事情是一定会发生的？_____

生活中哪些事情是可能会发生的？_____

生活中哪些事情是不可能发生的？_____

学生问题（疑难）反馈

学习评价

下课后，小组成员从自学、听讲、发言、交流和练习五个方面，进行自评和互评。

自评：☺ ☺ ☺ ☺ ☺   小组评：☺ ☺ ☺ ☺ ☺

课堂实录

导入新课，个体自学反馈

师：课前同学们都进行了自主学习。我们是怎样学习的呢？下面听课的老师并不了解，我们一起带着他们去看一看，好吗？

师：同学们认真地观看了微课，通过微课对可能性的知识有了初步的了解。结合导学单的内容，同学们自学课本而且独立完成了导学单。下面我们就要正式开始上课了，大家准备好了吗？

师：马上就要过新年了，班上准备开联欢会，同学们决定通过现场抽签确定大家的表演节目。盒子里有唱歌、跳舞、讲故事和弹奏乐器四支签。请问有几个同学去抽签？哪四个同学？抽到的签放回盒子吗？课前的导学单老师已经为大家批改了。下面我们来看看大家完成这些任务的情况。

任务一：初步感知"可能性"

师：我从大家的导学单中发现，全班只有两位同学的回答是既严谨又完整，62.5%的同学语言表达不够严谨，不能合理、正确地使用"一定、可能、不可能"来描述抽签的结果。不过没关系，我们可以通过小组互学进一步完善这一部分内容。好，我们来看一看小组互学的要求。

生：第一，想一想，先自己独立用红笔修改不完善的地方。第二，议一议，如果有困难，可以和小组内同学讨论后再修改。第三，说一说，每人把修改后的答案在小组内说一说，比比谁说得最严谨、最规范。第四，若小组内仍有疑问，可举问号牌求助老师。

师：大家清楚了吗？请在小组长的带领下开始小组互学。

（学生在组长带领下开始学习。）

师：好，大部分小组已经完成了，真不错！我刚才发现第 3 小组的同学完成得很迅速，请他们把小组的交流结果和我们分享一下。

生 1：我们小组经过讨论，发现组内同学大多犯了用词不当的错误。我们把"可能"或"一定"写成了"会"，把"不可能"写成了"不会"，我们进行了修改。

生 2：我以第（1）题为例。小明可能会抽到"唱歌""跳舞""讲故事"和"弹奏乐器"。

生 3：我以第（2）题为例。小刚可能会抽到"跳舞""讲故事"和"弹奏乐器"，不可能再抽到"唱歌"。

生 4：我以第（3）题为例。小雪一定会抽到"讲故事"，不可能抽到"唱歌""弹奏乐器"和"跳舞"。

生 1：我来总结一下。根据刚才的抽签过程，我们发现，在有不止一种签的时候，用"可能"来描述；在没有这种签的时候，用"不可能"来描述；在只有这种签的时候，用"一定"来描述。还有哪个小组来补充或纠正的？

生 5：我来补充。你们说"小刚可能会抽到'跳舞''讲故事'和'弹奏乐器'"，我认为这里的"和"改成"或"会更加严谨。

生 6：我来给你们补充一下。在有多种结果时用"可能"描述，在确定没有这种结果时用"不可能"进行描述，在确定只有这一种结果的时候用"一定"描述。

生 7：我来给你们小组补充一下。我认为把"唱歌、跳舞、讲故事或弹奏乐器"直接改成"四支签中的一支"更简洁。

师：你觉得不需要一一列出，只要简洁地答"四支签中的一支"，非常好。通过活动 1 的学习，大家已经能够合理地使用"一定""可能"和"不可能"来回答生活中有关可能性的问题，今天我们就来研究可能性。下面我们再来看看活动 2。

师：活动 1 和活动 2 看起来是不是很相似啊？不同之处在哪儿呢？

生：不同处在于抽到的签可以放回盒子里，也就是说盒子里始终有四支签。

师：规则改变了以后，同学们完成的情况怎么样呢？85.4%的同学是全对的，那么有问题的同学经过活动1的学习后知道问题出在哪儿了吗？我们让出错的同学用红笔修改一下，修改完之后可以说给小组同学听一听。我们请一位代表来说一说，好吗？

生：我修改后的答案是：他们可能抽到"唱歌""跳舞""讲故事"或"弹奏乐器"。因为他们抽的签还要放回盒子，盒子里始终有四支签。

师：非常完整，真棒！看来大家都明白了，随着规则的改变，我们抽签的结果也会随之发生变化。"一定""可能""不可能"之间有什么联系呢？我们一起来看看活动3。

任务二：实践操作，深入探究"可能性"

师：你们觉得，在完成活动3的时候有什么地方需要特别注意？

生1：我提醒大家注意，这里面只有红、黄、蓝三种颜色的球，不要在上面画出其他颜色的球。

生2：我要给他补充一下，就是红、黄、蓝三种颜色的球还不能画太多，太多的话容易弄混。

师：数量有没有限制？数量没有限制，你可以随你自己的想法画。答题时要抓住关键点，例如"一定""可能""不可能"。同学们课前自学完成的情况非常不错，有46个同学的答案都是对的。可是有一个很奇怪的现象，就是我找不到完全相同的两份答案，大家的画法都不同。这到底有什么奥秘呢？这就需要我们用小组的智慧去探索其中的秘密了。我们来看小组活动要求，谁来帮我读一读。

生：第一，说一说你是怎样画的，你们的画法一样吗。第二，想一想。从每个人画的球的数量和颜色来观察，你们有什么发现？第三，问一问。根据你们的发现，提出一个关于可能性的问题，考考其他小组的同学。第四，装一装。依据一个人的画法将球分别装入三个袋中检验一下。

师：你读得真清楚，真棒。老师想问问大家，第三个环节要求提一个关于可能性的问题，是不是我们小组四个人随便提一个问题就可以了？

生：不是的，是小组四个同学都提一个问题，然后挑选最好的那一个问题。

师：哦，是用提得最好的问题和我们大家交流。大家清楚了要求，就可以开展小组互学了。

（学生在组长带领下完成小组互学，教师巡视指导。）

师：我们请一个小组上来跟我们交流一下。

生1：这是我们小组同学的装法，她在第一个袋子里装了5个红球，在第二个袋子里装了2个红球和3个黄球，在第三个袋子里装了2个黄球和1个蓝球。我们小组其他同学的装法和她的都不一样。

生2：我发现不管在1号袋里装几个红球，都有摸出红球的可能性。

生3：我发现2号袋里不管装入多少个球，都必须有1个红球和1个其他颜色的球。我发现3号袋里不可能摸出红球，因此必须装入1个其他颜色的球。

师：有没有哪个小组的装法和他们的是不一样的，不一样的也贴在白板上。

生1：我发现不管在1号袋里装多少个红球，都有摸出红球的可能性。

生2：我发现2号袋里必须有1个红球和1个其他颜色的球。

师：能不能把"必须"换成另外一个词。

生1：至少装入1个红球。

生2：我还发现3号袋里不能装红球，但必须有1个其他颜色的球。

生3：我们小组的问题是，如果在3号袋里面装入1个红球，结果会改变吗？

生4：我觉得结果会变，因为如果放入1个红球的话，就有可能摸出红球。

生5：我们想提出一个问题，在1号袋里不可能摸出什么颜色的球？

生6：在1号袋里不可能摸出红颜色以外的球。

生7：我来给她补充一下，这个题目如果没有对球的颜色进行限制的话，就不可能摸出红颜色以外的球，有限制的话就不可能摸出黄球和蓝球。

师：对于这一题的条件来说，不可能摸出黄球和蓝球，那紫球呢，黑球呢？所以这一题的答案是——大家一起说。（学生齐答"不可能摸出红球以外其他颜色的球"）他的这个问题真好！还有没有小组愿意把你们的问题和大家分享？

生1：我针对2号袋提出一个问题：2号袋最少要装几种颜色的球，最多要装入几种颜色的球？

生2：2号袋里最多装入3种颜色的球，最少装入2种颜色的球。

师：但不管怎么装，都至少要有1个红色球。哪个小组的问题和3号袋有关？

生1：3号袋里除红球外，还不可能摸出哪些颜色的球？

生2：3号袋里不存在的球就不可能摸出来。

师：经过我们的讨论争辩，我们的思维更清晰、更严谨了。我们再来看一看课前同学们完成的小检测，这一题的正确率只有48%。经过我们激烈的讨论，相信同学们有了新的想法。请你先独立修改，然后再跟小组同学说一说。

生：我这道题错在读题不认真，上面说三种颜色都要涂到，黄色和蓝色至少有一块，所以红色最多涂6块。

师：红色最多涂6块，大家同意吗？我们一起来看看这道题。红色区域最少涂几块？（生齐答：最少涂一块）那其他部分呢？

生（争先恐后）：随便怎么涂但是至少各有一块要填黄色和蓝色。

师：红色区域最多涂几块呢？

生（大声齐答）：6块。

任务三：联系生活，深入体会"可能性"

师：通过合作学习，我们的思维更加严谨了。我们也发现，可能性与我们的生活息息相关，它就藏在我们的身边。在活动4中，老师让大家收集身边关于可能性的例子。请先用红笔对你们的答案进行修改，再和同学们交流交流，最后我们来看哪一组的例子最精彩。

（学生交流，教师巡视，多个小组举起了问号牌。）

师：看来大家的疑问比较多，我们现在请一个组来和我们分享一下。

生1：我来说"一定"，2018年1月15日一定是周一。

生2：我来说"可能"，宇宙可能是黑色的。

生3：我来说"不可能"，武汉现在不可能是夏天。

生4：我来说一说我犯的错误，我原来写的是"花一定会枯萎"，后来改成"鲜花一定会枯萎"，因为如果是塑料花的话是不会枯萎的。

师：改成鲜花，句子会更加严谨。

生1：我们小组汇报完毕，有没有小组来给我们补充一下？

生2：我想给你们补充一下，我查阅了资料，好像有一种花是不会枯萎的，名字好像叫石头花。

师：目前的情况是生物都有生命的终结。

生：他们说宇宙是黑色的，我觉得不够严谨，因为宇宙本来就是黑色的，没有光，还有一些暗物质。

师：对于这些有争议的问题，大家可以上网查一查资料，得出结论后再来和老师分享好吗？我们还需注意，有些事情发生的可能性会随着科学技术的发展而变化。

师：今天的学习很有趣，通过今天的学习，你有什么收获？

生1：我知道了在生活中哪些事情是一定会发生的，哪些事情是可能会发生的，哪些事情是不可能发生的。

生2：我的收获是在数学中用词一定要严谨。

教学反思 ●●●●●●●●●●●●●●●●●●●●●●●●●●●

"可能性"属于概率知识范畴。这部分内容和我们的日常生活联系紧密。学生对生活中的"可能性"已有一定的了解，只不过不会用合适的词语和严谨的数学语言来描述。所以，我在教学本节课时，首先是让学生通过观看微课、学习书本和独立完成导学单进行自学，再在课堂上根据学生自学的情况，开展小组互学和全班共学，以帮助学生解决自学中不能解决的问题。

课前我设计了引导学生自学的三个任务，其中包括四个活动："能用合适的词语描述抽签的结果""改变规则，描述抽签结果""依据红球出现的可能性，想一想，画一画""看一看，找一找，写一写生活中的'可能性'"。课前，学生认真完成了这些任务。

在课堂教学中，我主要基于学生自学之后存在的问题，组织教学过程。在活动1中，多数学生存在的问题是用词不恰当和语言不严谨，我就让学生在小组内互相交流后用红笔做出修改。活动2部分，学生原本完成情况就不错，加上有了活动1中的收获，少数有问题的学生能迅速改正错误，节约了课堂时间。活动3部分是我在教材内容基础上设计的，目的是让学生能够进一步了解"一定""可能""不可能"，并能灵活使用它们。孩子们在课前都有自己的画法，课堂上我发现每个人的想法都不同，从而产生让学生进一步探究的想法，要求每个小组筛选一道问题来考考全班同学。大家在思考、交流、质疑和补充中都有了很多收获。总之，解决问题从学生感兴趣的游戏入手，让每个学生亲自动手实践，从而对"可能性"有进一步感悟。对活动4，学生很感兴趣但也有很多疑问，于是我先让学生在组内交流。学生课前收集的例子在组内引起不少争议，如花一定会枯萎等，学生通过讨论或向老师求助，知道了如何让表达更加严谨，同时我也向学生渗透了有些事件发生的"可能性"会随着人类科技的发展而发生变化，未来有无限的可能的观点。

由于在课堂中教师基于学生自学之后的问题，组织学生进行小组学习和全班交流，所以教学具有很强的针对性。学生普遍学习得比较投入、主动，也很好地解决了自己的问题。在这样的教学中，学生不只学到了数学知识，更重要的是自主学习和与人合作的能力得到了训练。

"分数的初步认识" 教学案例

执教教师：武汉市长春街小学王瑰

导学设计

教学活动背景分析

教材解读

分数教学是数概念教学的一次扩展。学生对分数理解掌握起来会有一定难度，所以教材中对分数知识采取的是分段教学，本单元的内容是"分数的初步认识"。教材先结合学生的生活实际和具体实例，让学生认识$\frac{1}{2}$、$\frac{1}{4}$，初步建立起几分之一的表象，从而建立分数的初步概念；然后再让学生认识分数各部分的名称及读写的方法，初步学会用简单分数进行表达和交流，进一步发展数感，并为学习小数和进一步学习分数做好铺垫。

学情分析

这是学生第一次接触分数。之前，学生已经掌握一些整数知识。从整数到分数是学生数的概念认识的一次质的飞跃，因为无论在意义上，还是在读、写方法以及计算方法上，它们都有很大的差异。分数概念比较抽象，学生接受起来有一定难度，需要有感知经验和具体实例做支撑。认识几分之一又是认识几分之几的第一阶段，是单元的核心内容，对以后学习起着至关重要的作用。为此，我们要借助一些图形和学生所熟悉的具体事例，通过演示和操作，使学生逐渐形成分数的正确表象，建立分数的初步概念。

目标定位

（1）知道把一个物体或一个图形平均分成若干份，其中的一份可以用几分之一表示。能借助折纸、涂色等实际操作，表示相应的分数。

（2）知道分数各部分的名称及分子、分母的含义；能正确读、写简单的分数。

（3）通过观察、对比不同图形的纸的形状和所表示的分数，加深理解几分之一的含义，初步感悟抽象、推理、数形结合、类比迁移等数学基本思想，发展数感。

（4）能运用分数知识解决日常生活问题。

教学重点：认识几分之一。

教学难点：理解几分之一的含义，初步感受分母、分子表示的含义。

条件评估

（1）预估本课需要 1 课时完成。

（2）教师准备课件和多媒体设施辅助教学。

（3）学生需准备圆形、长方形和正方形彩纸，直尺，勾线笔。

（4）小组配备个人学习指示牌和小组学习指示牌。

学生个体自学过程设计

学习准备：平均分

你知道什么是平均分吗？用身边的物品分一分，拍成小视频上传到自己的云空间。

小检测：下面的情况是平均分吗？是的打√。

① ——————————————— 　　　（　　）
② —————————— ——————　　　（　　）
③ |‿‿‿‿‿‿‿‿‿‿‿‿‿‿‿‿|　　　（　　）
　　　　　1米

任务一：认识 $\frac{1}{2}$

活动 1. 感受 $\frac{1}{2}$ 的产生。

（1）我们知道把 4 块月饼平均分给 2 个同学，每人 2 块，可以用数（　　）来表示。

（2）把 2 块月饼平均分给 2 个同学，每人 1 块，可以用数（　　）来表示。

（3）如果把 1 块月饼平均分给 2 个同学，每人半块。这个半块可以用什么数来表示呢？这个数是什么数呢？请带着问题自学数学课本第 90 页主题图，把重要的内容用红笔画下来。

活动 2. 想一想 $\frac{1}{2}$ 的含义。

思考以下几个问题：

（1）怎样分月饼？（　　　）

（2）把一块月饼（　　　）分成了（　　　）份，所以每份是它的（　　　）分之一。

（3）用分数表示时，每份是（　　　）的二分之一。

（4）$\frac{1}{2}$ 还可以表示（　　　）的一半。

活动 3. 看微课，读、写 $\frac{1}{2}$。

（1）你会读 $\frac{1}{2}$ 吗？读一读，再用汉字记录下来。

$\frac{1}{2}$ 读作：

（2）写 $\frac{1}{2}$。描写分数。用序号表示你写的顺序，再写出各部分的名称。

各部分名称 ...... $\frac{1}{2}$ ...... 书写顺序

任务二：认识几分之一

活动 4. 自学课本第 90 页，并填一填、涂一涂。

小检测：下面的说法对吗？对的打√，不对的打×。

（1）将一个圆分成 4 份，将其中一份涂色，涂色部分是这个圆的 $\frac{1}{4}$。

（　　）

（2）把一块饼分成 3 块，小明吃了其中 1 块，他吃了这块饼的 $\frac{1}{3}$。

（　　）

（3）把一个苹果平均分成 8 块，每块是它的 $\frac{1}{8}$。 （　　）

（4）如图 ，涂色部分是这个长方形的 $\frac{1}{4}$。

（　　）

任务三：创造几分之一

活动 5. 动手折一折，你能用相同的纸表示不同的几分之一吗？

（1）做一做：在 $\frac{1}{2}$、$\frac{1}{3}$、$\frac{1}{4}$、$\frac{1}{8}$ 中任选一个分数，用纸表示这个分数。

（2）读一读、写一写：在纸反面写出这个分数，再读一读。

（3）说一说：在小组里互相说一说这个分数的含义。

（4）看一看、比一比：在小组里看一看、比一比图形的形状和表示的分数，你有什么发现？

任务四：学习检测

活动 6. 完成下列四道题。

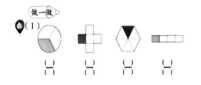

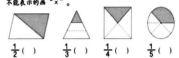

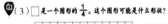

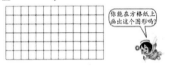

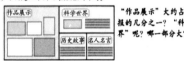

学习问题（疑难）反馈

学习评价

下课后，小组成员从自学、听讲、发言、交流和练习五个方面，进行自评和互评。

自评：☺☺☺☺☺   小组评：☺☺☺☺☺

课堂实录 ●●●●●●●●●●●●●●●●●●●●●●●●●●●●●●

导入新课

师：同学们，今天我们要在这个数学教室里上一节数学课，大家开心吗？请大家拿出饱满的热情，开始数学学习。大家看，从一年级一进校，我们就开始认数。

（教师用 PPT 显示一、二年级电子书中的相关内容。）

师：一年级上学期我们分三个单元认识了 1—5、6—10、11—20，一年级下学期我们认识了 100 以内的数，二年级认识了 10000 以内的数。现在三年级，我们把认数的范围扩大，要认识一种新的数。课前大家完成了导学单，现在来看看完成的情况。

（教师用PPT显示学习准备内容及完成情况统计表。）

师：从完成情况可以看出，大家对"平均分"理解得很清楚！我在云空间里看到了你们上传的30多个小视频，我剪辑了一下，大家一起来欣赏欣赏。

（教师用课件显示学生制作的平均分的视频，镜头停在一块蛋糕被平均分成2份的画面上。）

师：这半块在数学中可以用什么数表示？

生（齐答）：可以用$\frac{1}{2}$表示。

师：对的。你们看，分着分着，不足1个了，分数就产生了。今天我们就一起进入第八单元的学习：分数的初步认识。（板书课题：分数的初步认识）

任务一：认识$\frac{1}{2}$

（教师用PPT显示活动1、2、3的内容及完成情况统计表。）

师：从你们的自学情况来看，在活动1和活动3中，大家基本没有出错，但在活动2部分，有些同学填写得还不够准确。请大家翻开数学书第90页，再次品读这句话，想一想自己错在哪里，用红笔改一改。如果还有疑问，可以和小组的同学互相学习。

（教师用PPT显示小组互学提示，学生分小组互学。）

师：大家任务完成得怎么样？请第1小组来汇报。

（小组汇报，并将导学单通过实物投影仪展示给全班同学。）

生1：这两小题，我之前不知道该怎么填，再次看书之后，我知道了是要将月饼平均分成2份，每份是它的$\frac{1}{2}$，所以这两个空都应该填"平均分"。我们小组的其他同学也都是这么认为的。

生2：第（3）题我原来填的是"它的"$\frac{1}{2}$，老师打了问号。我想，把月饼平均分成2份，那么每份是这个月饼的$\frac{1}{2}$，所以我改成"这块月饼"的$\frac{1}{2}$。

生3：第（4）题，我们小组一致认为，$\frac{1}{2}$还可以表示封闭图形的一半。其他小组的同学有不同的想法吗？

（其他小组同学举手。）

生4：我代表我们小组发言，我们觉得$\frac{1}{2}$还可以表示饼干的$\frac{1}{2}$、正方形的$\frac{1}{2}$、黑板的$\frac{1}{2}$。

生3：你说得很对，谢谢你的补充。请第3小组同学补充。

生5：我代表我们小组发言。我们小组觉得，$\frac{1}{2}$还可以表示苹果、西瓜的$\frac{1}{2}$。

生1：你们也补充得很好。现在我们知道了，$\frac{1}{2}$可以表示任何物体的一半。

师：看来大家已经充分认识了$\frac{1}{2}$。当然，分数家族里不止这一个分数，还有很多，我们来看看任务二的完成情况。

任务二：认识几分之一

（教师用 PPT 显示活动 4 内容及完成情况统计表。）

师：活动 4 中的前两道题，我看到有的同学是这样填的，可以吗？第 3 题，我看到了不一样的涂法，这些涂法都能表示这个长方形的$\frac{1}{5}$吗？还有小检测，你能不能说一说自己判断的理由呢？带着这三个问题，和小组的同伴共同学习。

（教师用 PPT 显示小组互学提示，学生分小组互学。）

师：大家对这三个问题有结论了吗？请第 3 小组同学来分享一下。

生：对第 1 个问题，我们小组同学都认为不能都填数字。在记录读法的部分，要填汉字，后面的部分才要写数字。大家同意我们的意见吗？

全班：同意。

生：针对第 2 个问题，我们小组一致认为，这些涂法都能表示这个正方形的 $\frac{1}{5}$。因为是平均分，每份都是一样的，都是 5 等份中的 1 份，所以无论涂哪一份，都可以。大家同意吗？

全班：同意。

生 1：这 4 道判断题，第（1）（3）（4）题我们小组同学的答案是一样的。但是第（2）题，我之前认为小明吃了 3 块中的 1 块，当然就是这块饼的 $\frac{1}{3}$，所以打的是√。有和我一样想法的同学吗？请举手。（部分学生举手）后来小组的同学提醒我再仔细读一读题，我才发现题中没有提到"平均分"。我想了一下，只有在平均分的时候，才能说小明吃的是这块饼的 $\frac{1}{3}$，所以这道题应该打×。你们同意吗？

生 2：我们小组同学想提醒大家，"分数"是分出来的，还必须是平均分！我们看图、看文字的时候一定要特别留意有没有"平均分"。我们小组汇报完毕，谢谢大家。

师：谢谢第 3 小组的分享，尤其是最后一位同学给大家的温馨提示，特别有价值。"平均分"大家都能理解，但很容易被忽略。我也觉得在看图、看文字的时候要特别留意这点。

任务三：创造几分之一

师：像 $\frac{1}{2}$、$\frac{1}{3}$、$\frac{1}{4}$、$\frac{1}{8}$ 这样的数，都是分数。你们想不想现场用图形表示几分之一？请看活动要求。

（教师用 PPT 显示小组互学提示。①做一做：在 $\frac{1}{2}$、$\frac{1}{3}$、$\frac{1}{4}$、$\frac{1}{8}$ 中任选一个分数，用不同形状的纸表示这个分数。②读一读、写一写：在不同形状的纸的反面写出这个分数，再读一读。③说一说：在小组里互相说一说这个分数的含义。④看一看、比一比：在小组里看一看、比一比图形的形状和表示的分数，你有什么发现？）

（学生分小组互学。）

师：大家都在小组里积极地发表了自己的想法，想不想听听其他小组的意见？请第 5 小组来分享一下。

（第 5 小组成员在实物展台上展示自己的作品。）

生 1：我想的是 $\frac{1}{4}$。我选择了圆形的纸，把它平均分成 4 份，每份就是这张纸的 $\frac{1}{4}$。

生 2：我想的是 $\frac{1}{8}$。我选择了圆形的纸，把它平均分成了 8 份，每份就是 $\frac{1}{8}$。

生 3：我想的是 $\frac{1}{2}$。我选择了圆形的纸，把它分成了 2 份，每份就是它的 $\frac{1}{2}$。

生 4：我们发现，用相同的圆形的纸，可以表示出不同的几分之一。其他小组的同学有没有什么补充？

生 5：我觉得你们小组回答问题的声音很响亮，我要向你们学习。

生 4：谢谢你的夸奖。

生 6：我们小组觉得生 1 的图画得很漂亮、很规范，我们要向你们学习。

生 1：谢谢你们的表扬。

生 7：我们小组觉得生 2 说得不清楚。请问，你说的"每份是 $\frac{1}{8}$"是谁的 $\frac{1}{8}$？

生 2：是这个圆的 $\frac{1}{8}$。

生 7：你这样说就完整了。

生 2：谢谢你们的补充。

生 8：我们小组还有补充。我们觉得生 3 说得不完整。你说"把它分成了 2 份"，请问是随便分的吗？

生3：不是，我是平均分的。

生8：你刚才就没有说"平均分"，你能再说一遍吗？

生3：把一张圆形的纸，平均分成了2份，每份就是这张圆形纸的$\frac{1}{2}$。

生8：很好！这样才完整了！

生3：谢谢你的提醒。

生4：请问其他小组还有不同的发现吗？

生9：我们小组的发现和你们的一样。只不过，我们用的都是正方形的纸，表示出了$\frac{1}{2}$、$\frac{1}{3}$、$\frac{1}{8}$。（小组成员分别举起自己的作品）刚才你们没有用圆形纸表示出$\frac{1}{3}$，所以我们想请××着重说说他是怎么表示$\frac{1}{3}$的。

（××举起自己的作品。）

生10：我想把这个长方形纸平均分成3份，就拿尺量了一下，边长是15厘米，所以我在5厘米、10厘米的地方做了记号，这样一折，就把这张纸平均分成了3份，每份是它的$\frac{1}{3}$。

生11：我们小组也发现用相同的纸可以表示出不同的几分之一。

生4：其他小组的同学有没有想过，为什么形状相同的纸可以表示出不同的几分之一呢？

生12：我们小组知道，我来回答。因为平均分的份数不同，所以就表示出了不同的几分之一。

生4：你说得太对了，和我们小组的想法一样。请问其他小组还有没有不同的发现？

生13：我们小组用的都是长方形的纸，都表示出了$\frac{1}{8}$，你们发现有什么不同吗？

（第12小组的同学举起他们的作品。）

生14：你们的折法不同。

生13：对，我们的折法不同，但为什么每份都是这个长方形的$\frac{1}{8}$呢？

生 15：因为你们都把这张纸平均分成了 8 份，所以每份是它的 $\frac{1}{8}$。

生 13：是的，所以我们小组发现，不论怎么折，只要平均分的份数相同，每份表示的分数就相同。请问其他小组还有不同的发现吗？

生 14：我们小组都想表示 $\frac{1}{2}$。××用圆形纸表示 $\frac{1}{2}$，××用长方形纸表示 $\frac{1}{2}$，××用正方形纸表示 $\frac{1}{2}$，我也是用圆形纸表示 $\frac{1}{2}$。我们发现，不同形状的纸都可以表示出 $\frac{1}{2}$，大家同意吗？

生 15：其他小组的同学想过没有，为什么形状不同，却可以表示相同的几分之一？

生 16：我们小组知道，因为平均分的份数相同，又都是其中的一份，所以就表示出相同的几分之一。

生 15：说得太对了！我们同意你们小组的想法。其他小组还有不同的发现吗？

其他小组：没有了。

师：同学们，到底是集体的力量大！通过全班同学的交流讨论、共同学习，我们不仅再次复习了几分之一的含义，还有重大的发现呢。要得到几分之一，这个"分"必须怎样分？

全班：平均分。

师：分母几表示什么？分子一表示什么？

生：分母几表示平均分的份数，分子一表示其中的一份。

师：同学们太棒了！现在你们对分数有了哪些认识？

生 1：我知道了想得到分数首先要平均分。

生 2：我认识了分子、分母，知道了写分数的顺序。

师：关于分数你们还想知道什么？

生 1：我想知道还有没有其他的分数。

生 2：我想知道能不能把很多物体看成一个整体来平均分？

师：行！且听下回分解。最后请大家带着你们对分数的理解，独立完成学习检测。

任务四：学习检测

（学生独立完成"学习检测"中的基础题，老师在教室里四处走动，观察学生完成任务的情况。）

师：组长批改，如果小组4个同学都做对了，组长在学习成果栏为自己的小组点赞。

师：基础题完成了，大家可以开始尝试提高题。

师：你们小组想出了几种画法？

生1：1种。

生2：3种。

生3：3种。

师：这么多画法，都对吗？大家一起来看看。

生1：我们觉得只要是4个□组成的图形就可以了，我们小组想出了5种不同的画法。

生2：不对，他们小组有两种画法是一样的，实际上只想出4种，我们小组才是5种。

（全班同学纷纷表示同意。）

生3：我们组画出了6种。但是小组里有争议，大家看看这种画法到底对不对。

生4：我们觉得，如果把这部分移动一下（学生在实物展台上操作），从大小上看，是对的。但我们觉得不能改变原图的形状，所以不管怎么平均分，总有2份不能得到一个□。这种画法不能算对。

师：我同意他们的想法。

教学反思 ●●●●●●●●●●●●●●●●●●●●●●●●●●●●●●●

"分数的初步认识"是三年级学生对于数的认识的一次拓展，是开启分数相关知识学习的种子课。对于这种重点的教学内容，老师们非常重视，往往不遗余力地讲授，生怕自己没有讲清楚、学生没有听明白。而这种被动的教学模式才是学生很难准确理解概念的"元凶"。这节课我颠覆了传统课堂"你讲我听""你教我练"的模式，努力构建数学学习中心课堂，以学生完成导学单后暴露的问题为导向，以学生自身的能动活动贯穿教学过程的始终，实现学生主动、探究性学习。

课前，我设计了导学单中的两个任务"认识 $\frac{1}{2}$""认识几分之一"，学生自学完成了 4 个活动："感受 $\frac{1}{2}$ 的产生""想一想 $\frac{1}{2}$ 的含义""看微课，读、写 $\frac{1}{2}$""自学课本第 90 页，并填一填、涂一涂"。从学生自学完成情况来看，"活动 1""活动 3"都没有问题，所以在课堂上这两个活动内容就不用再学习，节约了课堂时间。对于"活动 2"和"活动 4"，学生课前自学时有不同的意见，于是教师在课堂上就把问题抛到小组内，由小组学生通过讨论达成共识。小组内学生充分地互动，解答疑难，分享经验，有效地将个人的自学成果推向深入。活动 5 是整节课的精华所在。小组在用不同图形的纸表示出几分之一后，在交流分享的过程中不断产生疑问：为什么纸的形状相同，每份表示的分数不同？为什么纸的形状不同，每份表示的分数相同？为什么折法不同，每份表示的分数相同？全班之间的研讨、讲解、示范、补充，使学生渐渐明晰折法、形状不涉及分数的本质属性，而"平均分成几份"才与分数的本质属性有关。教学难点的突破不是依靠教师的讲，而是在教师引导下学生自己一步步实现的。教师在潜移默化中将学生的思维引向深入，让学生在头脑中建构正确的数学模型。学生在建构模型的过程中，分析能力、综合能力、抽象能力、表达能力得到了充分的锻炼。

数学教学如果仅仅停留在知识点的掌握上，就会让人索然无味。我们的课堂只有充分调动学生的主观能动性，以他们自己的问题为导向，在"生活现象—数学问题—数学模型"的推进过程中渗透数形结合、类比迁移等数学思想，才能真正培养学生学习数学的兴趣和数学能力。

"认识一元一次方程" 教学案例

执教教师：武汉市杨园学校章燕

导学设计 •••••••••••••••••••••••••

教学活动背景分析

教材解读

"认识一元一次方程"是人教版数学教科书七年级上册第三章第一节的内容。本课的学习目的是在学生掌握用算术方法解决问题的基础上，引导学生通过设未知数，借助相等关系直接建立等式即方程来解决问题，让学生在对比中感受方程在解决实际问题中的优越性。本课是学生进一步学习方程解法及其应用的基础，也是今后学习一次函数、二元一次方程组和二次方程等内容的重要铺垫。

学情分析

学生在小学阶段学过运用算术方法解决实际问题，也接触过简易的方程，但还没有形成方程的概念。该年龄段的学生活泼好动、表现欲强，对未知的东西有较强的好奇心，喜欢进行合作交流，但考虑问题比较粗糙、不够全面，教师在教学中要注重培养学生的数学思想方法、数学表达能力和归纳能力。

目标定位

（1）了解一元一次方程及方程的解的概念，能判断一个方程是不是一元一次方程，能检验一个未知数的取值是否是方程的解。

（2）提高将实际问题转化为数学问题的能力，以及运用数学方法解决实际问题的能力。

（3）感受方程是刻画现实生活中等量关系的有效模型，增强用数学的意识，激发学习数学的热情。

条件评估

（1）准备 PPT 课件。

（2）准备小白板，用于小组研讨书写、展示与提问。

（3）准备红绿两色圆形指示牌，用于学生显示小组学习状态，小组活动结束时插上绿色指示牌，小组活动过程中有疑问时插上红色指示牌。

（4）提供网络支持，安装计分软件，用于对小组或个人进行实时评价。

学生个体自学过程设计

学习准备

预习课本第三章第一节的内容。

（1）熟记教材蓝体字部分相关定理和概念。

（2）在笔记本上独立完成课本例题，再对照例题答案用红笔批改。

（3）在书本上完成课后练习。

任务一：什么是等式？什么是方程？

活动 1. 判断下列各式是不是方程。

（1）$-2 + 5 = 3$ （　　　　）　　　　（2）$3x - 1 = 7$ （　　　　）

（3）$m = 0$ （　　　　）　　　　（4）$x > 3$ （　　　　）

（5）$x + y = 8$ （　　　　）　　　　（6）$2x - 5x + 1 = 0$ （　　　　）

（7）$2a + b$ （　　　　）　　　　（8）$x = 4$ （　　　　）

活动 2. 方程的两个要素是：_____

_____

任务二：如何列方程？

活动 3. 根据下列实际问题，设未知数并列出方程。

（1）一辆客车和一辆卡车同时从 A 地出发沿同一条公路同方向行驶，客车的行驶速度是 70km/h，卡车的速度是 60km/h，客车比卡车早 1h 经过 B 地。A、B 两地间的路程是多少？

_____

（2）用一根长 24cm 的铁丝围成一个正方形，正方形的边长是多少？

_____

（3）一台计算机已使用 1700h，预计每月再使用 150h，经过多少个月，这台计算机的使用时间达到规定的检修时间 2450h？

_____

（4）某校女生占全体学生数的 52%，比男生多 80 人，这个学校有多少名学生？

活动 4. 总结列方程的步骤。

活动 5. 观察所列方程，思考它们的共同特点。

活动 6. 总结一元一次方程的概念。

活动 7. 问题探究。

（1）考眼力，判断下列方程是不是一元一次方程。

①$xy = x + 1$（　　）　　②$\dfrac{2}{x} + 1 = 7$（　　）　　③$x = 1$（　　）

④$y^2 - x = 0$（　　）　　⑤$3(x + 1) + \dfrac{5x}{2} = 4$（　　）　　⑥$3x - y = 3$（　　）

（2）已知方程 $(m^2 - 1)x^2 - (m + 1)x - 8 = 0$ 是关于 x 的一元一次方程，求代数式 $199(2m + 3)(1 - m) + 10m + 1$ 的值。

任务三：什么是方程的解？如何判断一个值是不是方程的解？

活动 8. 仔细阅读教材，找到方程的解的概念。

活动 9. 观察例题的解题格式，仿照该格式书写以下练习题的解题步骤。

判断：$x = 420$ 是方程 $\dfrac{x}{60} - \dfrac{x}{70} = 1$ 的解吗？

解：∵ 当 $x = 420$ 时，等式左边 $= \dfrac{420}{60} - \dfrac{420}{70} = 1$，等式右边 $= 1$

∴ 左边 $=$ 右边

∴ $x = 420$ 是方程 $\dfrac{x}{60} - \dfrac{x}{70} = 1$ 的解

仿照上例判断：

（1）$x = 5$ 是方程 $4x = 24$ 的解吗？

（2）$x = 5$ 是方程 $1700 + 150x = 2450$ 的解吗？

（3）$x = 1000$ 和 $x = 2000$ 中的哪一个是方程 $0.52x - (1 - 0.52)x = 80$ 的解？

任务四：归纳总结

活动 10. 完成本节内容小结。

我学到了：_____

我发现了：_____

我还有什么问题：_____

课堂实录 •••••••••••••••••••••••••••••••••••••••

师：同学们，你们先看看黑板上这些老朋友，还认识吗？

生（齐答）：认识，是等式。

任务一：什么是等式？什么是方程？

师：看来同学们对老朋友都挺熟悉，下面我们一起学习导学案上的任务一，请大家独立完成任务一中的两道题，完成之后在小组内讨论交流。

（学生先独立完成任务一，然后在小组内讨论交流。）

师：活动 1 中的 8 道题有没有不会做的？

生（齐答）：没有！

师：那我们进入活动 2。在遇到新朋友的时候，怎么判断它是不是方程呢？

生：我觉得需要考察两点。第一看是否含有未知数，第二看是否是等式。

师：其他同学同意他的说法吗？

生（齐答）：同意！

任务二：如何列方程？

师：今天，我们就一起来认识"方程"这个新朋友。请大家先独立完成任务二中的活动 3、活动 4、活动 5 和活动 6，然后在小组内交流个人自学的结果，并在小白板上记下你们的问题和大家觉得需要注意的事项。

（学生先独立完成任务二中的活动 3、活动 4、活动 5 和活动 6，小组长下位检查、批改作业和辅导，教师全程查看学生学习进度，及时给予必要的帮助。)

师：大多数小组已经完成了任务二。请大家先看导学案上的活动 3，要求根据实际问题，设未知数，列方程，我们请各组代表反馈本组学习情况。

生 1：我们组错误率最高的是活动 3 的第（1）题和第（4）题。第（1）题，组内设的未知数不一样，得出的结论有两种，现在不敢确定是否都正确，需要大家帮助。(小白板上展示两种列式)

生 2：我们组采用的都是第一种列法，设 A、B 两地间的路程为 x，路程除以速度就是两车所需的时间，时间差为 1 小时，用两个时间做减法就可以列出方程，我们组觉得这种解法正确。

生 3：我们组有一位同学的解法与第二种一致，是设时间为未知数，利用路程相等来建立等式。我们组讨论的结果是，第二种解法也是正确的。

师：前面发言同学的意思是，这里可以有两种设元的方法：直接设元，如方法一，问什么，就设什么；间接设元，如方法二。是吗？

生 1：我们组第（1）题和第（4）题都用的是直接设元法，我们觉得这样更直接。题目怎么问，我们就怎么列式，比间接设未知数简单多了。

生 2：我们组觉得第二种方法也可以，不一定非要用第一种方法。

师：好的，这就表明大家在做题时可能会有多条路可走，先选择一条自己觉得简单可行的路，如果实在不行，还可尝试其他的方法。大家的思维都很活跃，很棒！哪位同学能总结一下，我们在列方程解决此类实际问题时，应遵循什么步骤或方法？

生：我们组认为有三步。第一步，设未知数；第二步，找相等关系；第三步，根据相等关系列方程。

师：他们小组总结得非常好，大家请看 PPT。

(教师播放 PPT，总结列方程解应用题的一般步骤。)

师：有没有同学观察到这几个式子有什么共同特点呢？

生：都是等式，都含有未知数，未知数的次数为 1。

师：好。我们把像这样只含有一个未知数，未知数的次数是 1 的等式叫作一元一次方程。你们认识了吗？

生（齐答）：认识了！

师：那我要考考大家的眼力，请看活动 7 中的两道题，谁能最快辨认出一元一次方程这个新朋友？

（学生先独立完成活动 7 中的两道题。小组长离开座位检查批改作业。教师巡视课堂，收集各小组出现的问题，并请一个小组代表上台板演第（2）题。）

师：同学们都完成了任务，现在先看第（1）题，请一个小组的代表说说你们的答案。

生 1：我们组觉得②③⑤是一元一次方程。

生 2：②不是。

师：②为什么不是？

生：②的未知数在分母。

师：很好，我们现在所学的一元一次方程是整式方程，未知数的次数必须为 1，这里未知数是不可以做分母的。未知数在分母的方程叫作分式方程，这个我们以后会学到。大家还有疑问吗？

生 1：⑤的未知数也是分数的形式，⑤是不是一元一次方程呢？

生 2：$\dfrac{5x}{2}$ 可以写成 $\dfrac{5}{2}x$，它是一元一次方程。

师：大家觉得呢？

生（齐答）：是一元一次方程。

师：我们一起来看看黑板上完成的活动 7 的第（2）题，请板演小组的讲解员讲讲你们的解题思路。

生：因为方程是关于 x 的一元一次方程，所以 x 只能为一次，那么题中 x 的二次项系数应该为 0，且一次项系数不为 0，故而得到 m 值只能是 1，再将 m 值代入下面的式子，得到答案 11，我的回答完毕。

师：刚才讲解员将他们小组的解题思路说了一遍，大家还有什么疑问吗？

生：刚才第 6 组的讲解员发言得非常好，我觉得这里要特别提醒其他同学，很多人会误认为 m 的值是 ± 1，但一定要注意一元一次方程中未知数的最高次数是 1，那么一次项的系数一定不能为 0。

师：很好，讲解员和点评的同学都说得非常好，这是错误率最高的地方，请大家一定要注意！

任务三：什么是方程的解？如何判断一个值是不是方程的解？

师：接下来我们进入任务三中的活动8。请大家打开教材，仔细阅读，找到并理解方程的解的概念。

（学生自行阅读教材，将方程的解的概念写在导学案上。）

师：通过刚才的学习，同学们应该也了解了方程的解的概念。请看活动9，请大家仿照导学案上的解题格式，自己先验证一下第（1）题、第（2）题和第（3）题中未知数的值是不是方程的解，验证后在小组内交流。第1—3组各选派1名代表上台板演，第4—6组各选派1名代表上台批改。

（学生先独立进行验证，然后小组内交流验证结果，最后三个组各派一名代表上台板演，另外三个组各派一位代表上台批改。）

师：上台板演的同学都写得很工整，批改的同学也很认真。大家看黑板，并将答案跟自己写的核对一下。还有什么问题吗？

生：老师，在第（3）题中，如果验证了 $x=2000$ 是方程的解，那么 $x=1000$ 是不是就可以不验证了？

师：为什么不验证呢？你肯定这个方程只有 $x=2000$ 这一个解吗？一元一次方程到底有多少个解呢？你的这个问题提得非常好。其他同学也请思考一下。由于时间关系，我们下节课再来一起研究学习。

任务四：归纳总结

师：大家今天的表现很不错，特别是第2组和第5组的同学，表现得很积极，我们向今天的优胜小组表示祝贺！课后大家针对任务四中的活动10，做好归纳和总结。最后，希望同学们能在数学的海洋中畅游，通过自己的不懈努力，看到更美的风景，获得更好的成绩！下课！

教学反思

在几年的学习中心课堂研究中，我深深地体会到，这种教学通过个体自学—小组互学—全班共学的教学流程，真正做到了以学生的问题作为教学过程组织的导向，并以学生自身的学习活动去解决学生在学习中遇到的问题。在学习中心课堂中，学生主动、独立的学习是教学过程的本体，教师的教导只是促进学生学习的条件。教师教导的具体方式主要是引领、指导、帮助、督促、激励等，而不是满堂讲授或简单代替学生解决问题。

在本课中，为引导和帮助学生自学，我首先设计了导学案。该导学案特别考虑了初中一年级学生的学情以及学习一元一次方程可能和应该完成的学习活动。在课堂教学中，我以学习任务为教学过程组织的单位，针对每个学习任务，首先让学生独自通过导学案完成自学，这是学习中心课堂中学生学习最为基础的环节。然后，针对学生完成导学案的情况，组织小组互学。比如，有些任务或活动若大多数学生完成得很好，则该任务或活动的教学过程就此结束，不再进入后面的小组互学和全班共学。当调查发现，有些任务或活动多数学生在自学之后仍然完成得不理想，就组织小组互学，通过小组成员之间的交流、研讨，解决个人自学中不能很好解决的问题。最后，若有任务或活动全班多数小组在小组互学之后还完成得不理想，则需要组织全班学生的集体研讨、教师面向全班学生的讲解或点拨等，以解决这些问题。

在本次课中，活动 3 的第（1）题难度偏大。这个问题有多种解法，可以用算式，也可以用方程，并且还可以根据不同等量关系列出不同的方程。由于七年级学生阅读水平和理解能力有限，不能很好地理解题目中各个量之间的关系，因此在此问题上花费了大量时间。本课难点在活动 3 和活动 4，由于前面的环节耗时较多，活动 3、活动 4 的教学显得有些仓促，这是本节课需要完善的地方。教师需要适当压缩活动 1 和活动 2 的教学时间，留出更多的时间让学生归纳总结找等量关系的方法，进而突破本节课的难点。

后　记

　　2012 年，我申报的国家社会科学基金项目"以课堂教学转型为旨趣的中小学学习中心课堂建设的理论与行动研究"获得批准以后，在开展理论研究的同时，我就着手在中小学开展学习中心课堂建设的行动研究。这本《学习中心教学的学校行动研究》，记录了在四年多时间里，四所参与研究的学校所经历的行动研究过程及其取得的成效。

　　之所以要对学习中心教学进行行动研究，首先是因为这个问题的现实针对性。目前，国内中小学课堂教学改革形成了两股潮流：一是从 2001 年开始由教育部在全国基础教育学校推行的新课程改革；二是由洋思中学和杜郎口中学所代表的民间学校所进行的大力度的课堂教学变革。这两股潮流的合流之处在于，它们都突出学生学习的能动性和学生学习在教学过程中的本体地位。这代表了我国课堂教学改革的基本趋势。开展学习中心教学的行动研究是对这一趋势的回应。其次，源于我对教学研究的一种特殊追求。我认为，我国存在着突出的教育理论与教育实践相脱节的现象。一方面，由专业研究人员完成的理论研究成果异常丰富，也非常深入；另一方面，中小学教师创造和积累了丰富多彩并极富成效的教育经验和实践智慧。但这两者之间很少发生关联和产生互动性的影响，表现在：理论研究成果不为一线教师所知所用，没有发挥改进教育实践的功效；而一线教师的经验和智慧又未能进入研究者的视野，以滋养教育理论研究。我坚持认为，与文史哲等学科不同，教育学从整体上来看应是面向教育实践的"实践科学"。因此，真正具有生命力的教育研究应该努力追求在教育理论和教育实践之间进行结合和转换。教育理论研究应该观照现实教育问题并吸收教育实践经验，以建构具有实践效力的教育理论。学习中心教学的学校行动研究体现了我在这方面的追求。

在四年多的学校行动研究过程中，很多人付出了他们的热情、心血和智慧。我们的行动研究是大学专业研究人员与中小学教师密切互动的行动研究。其中，大学研究团队成员由华中师范大学的毛齐明副教授、湖北大学的向葵花副教授、中南民族大学的张琼博士和我构成，另有多名研究生参与；参与行动研究的中小学是武汉市长春街小学、崇仁路小学、吴家山第五小学及杨园学校。我们的工作方式是，在每所学校每周或间周一次的研究中，大学研究人员与学校的领导及参与行动研究的教师一起，以参与行动研究的教师轮流上的课为对象，进行现场观课和课后分析。在这个过程中，对于共性的问题进行集中研讨，并穿插理论培训或专题讲座。参与行动研究的教师大多上过三四轮的研究课。四所学校的领导对行动研究怀有极高的热情并给予了大力支持。比如，长春街小学的杨红校长及刘伟副校长等校领导，除外出开会以外，几乎参与了所有研讨课的听课和评课活动；杨园学校的钟群林副校长、章燕主任也是全程参与了学校的课例研究活动。参加行动研究的教师更是以满腔的热情和顽强的毅力投入每次的课例研究之中。尤其难得的是，在他们从驾轻就熟的讲授式教学向学习中心教学的转换中，很多教师经历了困惑、纠结、挣扎等痛苦的心路历程，但他们中的大多数没有放弃，而是坚持学习、思考、尝试并努力改变自己，最终很多教师实现了教学观念和教学习惯的蜕变。

本书是参与行动研究的全体成员集体劳动和智慧的结晶。全书的框架结构由我负责设计。书稿成型后，我对书稿进行了全面的审读和修改。本书的写作分工如下。第一部分由陈佑清撰写。第二部分研究报告分别由毛齐明、余国卿、李红路、张琼和向葵花执笔完成。第三部分"学习中心课堂建构·教师感悟"和第四部分"学习中心课堂建构·典型课例"，作者为参与行动研究的学校的部分教师，署名见文中。

本书的顺利出版要特别感谢教育科学出版社的郑豪杰总编辑，以及学术著作编辑部的刘明堂主任、方檀香编辑。由于他们的信任和鼎力支持，本书很快得以立项。责任编辑方檀香女士，为书稿的修改和完善贡献了很多专业智慧，并付出了极大的辛劳。

因此，本书的问世是在上述多方人士的支持、帮助和鼓励下完成的。在此，谨向他们表示衷心的感谢！

陈佑清

2019 年 6 月